都市からひもとく西アジア

歴史・社会・文化

守川知子〈編〉

〈アジア遊学264〉

都市からひもとく西アジア

歴史・社会・文化

【目次】

第Ⅲ部　都市を活かす――政治的・経済的機能

第Ⅳ部　大都市を彩る――三都物語

◎使用図版　サナンダジュ近郊の要塞址から見たハサンアーバード（撮影：山口昭彦）

［まえがき］

「都市からひもとく西アジア」に寄せて

守川知子

都市の魅力

都市はどこでも面白い。古い街並みがあり、人の息づかいが感じられ、喧騒の中に独特のにおいがする。なかでも歴史のある都市はなおのこと面白い。世界を見回しても、歴史ある「歴史都市」は、名前を聞いただけでその都市の情景が思い浮かぶ。

都市のもつそのような歴史は、とりわけ「旧市街」に色濃く残る。名の知れた大都市だけでなく、旅先でふと訪ねた小さな都市にもさまざまな歴史があり、町の中心部や旧市街をそぞろ歩くと、その歴史の一端に触れることができる。古い市壁の跡があり、その中にはひときわ大きな市庁舎や城館などの行政施設や壮麗かつ荘厳な宗教施設がそびえ立ち、路地や小さな祠や水場の前では行きかう人びとが足を止めて挨拶する。また、最も人の集まる市場には、その地域の特性があらわれる。生鮮食品や特産品が並べられ、手持無沙汰な店番や客引きに余念のない店主がいる。都市には、人びとの日々の営みが凝縮されている。

このような古今東西の都市において、都市を都市たらしめるものは何か。都市には、大きく分けると、①政治機能、②経済機能、③宗教機能、④居住機能、の四つの機能がある。この四機能に関しては、世界中のほとんどすべての「都市」が備えているといっても過言ではない。何よりも、人びとが集住して暮らす点が、都市が成立する最も基本的な要素である。

そのうえで、西アジアの都市の特徴を挙げるとするならば、多少の例外はあるにせよ、市壁を備えていることであろう。中緯度乾燥帯に位置する西アジアでは、とりわけ前近代には、内と外を隔てる市壁を備え、この市壁の内側に居住区をはじめ市場や為政者の住む城砦や宮殿があった。もちろん例外もあり、はじめから市壁をもたない都市もある。人口が増え、都市が大きくなった際には、市壁は取り払われて新たな市壁がさらに外側につくられる。他方、人口が減った場合には、まず市場などの経済空間から遠い市壁のそばがゴーストタウン化し、それに伴い、市壁が崩れていく場合もある。いずれにしても、砂漠気候やステップ気候の乾燥地帯が多くを占める西アジアでは、水の確保や、侵略者や野獣などの〝外敵〟から身を護るために市壁が築かれ、人びとは生命の安全が保障される市壁の中に集住した。都市を支配下においた為政者もまた、何よりも市壁の建設や再建に尽力し、住民の安全確保に努めた。その後、近代に入ると、人口増に伴い市壁は撤去され、都市は横方向の平面的にも縦方向の空間的にも拡大する。やや無機質な高層ビルが出現し、機能的な区

1530年代のディヤルバクル（Naṣūḥü's-Silāḥī（Maṭrakçi）, *Beyān-ı Menāzil-i Safar-i 'Irāḳeyn,* Hüseyin G. Yurdaydın（ed.）, Ankara: Turk Tarih Kurumu Basimevi, 1976, 102a）

画整理が行われ、居住域が急激に拡大する。あわせて都市のすがたも画一的になっていく。

また、西アジアに限らず、都市は単独で成立・自存するわけではない。都市の食を支える農村が都市の周囲にはあり、数キロ（または数十キロ）離れたところには隣町や別の都市がある。地域的な面の拡がりの中で都市を捉えると、たとえそれが山岳地帯や土漠地帯であろうとも、街道や河川といった交通網と直結した〝要衝〟とみなすことが可能である。すなわち、都市はいくつかの農村が周辺にあるハブであり、また遠距離交易の結節点でもあり、複数の重層的なネットワークの中に位置づけられる。それゆえ、都市をひもとくということは、点ではなく、大きな拡がりをもった〝面〟として、その地域社会を俯瞰するということでもある。

人の営みや社会の本質は、都市にこそあらわれる。本書は、おもに歴史研究の観点から西アジアの歴史を考察するにあたって、〝都市〟に焦点をあてて検討する。

都市こそは、歴史をひもとく格好の素材なのである。

都市研究と西アジア――「イスラーム都市」という語を超えて

日本での西アジアの都市研究は、一九八七年から三年間をかけて行われた重点領域研究「比較の手法によるイスラームの都市性の総合的研究」（研究代表者板垣雄三・東京大学）（略称「イスラームの都市性」）に負うところが大きい。板垣雄三・後藤明編『事典イスラームの都市性』（亜紀書房、一九九二年）や羽田正・三浦徹編『イスラム都市研究――歴史と展望』（東京大学出版会、一九九一年、同書の増補・英語版は *Islamic Urban Studies: Historical Review and Perspectives*, London, Kegan Paul International, 1994）は、イスラーム研究や西アジアの都市研究の金字塔である。宗教と都市を結びつけ、さらに、世界の都市と比較した同大型プロジェクトの功績は三〇年以上を経ても色あせることはない。しかし、宗教と都市を結びつけて考えることによる〝負の遺産〟もまた、決して少なくはなかったことも事実である。

宗教としてのイスラームが都市性を備えているという議論は問題ない。イスラーム教が社会のあらゆる側面を規定する宗教であることは周知されている。一方、最大の問題は、「イスラーム都市」という実態を伴わないネーミングがひとり歩きしたことである。都市が「イスラーム」という宗教で特徴づけられるというのは、いったん立ち止まって考えるべきであろう。近年、「イスラーム」がさも地域概念であるかのように、都市であろうと地域であろうと社会であろうと建築や美術であろうと、何であれ「イスラーム」という語を冠するようになってしまった。西アジア地域のマジョリティがムスリムだからといって、あるいはモスクがあり支配者がムスリムだからといって、西アジアの都市を一様に「イスラーム都市」と銘打つわけにはいかない。なぜならば、西アジアの都市を「イスラーム」の側面のみから語ることは不可能だからである。この点については、エルサレムがよい例であろう。地域的には西アジアに位置するエルサレムは、ユダヤ教徒の町であり、キリスト教徒の町であり、ムスリムの町であった。キリスト教徒たちがエルサレムに王国を築いた十字軍時代でさえも、エルサレムの住民のなかにはユダヤ教徒もイスラーム教徒も存在した。マムルーク朝時代に入ってからは、エルサレムの住民はムスリムが多数派を占めたが、エルサレムにその後、キリスト教徒やユダヤ教徒がいなかったわけでは決してない。「エルサレムを一言で表すことはできない」という人もいよう。だがそもそも、いずれの都市も「一言」で言い表すことなどできないのである。エルサレムを取り上げるまでもなく、西アジアにおいて、住民の宗教はつねに多様であった。

ガズィアンテプのバーザール（提供：中町信孝氏）

また、「イスラーム都市」というからには、「仏教都市」や「キリスト教都市」も比較の俎上にのせるべきであろう。では、このような都市はあるのだろうか。仏教都市、キリスト教都市、と措定した場合、それらの宗教に、都市を規定する（あるいは特徴づける）コスモロジーは存在するのだろうか。イスラーム教にのみ、何らかの概念や都市をかたちづくる宇宙観がある（もしくは、宇宙観がまったくない）とするのはアンフェアである。「キリスト教都市」に、教会を中心としたまちづくりがあるとしても、それは何もキリスト教に限らない。仏教であれ、イスラーム教であれ、人が暮らす以上、都市には教会や寺院やモスクなどの礼拝施設がほぼ必ずあるのである。そうであるならば、指標や属性の一つにすぎない「イスラーム都市」という名称を用いて、宗教のみに拘泥しながら地域や時代を超えて都市を比較し、共通点や相違点をことさらにあげつらう必要もないというものであろう。

また、「イスラーム都市」の特徴として、ジグザグ型の袋小路や一見すると無秩序な空間が挙げられることが多いが、これは、都市建設時のコスモロジーでは決してないことにも留意すべきである。いわゆる「イスラーム都市」として知られる西アジアの都市であっても、建設当初の理念は決して袋小路から始まるものではない。むしろ計画性をもって市壁を建設し、都市住民を保護し住民の利便をはかる政策を打ち出す為政者は少なくない。そして市壁で囲まれた都市の中には、宗教施設のモスク（往々にして、それ以前の教会や寺院を転用することが多い）や商業空間としての市場（アラビア語ではスーク、ペルシア語ではバーザールと呼ばれる）や為政者の政治空間がそれぞれ厳然と配置され、さらにこれらの空間とは別に、人びとの居住域があった。都市の顔や心臓部となる中心部に為政者の威信をかけたモスクや市場などの建造物が建てられる以外は、都市建設は都市に住む人びとに委ねられていく。そのため、袋小路や無秩序な空間ができるとしても、それは経年による都市の変化・変容であり、このことは、平安京の右京が廃れていったことと同レベルで考えてもよいのではなかろうか。都市は、ハコモノとしてつくった時点と、のちに人が住みついて、それぞれの経済力や活力に応じてアレンジをほどこしていく段階とを分けて考えるべきであろう。

都市を舞台に西アジア史を眺望する――本書の射程

本書は、都市を舞台に西アジアの歴史をたどる試みである。従来の都市史研究や地域研究のように、都市の構造や機能を探るものではない。都市の主要な建造物を列挙するものでもなく、また、都市の概説を記すものでもない。そうではなく、人の営みが最もよくあらわれる都市を切り口に、そこに生きた人びとの歴史や社会をひもとくものである。

地理的範疇として本書では、現代の国際関係の文脈で多用される「中東」ではなく「西アジア」とした。「中東」というと、東地中海圏が思い浮かぶとともに、現代の「中東イスラーム世界」（この語も最近では死語になりつつあるが）を指すことが多いためである。もちろん、「アフリカ大陸に位置するエジプトのカイロや、ボスポラス海峡をはさんでヨーロッパ側に位置するコンスタンティノープル／イスタンブルが西アジアか？」という地理概念上の問題は残る。本書で取り上げるコーカサスのギャンジャやウズベキスタンのブハラも、旧ソ連圏か否かといった政治上の地域区分からすると、「西アジア」には含まれないだろう。だが、現代の国境線で地域区分をする必要があるとも思えず、また何といっても現代の国境線の歴史は一〇〇年か、長くても一五〇年くらいのものである。西アジア地域の数千年の歴史からすれば、昨今の国境線は一時的なものにすぎない。他方、歴史的には、これらの地域は古来、似たような歴史を経験してきた。古くは「最古の世界帝国」とも称されるアケメネス帝国（前五五〇―前三三〇年）の支配下に入り、その後はビザンツ帝国（東ローマ帝国、三九五―一四五三年）やサーサーン朝（二二四―六五一年）の領域に組み込まれた。一時的とはいえ、シリアやエジプト、オマーンやイエメンがサーサーン朝支配下にあったことさえある。ビザンツ領下の東地中海圏と旧サーサーン朝領域は、その後も長きにわたって、この地域を支配した諸政権のもと、政治体制や宗教は異なれども同じような地理的・気候的環境の中、密接に絡みあう歴史を歩んできた（この地域は基本的には、大部分が中緯度乾燥地帯であり、アナトリア半島などの一部は地中海性気候に属す）。本書では、東地中海圏と旧サーサーン朝領域を広義の「西アジア」とみなす。

本書では西アジアの都市を普遍化したり類型化したりするのではなく、一つの都市の一つの時代の一つの側面に光をあてることにより、そこに生き、そこに暮らした人の営みや社会のあり方を描き出すことを目指している。そのため、本書では、「アラブ都市」や「クルド都市」というエスニシティによる名称も用いていない。やはり、都市の中にはさまざまな民族や宗教の人びとが暮らしているという至極当たり前の理由ゆえである。加えて、本書のいずれの論考からも明らかになるように、長い歴史スパンで見ると、都市は実に流動的といえるだろう。人びとの言葉も誰が支配者かによって大きく異なり、またその支配者の統治がどのくらい続くか、といった点も都市の性格を左右する。

国家や王朝の政治体制が流動的なのに対し、西アジアでは、人びとの都市への帰属意識が強い。ブハラ出身のブハーリーやバスラ出身のバスリー、アインターブ出身のアイニー、ギャンジャ出身のギャンジャヴィーなど、自らが生まれ育った都市の名を名乗るケースは枚挙に暇がない。近郊の農村出身であっても名前には都市名を冠し、君主や王朝名よりも、どの都市出身かを重視する。しかも、都市は、モスル市とモスル地方（州）、イスファハーン市とイスファハーン地方（州）というように、しばしば地方をも代表する。つまりは、この地域の人びとは、都市にこそアイデンティティを見出しているのであり、自らの出身地であったり長年暮らした都市を唯一無二のものとして誇りに思っているのである。

結局のところ、都市にはいろいろな人びとが暮らし、いろいろな顔がある以上、都市を類型化し何か一語で表すことは無理な話ということになろう。また、戦争や王朝の変遷を追うだけが歴史学ではない。そこに生きた人びとの軌跡を明らかにすることこそ、歴史研究の妙である。一言では言い表すことのできない多様性をもつ「都市」を通して、西アジアの多様性を理解する。それが本書の目的である。

本書の構成

本書は、「都市」を舞台にさまざまな角度からの叙述が試みられる。執筆者がそれぞれに都市を選び、その最も興味をひく時代や側面に焦点をあてている。

本書にはコラムを入れて一五本の論考が収められているが、そのうち、現在、首都となっているのはエジプトの首都のカイロとオマーンの首都のマスカトのみである（エルサレムの位置づけは留保したい）。残りの一三の都市は、歴史的に取り上げるにふさわしい都市として本書で言及される。これはすなわち、本書の都市がいずれも「歴史都市」であるためで、近現代に入ってから誕生したり、近代国家の政治機能が優先されたりした都市ではない、ということである。もっとも、現代の首都ではないが、前近代に重要であったことから、今も州都であったり人口が上位であったりという点は共通する。いずれの都市であっても、ある時代にその都市は地域社会の中できわめて重要な役割を果たしたことが、本書の各論考からうかがい知ることができる。

また、本書は歴史学（建築史も含む）を専門とする研究者たちがおもに執筆しており、対象とする時代は七世紀から一九世紀や二〇世紀初頭までであるが、執筆者はいずれも現代の都市に関心がないわけでは決してない。むしろ現代とのつながりを重視している。その意味で、イラクのモスルやシリアのアレッポ、アフガニスタンのヘラートなど、近年の国際情勢の中で破壊され、喪われてしまった歴史や文化は今こそ記録と記憶にとどめておかなければならない。この三つの都市以外にも、歴史の面影がすっかり色褪せてしまった町は少なくない。一つの都市のある時代を深く掘り下げて論じる各論考は、都市を通して地域や社会の歴史を知る格好の機会であり、それぞれに収められた往時をしのばせる写真もまた、とても貴重な資料となっている。

本書は大きく分けて四つの部からなる。構成は以下のとおりである。

「第Ⅰ部　都市をつくる――建設・形成と発展」は、都市が生み出され、つくりあげられていく過程に焦点をあてている。亀谷論文は、ムスリムたちの軍事都市として始まったバスラが徐々に交易の中心地となり、多数の学者を輩出する学術都市へと変化していく点を論じる。柳谷論文は、気候の良さから「二つの春の母」と謳われたモスルの最盛期ともいうべきザンギー朝下の一二―一三世紀を扱う（同王朝下で建設された巨塔はほんの数年前までモスルのランドマークであった）。現在アゼルバイジャン共和国に位置するギャンジャは、一六―一七世紀には敵対するオスマン朝とサファヴィー朝の支配を交互に受けた。塩野﨑論文はこの都市が両政権の〝共同〟作業によってつくられた稀有な歴史を描き出す。第Ⅰ部のコラム港市①は、一六―一七世紀の港市マ

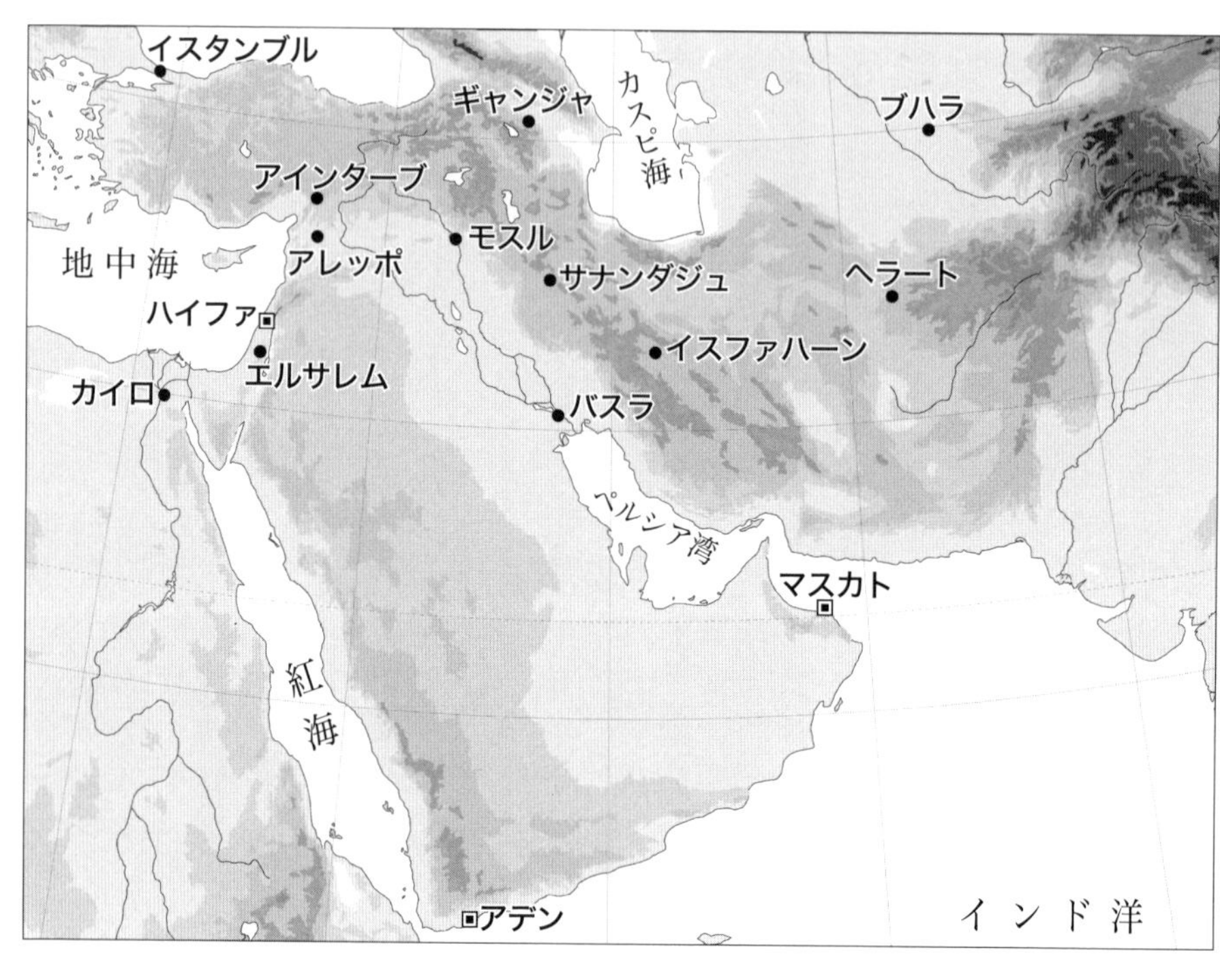

スカトである。大矢論文はポルトガル人の作成した三つの絵図をもとに、マスカトがポルトガルの植民都市として発展していく過程を解き明かす。

「第Ⅱ部　都市に生きる――人びとと都市社会」は、都市に生きる人びとの営みや交流から歴史をひもとく論文とコラムがそろう。谷口論文は、複数の宗教・宗派が混在したアレッポを、シーア派が優勢から劣勢に転ずるまでの一〇―一三世紀に着目し、宗派の違いを越えて共存を模索する場として描き出す。杉山論文はヘラートを題材に、聖者たちが闊歩し、王朝の庇護を受けながら死後も尊崇の対象となっていく過程を論じる。「境界の町」アインターブ（現ガズィアンテプ）を対象とした中町論文は、トルコ語とアラビア語の文化が入り混じる都市での学者の知的活動を鮮やかに描く。コラム港市②の栗山論文は、アラビア半島南端のアデンの船乗りたちの姿を、港町ならではの空気感と躍動感をもって描写する。

「第Ⅲ部　都市を活かす——政治的・経済的機能」では、都市の機能的部分に着目した論考が並ぶ。櫻井論文は、十字軍時代のフランク人支配下のエルサレムが都市整備や祝祭を通して観光都市化を目指していたことを論じる。山口論文は、クルディスタンの山岳地帯にある都市サナンダジュが近世期に「山城」から「平城」への移行過程でつくり出された都市であることと、それに伴う領主の性格の変容を実証的に明らかにする。木村論文は、ウズベキスタン西部のブハラが一八世紀のマンギト朝のもとで、称号や貨幣やマドラサ建設によってスンナ派の牙城として位置づけられていく過程を論証する。コラム港市③の田中論文では、地中海沿岸のハイファが港湾都市としての機能を活かしつつ、さまざま民族や宗教のるつぼであったことを論じる。

「第Ⅳ部　大都市を彩る——三都物語」は、西アジアを代表する三つの「古都」、イスファハーン、カイロ、イスタンブルに焦点をあてる。守川論文は、「世界の半分」と讃えられたサファヴィー朝下のイスファハーンに国内外の各地から商人や商品が集まった様子を描く。深見論文はナポレオン地図をもとに、一八世紀末から一九世紀初頭の宗教マイノリティや外国人の街区を丹念に再現し、大都市カイロの空間構造を詳述する。川本論文は、近代イスタンブルの都市空間構造について、都市整備事業や火災保険図を用いて近代的な街区が形成されていく過程を色鮮やかに描写する。

本書で取り上げられる都市は、学術都市、商業都市、食通の都市、観光都市、軍営都市、要塞都市、港湾都市（港市）、国際都市、辺境都市、支配者のイデオロギーを体現する都市、とさまざまである。分析の対象も、その機能面の場合もあれば政治面もあり、そこに暮らす人であったり、あるいはマドラサや教会や墓廟といった宗教施設や、市場などの商業空間、街区や区画割りなど多岐にわたる。

イスタンブルやカイロといった誰もが知るメガシティであっても、本書で取り上げられる切り口はとても斬新で、それらの大都市の新たな一面を知らしめてくれる。また、イランのサナンダジュやアゼルバイジャンのギャンジャ、トルコのガズィアンテプ／アインターブなど、一般にはなじみの薄い都市も、その立地ゆえの独自の成り立ちや歴史や文化をもっていることが明らかとなる。

また、コラムの三本は、いずれも「港市」を題材としている。地図を見ていただくとわかるように、西アジアは基本、内陸ベースの地域であり、上海やムンバイのように外洋に向かう大きな港町は生まれなかった。そのような中で、ハイファ、アデン、マスカトと、地中海、紅海、ペルシア湾のそれぞれ三つの港市を並べてみることにも意義があろう。

一方、本書を通読すると、七世紀のアラブ・ムスリム軍の征服活動から、十字軍時代、アッバース朝カリフ政権が弱体化し各地に地方政権が林立する一〇—一三世紀、モンゴル到来後の西のマムルーク朝と東のティムール朝、近世帝国のサファヴィー朝とオスマン朝、ナポレオンやロシアが進出してくる一八—一九世紀、そして近代へ、と西アジアの政治史を一望することができる。この点、これまでの概説書とは異なる新たな「西アジア通史」として本書を位置づけることも可能であろう。そして、その歴史の中では、有名無名の人が多数登場する。名高い君主や総督だけでなく、名もなき商人、職人、学者、聖者、兵士、名望家、船乗り、学生、官僚らに光があたる。通史や概説書からはこぼれ落ちてしまう市井の人びとの生の軌跡が描かれるという点は、都市を題材とした歴史研究の醍醐味である。

時代が移ろえば、都市のすがたも異なる。ひとりひとりが違うように、「西アジア都市」と一括りにできるものではない。どれ一つとして同じ都市はなく、それぞれの歩んできた歴史や社会もまた、時代によって大きく異なっている。本書がすべての都市を網羅し得たわけではない。だが、多彩な、魅力あふれる都市を横に並べることによって、また何らかのレッテルを貼ることなくニュートラルに都市を都市として提示することによって、見えてくるものがあるのではなかろうか。マジョリティと思っている集団も、つきつめれば出身地や家系など、マイノリティに分割することができ、それらマイノリティ同士が宗教や出身を超越して絡みあう。そのようなバックグラウンドの異なる多様で多彩な人びとの暮らす都市だからこそ、その社会もまた、千差万別なのである。

何よりも、各論考の冒頭部には執筆者それぞれの思い入れが見える。どこから読み進めてもらってもよい。

それぞれの都市に、それぞれの歴史があることを知るまたとない機会である。都市という限られた空間の中での〝隣人〟との共生・共存の模索があり、為政者らによる都市への軍事的・政治的・経済的・文化的関与がある。都市で育まれた伝統を受け継ぎ、それを別の都市や後世に伝えていく人びとがいる。本書はそのような都市のダイナミズムを紹介すべく、都市を舞台に、人や社会に焦点をあてた歴史研究の新たな試みである。

最後になるが、本書は新学術領域研究「都市文明の本質――古代西アジアにおける都市の発生と変容の学際研究」（研究代表：山田重郎・筑波大学教授）プロジェクト（二〇一八―二〇二二年）の一環であることを附記する。プロジェクト全体は西アジアの古代に重点が置かれているが、計画研究5「中世から近代の西アジア・イスラーム都市の構造に関する歴史学的研究」（研究課題番号18H05448）では、おもに中世から近代の「西アジア都市」について検討してきた。COVID-19感染症流行下で共同研究が思うように進まない状況ではあるものの、このプロジェクトによって、通時代的に「都市とは何か」を考える契機になった。未だ道半ばではあるが、西アジアの都市の魅力を凝縮した本書が、少しでも西アジアの歴史や社会への関心のきっかけとなることを切に願う。時空間を超えた〝小旅行〟を本書とともに楽しんでいただければ幸いである。

ムスリムがはじめて建設した都市バスラ

――軍営都市から経済と学術の都市へ

亀谷　学

かめや・まなぶ――弘前大学人文社会科学部准教授、東洋文庫研究員。専門は中世中東史。主な著書に『750年：普遍世界の鼎立』歴史の転換期3（三浦徹編、共著、山川出版社、二〇二〇年）、論文に「西暦八世紀中葉バスラにおける海寇とインド西岸部情勢」（『西南アジア研究』80、二〇一四年）、「初期イスラーム時代における政治的コミュニケーションの構造とその変化」（『歴史学研究』950、二〇一六年）などがある。

七世紀前半にアラブ・ムスリムによって建設されたバスラは、当初はアラブ・ムスリム征服軍の駐屯地として機能していた軍営都市であった。しかしイスラーム共同体の指導者をめぐる内乱を経て軍事的な機能は衰え、インド洋交易に従事する商人たちの拠点という経済的側面と、様々なムスリムの学問が発展した学術的側面で名高い都市に変容していった。

はじめに

あなた方の土地は清純さではどこより清らかで、宗教感情の何と潔白なことか！　地域の広がりとして何と広大なことか、農牧地として何と肥沃なことか！　キブラ（礼拝の方向、すなわちメッカのカアバ神殿の方向）に何と真っ直ぐ向かい合っていることか、ティグリス河に何と広く面していることか！　何と沢山の河川が合流し、ナツメヤシが豊かなことか、細部を見ても全体を見渡しても何と多くの美点を有していることか！(1)

ペルシア湾にほど近いイラク南部の都市バスラは、六三〇年代にムスリムが新たに建設した都市として、クーファと並び立つ声望を誇った町である。右に記したのは、一一世紀後半から一二世紀初頭に生きたバスラ出身のハリーリーが、彼の著作『マカーマート』の最後の章の舞台をバスラに設定し、その中で登場人物にバスラを激賞させているくだりである。そこでは、同地が宗教における美点に加えて、陸と海の結節点として類を見ない特質を備えていると語られている。

バスラは、イスラームの大征服とともに軍事拠点として建設された都市である。しかし、バスラがカリフ政権の軍事的中心として機能したのは一五〇年ほどであり、その後のバスラは、経済や学術において優れた町として、長きにわたってその声望を保ってきた。また、バスラは初期イスラーム時代史を語る上で欠かすことのできない都市であるが、ウマイヤ朝（六六一―七五〇年）が首都としたダマスクス、アッバース朝（七五〇―一二五八年）が首都として建設したバグダードのように、その時代を代表する都市とはならなかった。一方で、バスラと同様に軍事拠点として建設されたクーファは、シーア派にとって特別な都市となったが、バスラには「バスラと言えばこれ」というような顕著な特徴を見出すことは難しい。バスラの特質は、急速に発展した軍営都市から、長く繁栄した経済と学術の都市へと大きく変容したという点にあり、それは初期イスラーム時代のムスリムの社会の変化を示すものでもある。

図1　20世紀初頭のバスラ運河の風景（出典：*The Ashar Creek Basra*. Photographer: Wilfrid Malleson）

そこで本稿では、ハリーリーの『マカーマート』で挙げられているいくつかのバスラの美点を追いながら、バスラの建設、内乱と軍事機能の変化、経済的発展、多彩な学術の展開について見てゆくこととしたい。

一　軍営都市バスラの成立と発展

ウトバはウマルに次のように報告した。「それがしは砂漠の端にあり、河川の流域に通じている葦の繁茂する地を見つけた。この地には葦が群生する沼地が多くござる」。これを読んでウマルは言った。「かの地は清栄の地である！　水場や牧草地に近く、そして薪採りにも好適の地である！」。ウマルは「その地にムスリム軍を駐留させるように」との手紙をウトバに書き送った。(2)

図2　バスラ周辺地図（細線は主な支流や運河）

バスラの建設——その立地と中心

バスラは、古代から続く都市ではなく、アラブ・イスラーム勢力の征服者によって新たにその基礎が設けられた都市である。そこにアラブ遠征軍の駐屯地を置くことを決めたのは、征服軍の指揮官の一人ウトバ・ブン・ガズワーン（六三八年没）であった。ウトバは、最も古くにイスラームに帰依した七人の教友の七番目であるとも言われる古参の信徒で、第二代正統カリフであるウマル（在位六三四―六四四年）の命により南イラク方面へと出撃した。彼はヒジャーズ地方の遊牧民などを率いて、まずペルシア湾にほど近い港市ウブッラを占領し、ダスト・マイサーンにてサーサーン朝（二二四―六五一年）麾下の地方領主を倒した後、当時「フライバ」と呼ばれていた土地に、幕営を置くことにした。これがのちにバスラとなった地である。アラブ・イスラーム勢力の征服期に関する伝承の多くは混乱し、時に矛盾しており、バスラに拠点が置かれた正確な時期は不明であるが、イラク中部のクーファと並んで、六三〇年代にムスリムが初めて建設した都市であることは間違いない。

先に挙げた引用の中のウマルの言葉からもわかるように、バスラの地が選ばれたのは、イラクからさらに遠方へと征服の手を広げていこうとするアラブ・ムスリム戦士たちの駐屯地として好適と考えられたからであった。このようなアラブ・ムスリム戦士たちの集住地は「ミスル」と呼ばれ、遠征軍がその都市活動の中心となる「軍営都市」という性格を持つ。遠征初期にミスルと位置付けられたのは、イラクのバスラとクーファ、シリアのダマスクス、エジプトのフスタートであるが、のちには前線が拡大してホラーサーンのメルヴなどがミスルとみなされることもあった。

さて、こうして始まったバスラの町だが、このときはまだ葦でつくったモスクと総督の居所があるのみで、それらの周りに、各アラブ部族ごとに天幕を置く場所が区画分けされていた。ムスリムによってアラビア半島の外に造られた最初の都市であるバスラとクーファが、モスクを中心に広がっていったのは示唆的である。いわゆる「イスラーム都市」に必須の要素としてまず挙げられるのは、その都市のムスリムが金曜日に集まって集団で礼拝をする金曜モスクであった。この当時のバスラにおいては、金曜礼拝時にそこに居住するアラブ・ムスリム戦士が金曜モスクに集まり、主にその総督が行う説教（フトバ）を聞いたのである。金曜モスクでの説教には宗教的な内容もあっただろうが、征服活動や政治に関わる事柄も語られ、集まった人々がそれに対して意見をするようなこともあるオープンな場であった。[3] 一方総督府は、ダフナーと呼ばれる広場に面して建てられており、その中には牢獄と行政のための事務所が備えられていた。

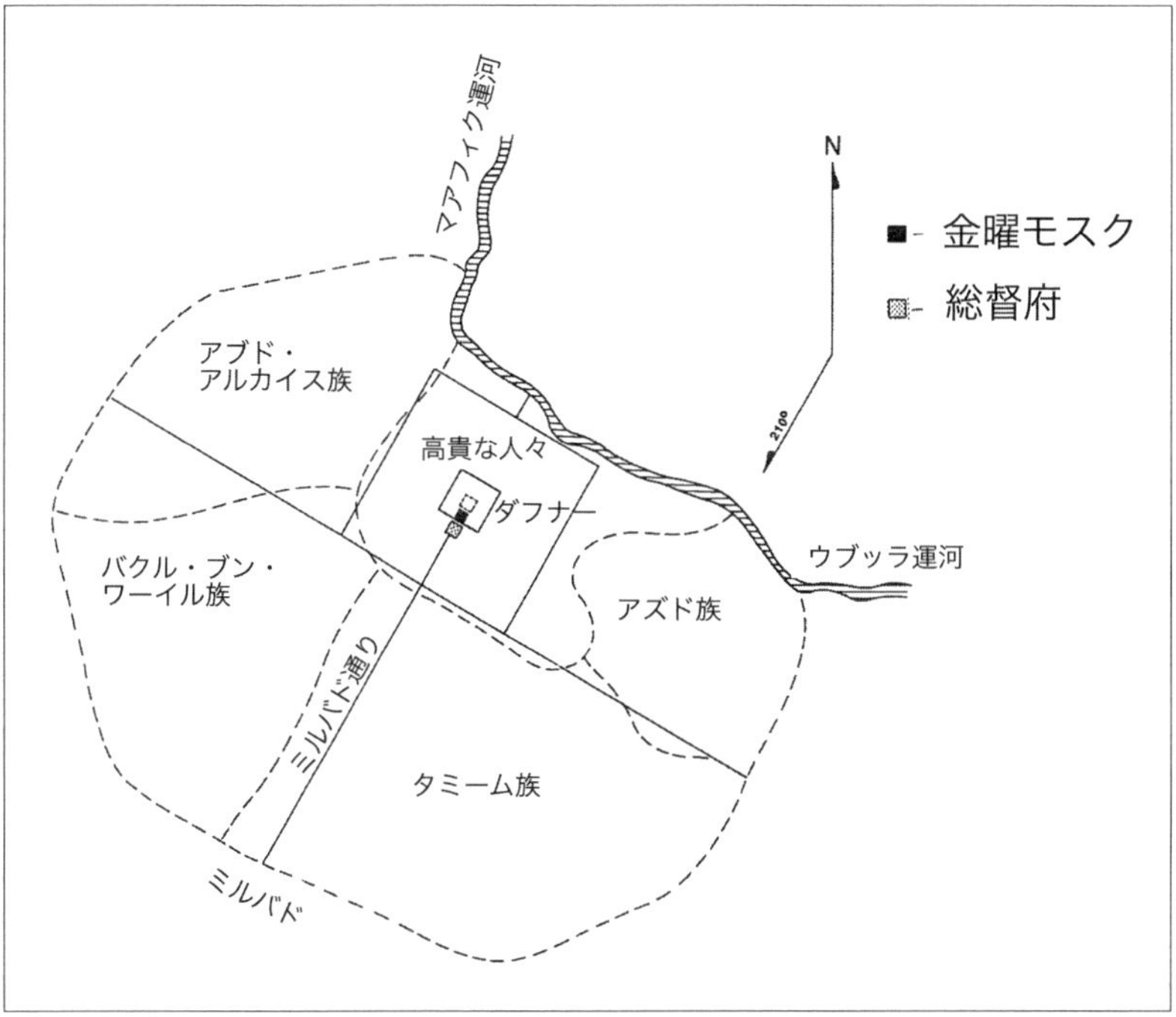

図３　バスラ地図（出典：G.R.D. King and A. Cameron eds., *The Byzantine and Early Islamic Near East II: Land Use and Settlement Pattern*, Princeton & New Jersey: The Darwin Press, 1994, Fig. 28 より筆者作成）

　バスラの金曜モスクは、建設当初こそ簡素な造りであったが、時代を経るにつれて改築が重ねられていった。ウトバの後にウマルによってバスラ総督に任命されたアブー・ムーサー・アル＝アシュアリー（在任六三八―六五〇年）は、モスクと総督府を日干し煉瓦と粘土で建造し、その屋根を青草で葺いたという。その後、ムアーウィヤ（在位六六一―六八〇年）を初代カリフとするウマイヤ朝時代になると、彼の義弟ズィヤード・ブン・アビー・スフヤーン（在任六六五―六七三年）がバスラ総督に任命され、モスクを焼成煉瓦と石膏で建造し、その屋根はチーク材を用いて造ったほか、モスクに付属する尖塔（ミナレット）とカリフや総督の特別席（マクスーラ）も備えられるようになった。こうしてバスラのモスクは、後世のモスクが備える様々な設備を整えていったのである。(4)

バスラの初期の住民

それではこの初期のバスラにはどのような人々が住んでいたのだろうか。建設当初の住民の大半は、征服活動のためにアラビア半島からやってきたアラブ戦士たちであり、その属する部族ごとに割り当てられた場所に居住していたと考えられる。バスラをはじめとする軍営都市では、部族集団を基本として軍団が運営されており、新たにやってきたアラブ戦士は、彼らが属する部族に基づいて割り振られた。そして、彼らに支給される俸給や糧食は、総督からそれぞれの部族へとまずは与えられ、それが各人に分配された。ただし、総督がまったく戦士たちを把握していなかったわけでもなく、ウマルの時代には台帳（ディーワーン）が作成され、アラブ戦士の名前や部族、彼らが権利を持つ俸給の額、家族・配下の数などがこの台帳に登録され、管理されていたのである。このようにして部族ごとに編成されたアラブ戦士に加えて、その家族、郎党、彼らが保護するマワーリー（保護下にある改宗者などを指す）、彼らの奴隷などが、初期のバスラの主な住民であった。(5)

バスラの人口は、アラブ・ムスリムの征服軍がウトバに率いられてバスラにやってきた当初は、その数はわずか八〇〇人であったとも伝えられる。その後多くのアラブ戦士が遠征に加わるようになり、イラクではバスラとクーファのどちらかに駐屯して、そこからさらに遠方への征服活動に従事することになった。そして彼らの征服活動が進むにつれて、彼らが獲得した戦利品によって、膨大な富がバスラに流入するようになり、それを目当てにバスラの人口もさらに増えていくことになる。その結果、第四代正統カリフのアリー（在位六五六―六六一年）の時代には、六万人のアラブ戦士が登録されていたという。

ただしバスラの住民がアラブ戦士だけであったわけではない。もともとはサーサーン朝軍に属していたが、アラブ軍に降伏したペルシア軍の兵士たちもまた、アラブ戦士と同じように俸給を受けていたことが知られている。また、同じくサーサーン朝に仕えていた人々によって、バスラの国庫（バイト・アル＝マール）の管理が担われていた。初期のアラブ・ムスリム軍にとって、征服戦争において得られた戦利品を獲得することが主要な収入源となっていたが、征服が進むと、従来のサーサーン朝の行政システムを受け継いで税金を徴収し、それをアラブ戦士たちへと俸給として分配するようになった。そうした業務を担うことができるのは、より洗練

された国家システムを備えたサーサーン朝に仕えていた人々だったのである。(6)

市壁と運河

こうして都市として成立していったバスラであるが、古代メソポタミアに都市が登場して以来、都市が都市として見なされる条件として挙げられる市壁は、一〇〇年以上にわたって建設されなかったようである。少なくとも、バスラ建設当初に市壁が造られたことをうかがわせる記録はない。それが造られたという記録は、アッバース朝第二代カリフのマンスール（在位七五四―七七五年）の時代にまで下ることになる。バスラは、次節で述べるように、いくつかの内乱の舞台ともなったが、そこで塹壕を掘ったという記述は出てくるものの、市壁の中に籠城したことを示唆する記述は見当たらない。また、市壁に付随する「門」の存在も、ウマイヤ朝期のバスラに関する史料からは見つけ出すことができない。バスラは遠征を行う軍人の拠点として造られ、外敵に攻められることを想定していなかったからか、市壁建設の必要性は感じられなかったのだろう。また、居住者の人口が急激に増え、都市自体が絶え間なく拡大していったために、区切りをつけることができなかったという理由もあるかもしれない。

さて、バスラにおいて、市壁より優先的に造られていったのは数々の運河であった。バスラ創建からほどなく、ある部族の有力者であったアフナフ・ブン・カイスがバスラにおける水（とりわけ飲料水）の欠乏について訴え、運河の掘削が行われるようになった。まず総督であったアブー・ムーサーが、「水甕」と呼ばれていた近くの低地から運河を引いて真水を確保し、それに続いてバスラの周辺には無数の運河が掘削され、掘削者やその運河が掘削された土地の所有者などにちなんだ名前が付けられたのである。(7)

こうした運河はバスラの人々に利用可能な水をもたらしたほか、移動ルートとしても機能した。バスラは当初、軍の駐屯地として造られたその経緯から、川に直接面した町ではなかった。当時インド洋からイラクへと入ってくる船舶の玄関口となっていたのはペルシア湾岸に位置したアバダーンと、ティグリス川とユーフラテス川が合流したシャット・アル＝アラブ川をさかのぼったところにあるウブッラであった。軍営都市として多くの人々が流入していたバスラと海運の要衝を結ぶために、ウブッラからバスラへと至る運河はいち早く開削され、それを用いてバスラの町へと物資が運ばれたのである。また逆の方向に向けて、つまりバスラを進発し、インド洋を渡って東方へと征服の手も伸ばされるようになった。すでに第三代正統カリフ・ウスマーン（在位六四四―六五六年）のカリフ期には、イスラームの征服軍がインド西海岸にまで到達していたようであるが、このこともバスラが軍営都市として機能し、運河を通じてペルシア湾やインド洋へ接続されていたことの証左であろう。

さらに、これらの運河はバスラの周辺地域に水を供給することで、農地として利用することを可能にした。開削に関わった人物の名を冠した運河の周辺は、多くの場合、その人物が所有する新規開拓地として私有されることになった。私有地のほとんどはカリフ政権に近い有力者や部族の指導者層などによって占められ、一般のアラブ戦士との間の格差は広まっていった。このことは正統カリフ時代の末期に生じた第一次内乱（六五六―六六一年）の一因ともなる。

二　内乱と軍事的機能の変化

バスラの皆さん、あなた方は（地元の）誇りを持とうとなさらないが、それを最も持つのにふさわしいのは、最高の当たり矢であるのはあなた方なのですよ、バスラの皆さん、あなた方は栄光とは関わりない顔をされているが、それに最も関わりを持ち、ふさわしいのはあなた方なのですよ！(8)

六三〇年代に征服軍の駐屯地として誕生して以降、バスラは急速に発展していったが、都市としての性格は軍事に偏っていた。それらが変化してゆく過程には、カリフ政権をめぐって行われた内乱が関係している。その中で、バスラは多くの勢力に占領されたものの、その勢力が勝ち抜いて大業を成し遂げるということがなかった町である。ハリーリーの言葉が示すように、バスラの人々が自分たちの都市に誇りを持っていなかったとするならば、そのような歴史的背景が影響しているのだろう。

内乱は、バスラを中心として挙兵した勢力の敗北をもたらすとともに、結果としてバスラの発展と変容をももたらすことになった。以下では六五六年に始まった第一次内乱と、それから一〇〇年ほど後のアッバース朝の初期に、アリーの子孫を指導者とするムハンマド・ブン・アブド・アッラーの反乱が、バスラに与えた影響を見てゆくこととしよう。

第一次内乱とその後のバスラの発展

ムスリム勢力同士の内乱が始まったのは、第三代カリフ・ウスマーンが殺害され、第四代カリフ・アリーがその地位に就いたことを契機とする第一次内乱からである。古参の信徒であるズバイルやタルハは、アリーのカリフ就任をよしとせず、アブー・バクルの娘にしてムハンマドの妻であるアーイシャ（六七八年没）と組んで、アリーと対抗するためにメッカからバスラへと入った。彼らはバスラのアラブ戦士を利用してアリーに対抗しようとしたのであるが、一方のアリーはイラクにおけるもう一つの軍営都市であるクーファに入り、同じくそこにいたアラブ戦士の支持を取り付けてバスラへと攻め寄せた。当時のバスラには市壁もなかったため、タルハ、ズバイル、アーイシャはバスラ近郊でアリーを迎え撃った。この戦いはアーイシャの乗る輿を乗せたラクダの周囲で激戦が繰り広げられたことから「ラクダの戦い」と名付けられることになるが、これに勝利したのはアリーであり、バスラに拠った勢力の第一の敗北となったのである。

その後内乱は、「ラクダの戦い」に勝利したアリーと、シリアを基盤として彼に対抗していたムアーウィヤとの間の戦いへと移ってゆくが、最終的にアリーが第三勢力であるハワーリジュ派の刺客によって殺害されたことで、ムアーウィヤを初代カリフとするウマイヤ朝が成立することになった。

ウマイヤ朝の成立は、バスラの発展にとっても大きな意味を持つことになった。ウマイヤ朝期には、アリーの本拠地であったクーファよりもバスラの方が重要視され、イラク統治の中心となったからである。こうした状況の中でバスラはさらなる発展を遂げてゆくことになる。

例えば、ズィヤードの息子（ウバイド・アッラー）が総督であった七世紀後半には、バスラへの人口流入は加速し、台帳に登録されたアラブ・ムスリム戦士の数は八万人に達して、その家族は一二万人に及んだという。しかも、この数字は、ズィヤードの時代にバスラからホラーサーンへと数万人のアラブ戦士を移住させる政策がとられた後のものである。(9)

その後七世紀後半から八世紀前半のウマイヤ朝後期になっても、バスラはウマイヤ家のイラク総督が第一に重視するイラクの中心都市であったが、この頃からバスラの軍事機能の低下が露わになってくる。すでに遠征の最前線はバスラから遠く離れ、その最前線に近い場所に拠点が移ってもいた。七〇〇年に勃発したイブン・アル＝アシュアスの反乱を契機に、新たにシリア軍が駐屯するための軍営都市ワースィトが建設され、バスラにあった軍事機能の中心はワースィトに移管されることになった。このことは、ワースィト建設以降、アラブ戦士への俸給を支えていた貨幣発行の機能がバスラからワースィトへと移ったことからも裏付けられる。(10)

ムハンマド・ブン・アブド・アッラーの反乱とその影響

七四九年にアッバース朝革命の軍勢がホラーサーンからイラクへとやってきた後、バスラは特別な抵抗を示すことなくアッバース朝の支配下に入った。アッバース朝の最初期の拠点となったのはクーファであり、その後アッバース朝第二代カリフ・マンスールが新都バグダードを建設したことによって、バスラの軍事拠点としての性格は、さらに弱まっていった。そのバグダード建設の最中、七六二年に、バスラとアラビア半島のメディナにおいてシーア派の反乱が発生する。この反乱はアリーの子孫が起こしたものであったが、その指導者ムハンマド・ブン・アブド・アッラーは、メディナを拠点にアッバース朝の権威に真っ向から立ち向い、それに続いて彼の弟であるイブラーヒームが連動してバスラで反乱を起こした。彼は、シーア派に同情的であった総督の力も借りてアッバース朝を打倒するべくクーファへの進軍を画策したが、兄のムハンマドがアッバース朝軍に敗れて死亡したために、その計画は頓挫した。彼はその後七六三年にマンスールの派遣した将軍とバスラ郊外で戦い、そのときの傷がもとで死亡した。このときも、バスラを拠点とした反乱勢力は敗れたのである。そしてバスラはアッバース朝の支配に復した。

この内乱の余波として、七六六年頃から数年間の間に、バスラに周辺に「ミード」と呼ばれる集団が攻め寄せてくるという事態が起こった。ミードはインド西岸部の勢力であったと推定されるが、反乱に敗れたシーア派勢力との結びつきを持ち、アッバース朝体制がいまだ十分に確立していないという見込みを持って襲撃を試みたのだろう。ミード勢力によるバスラ襲撃は不首尾に終わったが、マンスールが七七六年頃にバスラに市壁と塹壕を造らせたことは、バスラが外敵に攻撃されることに備えるためだったと考えられる[11]。

その後マンスールの息子、アッバース朝第三代カリフ・マフディー（在位七七五―七八五年）がマンスールの死後にカリフ位を継ぐと、バスラから軍を派遣して、インド西岸部へ遠征軍を送り込み、そこにいた勢力を壊滅させた。マフディーが送り出した軍は、疫病のためにその支配を継続することなく撤退したが、これらの一連の出来事を経て、アッバース朝のペルシア湾とインド洋における覇権は強化されたと考えられる。

しかし、これ以降、バスラから大規模な遠征軍が送られる事例は見られなくなり、その軍事的な機能は概ね終焉を迎えたと言ってよいであろう。すなわち、七世紀中葉にバスラの軍事的役割は頂点に達することになったが、前線が遥か遠くへと移ってゆき、陸海においてムスリム勢力の支配が確立することで、バスラの軍事拠点としての機能は必要とされなくなっていったのである。

三　バスラにおける経済活動の展開

バスラ、ここここそ両者の出会いの場所、海のラクダと砂漠の舟と、魚と大トカゲと、隊商先導者と水先案内人と、漁師と農夫と、銛の打ち手と槍の使い手と、家畜の牧者と水の泳ぎ手と！　溢れ来る満潮、退いては去る引き潮の奇跡の地！[12]

ペルシア湾からインド洋へ

軍営都市として始まったバスラは、その軍事拠点としての機能を失っていくことになった。しかし、そこにいた人々がどこか別の場所に行ってしまったわけではない。アラブ戦士としてバスラへと移住してきた人々は、その征服活動の成功がもたらした莫大な戦利品を背景に、経済活動に従事するようになった。また、そもそも流入する人口を支えるためにその戦利品を用いて様々な物品が購入された。右のハリーリーの言葉に見られるような、陸と海をつなぐ要地に位置していたことが、大きな利点となっていたのである。本節ではバスラという都市の経済的な側面について見てゆこう。

バスラの交易にとって大きな利点となったのは、ウブッラと運河で直接結ばれ、さらに当時はペルシア湾に面していたアバダーンとの間で物資の輸送ができたことである。ウブッラとアバダーンはバスラの外港として機能し、積み替えられた荷が運河を通ってバスラに運ばれ、またバスラからも物資がペルシア湾へと出ていったのである。一方バスラは、アッバース朝期に首都として建設されたバグダードとも運河によって繋がっていた。バスラは、巨大な行政都市であったバグダードとインド洋をつなぐハブの役割を果たしていたのである。

七世紀の前半に征服活動が始められてほどなく、すでにバスラでは戦利品を商品、あるいは資本とした経済活動も始まっていたようである。一〇世紀半ばには、ズバイルが七世紀にバスラに建てた邸宅は、商人や財を持つ者たちや、海上貿易商人の問屋などが居を構える場所になっていた。このうち、「財を持つ者」とは、自らの持つ財産を元手に、代理人に交易事業を委ねていた人々だと考えられる。また、バスラには、東アフリカやインド・中国方面との長距離交易を営むスィーラーフ（ペルシア湾のイラン側の港市）出身の商人も訪れていた。この商人は、合資仲間や賃借人らの複数の所有者に属する持分によって、船舶と商品資本を共有し、仲間から委託された商品を自分の船に積み込んで遠隔地との間の交易を行っていた。一方で、ウマイヤ朝カリフのムアーウィヤは、シチリアで戦利品として獲得した金銀の像を、高値で売れるインドに向けて運ぶためにバスラに送ったとされるが、これは彼がバスラにいる代理人や商人に自らの財を預けて利益をあげようとしたと見なすことができ、すでに七世紀の時点から、（おそらくはサーサーン朝期から存在した交易ルートを利用することで）バスラが遠隔地貿易のためのセンターとなっていたことを示していると考えてよいだろう。(13)

このような海上交易には、オマーンなど湾岸地域に住んでいたアズド族が関わっていた。彼らもまた征服活動のためにバスラに移住してきていたが、彼らが元来ペルシア湾からインド洋にかけて持っていたネットワークを用いて、これらの交易活動に従事したのである。例えば、八世紀の初めには、バスラの商人とオマーン地方出身の商人の二人が、オマーンのスハール、インド西北部の港町ダイブル、スリランカ、マレー半島のカラ（カラバル）などを経由して、広州までたどり着き、そこで沈香木を購入したという話も伝えられている。また東方のみならず、東アフリカ海岸にも居留地を築くなど、インド洋の広域に彼らの活動は広がっていた。(14)

バスラの市場

経済活動の拠点となる市場については、バスラが成立した当初から、バスラの西側の郊外、砂漠と接する地であるミルバドに市（スーク）があり、ラクダ市として始まったのだと言われている。その後都市が発展していく中で、三つの大きな市場が市内に設けられた。一〇世紀後半に地理書を著したムカッダスィー（九九一年没）によると、それはカッラー市場、大市場、そして金曜モスクの門の市場である。カッラー市場は「食物市場」と呼ばれていたこともあったようだが、それはバスラ東部の運河に面した市場で、そこで船からの荷下ろしが行われていた。(15)

伝えられるところによると、カッラー市場の商人の中には穀物商人がおり、この人物は為替手形を扱っていた。(16)このような為替手形は、「スフタジャ」や「サック」と呼ばれた。これらはイスラーム以前に使われていた中世ペルシア語からの借用語であると考えられるが、中世の西アジア地域では古くからこのような金融手段が用いられていたのである。

さらに、一一世紀にバスラを訪れたナーセル・ホスロー（一一世紀後半没）は、その『旅行記』の中で、バスラでの取引では、両替商に品物を預けるのと引き換えに書き付けをもらい、それと商品とを交換するシステムがあったため、「町にいる限り、両替商の書き付け以外になにも渡さないほどであった」と記している。(17)このことは、バスラにおいて、盛んな経済活動がさらなる貨幣需要を求めたのに比して、実際に流通する貨幣が追いつかなかったがゆえに、このようなシステムが用いられたことを示していると考えられる。

バスラにおける経済的な側面は、次第に軍事的な側面を凌駕するようになってゆく。七世紀後半には、バスラの有力者が、ある軍司令官に金銭的援助をすることによって、官職を得るような事例も見られる。さらに八世紀前半には、イラク総督が商人の好意を得るために、国家の支払いを約束する手形を振り出して、彼から多くの物品を購入しようとしたという逸話も語られている。このことは、バスラの建設当初の軍事的機能が構造的に弱まってゆき、経済的な都市としての性格を強めていったことの表れであると解釈できるだろう。(18)

四　バスラにおける学術の発展

バスラの住民の皆さん、あなた達の郷土の錚々たる名士達の輩出においては他のどこにも並ぶことはできないでしょう、たとえ対抗はできても否定はできないはずです！（中略）さて、あなた方のあの禁欲主義者（ハサン・アル＝バスリー）は人類の中で最も創造主を畏怖なされた方、真実の道を求めて苦闘された方であられます！あなたがたのあの学者（アブー・ウバイダ・マアマル・ブン・ムサンナー）はどんな時代であっても大学者（アッラーマ）であられたでしょう、どんな時をも超越した権威者であられたでしょう！　あなた方の中からはアラビア語の文法学を生み出し、その礎石を置いたお方（アブー・アスワド・アッ＝ドゥアリー）がおられる。また詩の韻律の一定のパターンを読み取り、それらを規則化した傑物（ハリール）もおられる。(19)

内面を探求する者たち

経済的に発展を遂げたバスラは、また一方で学術の中心地としての名声を博すようにもなった。征服のためにアラブ戦士としてバスラに移住してきた人々の子孫は、徐々に増えていったアラブ人以外からの改宗者とともに、学問を発展させていった。バスラの名士、とりわけイスラーム諸学において名を成した人々については枚挙にいとまがないが、右のハリーリーの『マカーマート』の一節に語られているのは、その中でも最も高名な者たちである。以下、彼らについて順に見ていきたい。

ハリーリーによって「人類の中で最も創造主を畏怖なされた方、真実の道を求めて苦闘された方」と讃えられたハサン・アル＝バスリー（七二八年没）は、「バスラの人（バスリー）」という名で知られる者たちの中でも最もよく知られた人物であろう。彼は、イラク征服に際してアラブ軍に捕虜にされ、奴隷とされた両親の間に、メディナで生まれた。その後自由民となって、アフガニスタン国境地帯への征服活動に参加した後、バスラに居住するようになり、生涯そこで暮らしたと言われる。(20)

彼は、禁欲主義者の先駆けともいうべき人物であり、のちにスーフィズムとして発展する信仰形態に多くのインスピレーションを与えたことで知られる。彼は、当時のイスラーム世界で神学上の問題とされていた運命と自由意志の間の対立を、リダー（満足）という概念、すなわち個人として神秘主義的な境地に到達することを通じて解決することができるとした。それは人の魂と神の間に相互関係を立ち上げるということである。このリダー概念は、キリスト教の禁欲的な修道士が目指した「恩恵の状態」に対してクルアーンで用いられている言葉でもあり、イラクにも多く存在したキリスト教徒の修道伝統との関係もうかがわせる。(21)

その後、アッバース朝初期には、バスラから女性の禁欲主義者たちも登場した。その代表格はラービア・アル＝アダウィーヤである。彼女は総督からの求婚を断り、また彼女が所有していた奴隷の奉仕をも必要ないとして、イスラーム教において初めて神にすべてを捧げた人物ともされる。そのイメージは後代にどんどん膨らんでゆくこととなり、エルサレムのオリーブ山にある墓が彼女の墓として参詣の対象となるにまで至った。比較的近い時代の史料においても、彼女のほかに何人かの女性の禁欲主義者の名が挙げられている。(22)

言葉を探求する者たち

「大学者」と讃えられているアブー・ウバイダ・マアマル・ブン・ムサンナー（八二五年頃没）は、八世紀前半にバスラに生まれ、バグダードに二度、短期間滞在したほかは、その生涯のほとんどをバスラで過ごした。彼は、イスラーム教に関わる様々な学問を修めたことで高名で、クルアーン解釈や預言者ムハンマドの伝承であるハディースに加え、文法学や文献学、ムハンマド登場以前のアラビア半島に関する情報、各アラブ部族の美徳や悪徳に関する情報、歴史伝承など、様々な分野に秀でていた。特に彼のクルアーン注釈書は書物として残るものの中で最も古いものであり、ハディースの中の見慣れない言葉について論じた文献学的著作もまた、のちに多数現れる同ジャンルの書物の先駆けとなったものである。なお、彼は一〇〇年近く生きたともされるが、『バグダード史』に採録されている彼の伝記情報の中には、彼は人からもらったバナナを食べたことで死んだと伝えるものがある。インド洋交易によってもたらされた物珍しい果物を食べて死亡したということだろうか。(23)

三番目に言及されているアブー・アル＝アスワド（六八八／八九年没）は上記の二人よりも随分と早い時期の人物であり、七世紀に活躍した。彼はアラビア半島からバスラに移住してそこに定着し、熱心なアリーの支持者であったようである。彼は初めてアラビア語の文法を書き記し、クルアーンにつけるための発音符号を発明したと言われる。

現在までアラビア語学においてその始祖の一人と数えられるのが最後に挙げられているハリール（八世紀後半没）である。彼はアラビア語文法、アラビア語辞書、そしてアラビア語詩の韻律に大きな足跡を残している。なかでもアラビア語文法を体系的なものとしてまとめた最初の人物はハリールであるとされ、それは弟子のスィーバワイヒ（またはスィーブーヤ）によってまとめられ、現在でもアラビア語学徒にとっての基本書となっている。またアラビア語の語彙について編纂された最初の辞書である『アインの書』は、彼の死後すぐに弟子によって完成されたという。加えて、イスラーム以前のアラビア半島の古詩を研究する中で、アラビア語詩の韻律を可視化するシステムを見出し、現在まで使われている韻律の名前を定着させたのも彼であったと言われる。[24]

科学を探求する者たち

もちろん、ハリーリーが挙げたほかにもバスラにおいて活躍した学者を挙げればきりがない。しかしあえてもう一つだけ事例を挙げるならば、一〇世紀のバスラにおいて活動したとされる「純正同胞団（イフワーン・アッサファー）」なる人々が、数学、論理学、自然学、天文学、占星術、魔術、形而上学などから構成される百科全書的著作『純正同胞団書簡集』を著したことだろう。[25] 彼らはシーア派の分派でファーティマ朝（九〇九―一一七一年）において奉ぜられたイスマーイール派と深い関わりを持っていたとされるが、ハリーリーが挙げたイスラーム諸学ではなく、ギリシア的な学問を発展させた人々の系譜に連なる。バスラの学術はイスラーム諸学について名高いが、決してそれだけではなく、医学や哲学といった学問も盛んに行われていたのである。

このようにバスラは、イスラーム諸学を中核としながら、様々な学問群について、遅くとも八世紀にはそれらを先導する場となっていたのである。

結びにかえて――バスラのとある光景

七世紀に軍営都市として瞬く間に大都市となったバスラは、内乱を契機として変化が加速され、経済と学術の都市へと変容していった。この後バスラは、九世紀後半に起こったザンジュ（黒人奴隷）の反乱、一〇世紀に湾岸地域から襲来した異端であるカルマト派の攻撃、そしてアッバース朝カリフの権威の衰えとともにイラク全体が不安定な状況に陥ったことの影響により、徐々に衰退していくことになるが、その衰退は急激なものではなく、ハリーリーが語ったように経済と学術において、その名望を保っていたのである。

さて最後に、変容した後のバスラについて伝える、タヌーヒー（九九四年没）の逸話を紹介したい。

我々のバスラにアブー・アリー・ブン・サアダーンという慎しみ深い商人がいた。彼は「スイカの館」で果物の商いをする人物であるが、裕福でときには馬に乗って集会に出かけ、くつろぎ、議論を楽しんだ。

ムサンナー家の主人で、慎しみ深い長老のアブー・タルハ・アズディーの語るところによると、この商人に幾たびか会ったことがあるという。

あるとき、みんなして法官ジャアファル・ブン・アブドルワーヒドの家の玄関で面会のために許可を待っていた。ところが午後の礼拝の時が来たので、みんな立ち上がり、礼拝をした。イブン・サアダーンも立ち上がって礼拝をしたのであるが、その作法はこれまで見たこともないような愚かなものであった。

そこでアブー・タルハは言ったのである。「アブー・アリーよ、それは礼拝と言えないよ。ちゃんとした礼拝をしなさい。」（中略）

「アブー・タルハどの、洗練された作法というのは、我らは与り知らないよ。我らは商人のやり方で礼拝するのだ。」

「それは驚いた。すべての下僕にお決めになった礼拝とは別個に、まるで偉大な神が商人のための礼拝をお決めになったみたいではないか。[26]」

バスラにおいて、商人と学者は必ずしも対立するものではなく、両方を兼ねる者も少なくなかったが、上記の逸話からは、バスラにおいて、商人と学者がそれぞれの自負を持って、対等な立場で丁々発止のやり取りを繰り広げていたことがうかがえるのではなかろうか。この光景こそが、軍営都市から経済と学術の都市へと変容した、ハリーリーが賞賛した当時のバスラを象徴しているように、筆者には思えるのである。

注

（1）ハリーリー著（堀内勝訳注）『マカーマート』（平凡社、二〇〇八―二〇〇九年）第三巻、三七四頁。なお、これ以降の本文で示した翻訳はラテン文字転写を省略するなど、修正を加えたものである。

（2）バラーズリー著（花田宇秋訳）『諸国征服史』第二巻（岩波書店、二〇一三年）二八四頁。

（3）初期イスラーム時代のフトゥバ（説教）については、さしあたり亀谷学「ムハンマド、カリフ、ウラマー」（柴田大輔・中町信孝編著『イスラームは特殊か』勁草書房、二〇一八年）二三五―二六七頁を参照。

（4）バラーズリー『諸国征服史』第二巻、二八五—二八六頁。

（5）高野太輔「ウマイヤ朝期イラク地方における軍事体制の形成と変容——シリア軍の東方進出問題をめぐって」（『史學雜誌』一〇五巻三号、一九九六年）五—六頁。

（6）バラーズリー『諸国征服史』第二巻、三四三—三四九頁。

（7）バラーズリー『諸国征服史』第二巻、三一二—三三五頁。

（8）ハリーリー『マカーマート』第三巻、三七六—三七七頁。

（9）高野太輔（一九九六）一—二五頁。

（10）亀谷学「ウマイヤ朝期における銀貨の発行と流通」（春田直紀編『歴史的世界へのアプローチ』刀水書房、二〇二一年刊行予定）。

（11）亀谷学「西暦八世紀中葉バスラにおける海寇とインド西岸部情勢」（『西南アジア研究』八〇、二〇一四年）一—二四頁。

（12）ハリーリー『マカーマート』第三巻、三七五—三七六頁。

（13）al-Masʿūdī, *Murūj al-Dhahab wa Maʿādin al-Jawhar*, ed. Ch. Pellat, 7 Vols., Beirut: Manshūrāt Jāmiʿat al-Lubnānīya, 1965-1979, Vol. 3, p. 76. 家島彦一『海が作る文明——インド洋海域世界の歴史』（朝日新聞社、一九九三年）一一八頁。

（14）家島彦一『イスラム世界の成立と国際商業——国際商業ネットワークの変動を中心に』（岩波書店、一九九一年）一八二頁。

（15）Yāqūt, *Muʿjam al-Buldān*, Beirut: Dar al-Ṣādir, n.d., Vol. 5, p. 98; al-Muqaddasī, *The Best Divisions for Knowledge of the Regions: A Translation of Ahsan al-Taqasim fi Maʿrifat al-Aqalim*, trans. Basil Anthony Collins, Reading: Garnet Publishing, 1994, p. 98.

（16）タヌーヒー著、森本公誠訳『イスラム帝国夜話』（岩波書店、二〇一七年）下巻、五一六頁。

（17）ナースィレ・フスラウ著（森本一夫監訳、北海道ペルシア語史料研究会訳）「ナースィレ・フスラウ著『旅行記（Safarnamah）』訳註（IV）」（『史朋』三八、二〇〇五年）四〇頁。

（18）al-Ṭabarī, *Taʾrīkh al-Rusul wa al-Mulūk*, ed. M. J. de Goeje, 15 vols., Leiden: E.J. Brill, 1879-1901, Vol. 9, pp. 1307-1308; Vol. 8, pp. 817-818.

（19）ハリーリー『マカーマート』第三巻、三七六頁。

（20）竹下政孝「ハサン・バスリーとイスラーム思想の起源」（『中東協力センターニュース』三五（五）、二〇一一年）八二—八七頁。

（21）ただしハサン・アル＝バスリーに帰せられた書簡や思想についてはその事実性に疑義も提示されている。Suleiman Ali Mourad, *Early Islam between Myth and History: al-Hasan al-Baṣrī (d. 110H/728CE) and the Formation of his Legacy in Classical Islamic Scholarship*, Brill, 2006も参照。また、後世における神秘主義者としてのハサン・アル＝バスリーやラービア・アル＝アダウィーヤについてはアッタール著（藤井守男訳）『イスラーム神秘主義聖者列伝』（国書刊行会、一九九八年）も参照されたい。

（22）Chase. F., Robinson, *Islamic Civilization in Thirty Lives: The First 1000 Years*, London: Thames & Hudson Ltd, 2016.

（23）al-Khaṭīb al-Baghdādī, *Taʾrīkh Baghdād*, Beirut: Dār al-Gharb al-Islāmī, 2001, Vol. 15, p. 345.

（24）Rafael Talmon, *Arabic Grammar in its Formative Age: Kitāb al-ʿAyn and its Attribution to Halīl b. Aḥmad*, Leiden: Brill, 1997.

（25）イフワーン・アッサファー著、菊地達也訳「イフワーン・アッサファー、イフワーン・アッサファー書簡集」（大学中世思想研究所編『イスラーム哲学』（智平凡社、二〇〇〇年）一九七—二六二頁を参照。

（26）タヌーヒー『イスラム帝国夜話』下巻、一〇〇—一〇一頁。

「二つの春の母」モスルの一二・一三世紀
――ザンギー朝下の建設と破壊

柳谷あゆみ

やなぎや・あゆみ――（公財）東洋文庫研究員・上智大学アジア文化研究所共同研究員。専門は中世イスラーム政治史。主な論文に「ザンギー朝ヌール・アッディーン政権における有力アミールの配置と移動」（『東洋史研究』七五―二号、二〇一六年）、「政権形成におけるヒドゥマの成立・解消・維持――ザンギー朝の事例を中心に」（『史学』八一―四号、二〇一三年）などがある。

ジャズィーラ地方の首邑（しゅゆう）モスルは、比較的清涼な気候や豊かな資源に恵まれ、交通の要衝でもあったため、古代から繁栄を享受し、また多くの侵攻をも受けてきた。一二世紀から一三世紀にかけて、モスルに安定と繁栄をもたらしたザンギー朝の都市構築について、歴代統治者の建築事業を中心に取り上げる。

一　「二つの春の母」モスル
――豊かさと多様性

イラク北部の都市モスルは、ティグリス川とユーフラテス川の間にあるジャズィーラ地方（「ジャズィーラ」とは島や中州などを意味するアラビア語）の首邑で、ティグリス川の西岸に位置する。首都バグダードや南部のバスラと比べると清涼な気候で、秋が二度目に巡ってきた春と同じように感じられると「二つの春の母」という美しい別名を持つ。

モスルは豊かな資源に恵まれ、古代から繁栄を享受してきた都市である。周囲には草原が広がり、羊、馬、牛、ヤギの飼育が行われたほか、果物や穀物、綿花、蜂蜜などの農業生産も長く人々の生活を支えてきた。現在、モスルは世界有数の産油地となっているが、石油がクローズアップされる前は、鉄や石膏、瀝青（れきせい）の生産で知られていた。

モスルはまた、交通の要衝でもある。シリアとイラクを結ぶ主要ルートに位置しており、商業・交易都市としても名声を博した。一三世紀の地理学者ヤークート（一二二九年没）

はモスルを偉大な三都の一つに挙げ、「ニーシャープールは東方へと開けた門であり、ダマスクスは西方へと開けた門である。そしてモスルはその両方へと至る近道であり、素通りする者はわずかである」[1]と述べている。織物「モスリン」はモスルの特産品であり、精緻な銅細工などの工芸品も有名であった。

古くからあまたの人が行き交い栄えたモスルは、他方で多くの侵攻に直面し、破壊を経験した都市でもあった。ごく近年では、二〇一四年にイスラーム過激派組織IS（俗称「イスラーム国」。アラビア語略称ダーイシュ）にモスルは占領され、その後、二〇一七年に有志連合の支援を受けたイラク軍がISを掃討して「奪回」したものの、住民・市街ともに甚大な被害を受けた。二〇二一年にモスルを訪問したローマ教皇フランシスコは、まだがれきの残る旧市街の教会広場で祈りを捧げ、「文明の揺籃の地であるこの国（イラク）がこれほどまでに野蛮な打撃を被り、古代から伝わる礼拝所が破壊され、何千人ものイスラーム教徒、キリスト教徒、ヤズィーディー教徒たちが住む場所を追われたり、殺されたりしたことは何と残酷なことであろうか」と犠牲者を悼んだ。[2]この教皇の言葉は、モスルで多様な信仰を持つ人々が併存してきた歴史を踏まえたものである。旧約聖書でヨナ（アラビア語名ユーヌス。イスラーム教の聖典『クルアーン』にも預言者として登場する）が神の言葉を聞き、向かった先ニネヴェ（現ニーナワー）は、モスル旧市街からティグリス川を隔てた対岸にあり、現在はモスルの市域に含まれている。このことからもわかるように、モスルとその周辺は、イスラーム教徒の進出以前からキリスト教徒が多く居住してきた地域であった。ヤズィーディー教徒（アディー派）も古来の住民で、一三世紀にも居住の記録が残っている。また一二世紀の旅行者の記述からはユダヤ教徒が七〇〇〇人のコミュニティを築いていたことも確認される。[3]

本稿で扱うザンギー朝のモスル統治期（一一二七―一二三三／三四年）の約一〇〇年間は、セルジューク朝（一〇三八―一一九四年）の支配を受けた一一世紀以降、数年おきに支配者が交代していた状況からようやく政権の首府としての安定を得た時代である。現在のモスルは、旧市街とそこからティグリス川を越えて拡大していく（大部分が二〇世紀に建設された）新市街とで構成されているが、旧市街の隆盛の基盤を築いたのは、その大半が一二世紀から一三世紀前半にかけてのザンギー朝期の事業といえるだろう。数世紀にわたりモスルのランドマークとなったヌーリー・モスク（二〇一七年のIS掃討時に破壊された）が建設されたのもこの時代である。中世のモスルでザンギー朝による安定がいかにして実現され、そして、この都市の個性がどのようにして生み出されたのか、その道のりを辿っていきたい。

二　ザンギー一世が築いたもの

市壁増築――自立のための生命線

ザンギー朝創設者ザンギー一世（在位一一二七―四六年）はトルコ系マムルーク（奴隷）の子息である。セルジューク朝第九代スルターン・マフムード二世（在位一一一八―三一年）に仕えた彼は、一一二七年にスルターンの息子のアターベク（養育係）として、モスル統治を命ぜられた。これがザンギー朝政権の始まりである。ザンギー朝は、名目上はセルジューク朝スルターンの息子を支配者とし、実権をアターベクが掌握することで成立したいわば半独立の政権であった。このようなアターベク政権はセルジューク朝治下で複数誕生しており、モスルでもこれが初めての例ではない。

だがモスルの統治者は約三〇年の間に八人も入れ替わり、ザンギー一世が実現したおよそ二〇年の治世は異例の長さと言える。その要因は一つではないが、一三世紀にザンギー朝史『アターベク王朝の光輝ある歴史』を著したイブン・アル＝アスィール（一二三三年没）はザンギー一世の功績として建築事業を挙げており、以下の記述を残している。

（ザンギー一世は）モスルの市壁の高さを増すよう命じた。そこで約二倍近くの高さに増やされた。市壁については今日のわれらの時代までその形跡は明らかである。また彼がモスルの濠をより深くするよう命じたため、（濠は）今日の姿のようになったのである。最初、モスルは市壁がなかった。[4]

ここでいう「モスル」は、現在の旧市街とその周辺である。市壁に関するイブン・アル＝アスィールの記述には若干語弊があり、七世紀後半のウマイヤ朝（六六一―七五〇年）期にすでにモスルに市壁は築かれていた。しかし八世紀末にアッバース朝（七五〇―一二五八年）第五代カリフのラシード（在位七八六―八〇九年）がモスルを攻撃した際、このときの市壁は破壊されてしまった。ラシードの軍はモスル住民に「市壁を破壊した者の命は助ける」と呼びかけ、モスル住民は自ら市壁を壊して降伏したのである。[5] 市壁は外敵に対する防衛の要であり、都市の自立性を保つ生命線であったと言えよう。

その後、ウカイル朝（九九六―一〇九六年にモスルを統治）のシャラフ・アッダウラが一〇八一年にモスルに市壁を築いた。モスル史研究の第一人者S・ダイワフジー（デヴェチ）が作成した地図（**図1**）によれば、ウカイル朝期の市壁は、ティグリス川を背にして北側に建てられた城砦（図2）および西部の練兵・閲兵場（マイダーン）と、南東に広がる市域を隔てるように築かれている。ところがこの市壁には高さがなく小壁も濠もなかったため、防壁としては十分と言えなかった。そこで一一〇八年にモスルを支配したジュキルミシュは、小壁と濠を備えた市壁の建設に取り組み、可能な限り防御力を高めた。(6) 城砦とスルターンの邸宅（セルジューク朝期に建てられた支配者用の邸宅）はこの広大な練兵場に面しているが、ジュキルミシュの市壁は、城砦に沿って練兵場も含め、これらの全体をぐるりと囲むように築かれている。市壁の西部にあるスィンジャール門は八世紀にはすでに記述があることから、この市壁はウマイヤ朝期の市壁の遺構をもとに築かれたものと見てよいだろう。ザンギー一世が行ったのは、このジュキルミシュの市壁の増築である。市壁は二倍の高さとなり、濠もより深く掘削された。さらにザンギー一世は練兵場から、市壁外で森や果樹園が広がる「上の郊外地」（西のスィンジャール門からティグリス川岸にかけての郊外地）に出られるように西側の市壁にイマーディー門を設け、利便性を高めた。(7)

図1　ザンギー朝期モスル地図。Daywahjī（Diwechi）作成の地図に加筆・変更
出典：Daywahjī（Diwechi）, S., *al-Mawṣil fi al-‘ahd al-Atābakī,* Baghdād, 1958.

図2　モスル城砦（20世紀初頭の撮影）
出典：Daywahjī（Diwechi）, S., *Tārīkh al-Mawṣil*, Vol. 1, al-Mawṣil, 1982.

ザンギー一世の市壁は一一三三年に没したイブン・アル＝アスィールの存命中はそのまま残っていたことが、先に引用した「われらの時代までその形跡は明らか」という記述から見て取れる。一一八四年にモスルを訪れたイブン・ジュバイル（一二一七年没）は感嘆を交えてこう書いた。

この町は古くて大きく、要塞化されており、堂々たるものである。この都市は時代の風雪にすでに長く耐えてきた。その間、争乱が生ずるのに対する防御装置を整えたのである。塔は互いにほとんど触れあうばかりに近接して並んでいる。都市全域を巡っている城壁の周りに添って、その内側には部屋が連なっている。城壁にこれらの部屋を作ることが出来たのは、城壁が構造的に強固で大きく分厚いためである。戦士たちにとってはこれらの部屋は守備をするのにふさわしい待避場所であり、戦時の施設である。町の最も高い部分には、がっしりとした構造で、周りに聳え立つ塔を備えた古い城壁に囲まれた大きな要塞がある。(8)

増築された市壁によってモスルが要塞化されたさまが実に具体的に記述されている。ザンギー一世のこの事業の正しさは、一一三三年のアッバース朝第二九代カリフ、ムスタルシド（在位一一一八―三五年）のモスル包囲のときに証明された。ムスタルシドはモスルを三ヶ月に渡って包囲したが、モスル城代（ナーイブ）のナスィール・アッディーン・ジャカルの指揮のもと、都市は持ちこたえ、カリフ軍は撤退を余儀なくされている。(9)

荒廃地区の整備

ザンギー一世がさらに着手したのは市壁内の荒廃地への建築事業である。イブン・アル＝アスィールは「（ザンギー一世）の治世の当初はモスルの大半は荒廃していた。荒廃していたのはタッバーリーン地区から城砦、またスルターンの邸宅に至るまで［の地域］で、タッバーリーン地区近くのトルクマーニー・モスク近辺から、練兵場が見えるほどだった。古い金曜モスク（ウマイヤ・モスク。北東部に位置する）もまた人が寄りつかなかった。それ（モスク）の周囲の市壁に隣接する街区はすべて、人が住みついていなかった」と伝えている。(10) タッバーリーン地区は現在のアブドゥ・フーブ街区で旧市街の西側にある。ここに挙げられるように、都市の西側は市壁内の市域にも人が住みつかず、建物もない空疎な状態だったのだろう。

ザンギー一世はスルターンの邸宅を壊して拡張し、壮麗な装飾を施した。これが「王国の館」と呼ばれる館群となった。また配下のアミール（軍事エリート）にも一定の距離を置く条件で王国の館近くに私邸を築く許可を与えた。[11] 加えて、一一四一／四二年のイラク西部のハディーサ征服後、ザンギー一世はその住民の一部をモスル市内のスィンジャール門界隈に移し、市街の南西部にハディースィーヤ地区をつくらせている。[12] 都市の西側部分に広がる荒廃地を居住地として整備し、人を呼び込んでいったことがわかる。こうしてモスルの人口は増加に転じ、彼の治世には市壁内に造られていた墓地が住宅地に変えられるまでになった。郊外地の開墾・開発も進められた。

農業振興とクルド人居住地域平定

都市の防御力の強化、人口増とともにザンギー一世の施策で評価されたのは、農業振興である。それまでモスルは果物の生産量が非常に少なかったが、ザンギー一世の治世から人口が増加し郊外地等で果樹栽培が盛んに行われるようになったため、ブドウ、洋梨、リンゴ、ザクロなどの収穫量が飛躍的に増加した。[13] ザンギー一世はモスル統治の翌年から、住民の招請を受けてシリア北部のアレッポの統治も兼任しているが、アレッポ政権領でも彼の治世で農民の負担が減り、収穫量が上がったという記述がみられる。[14] これは、ザンギー一世が厳しい規律で身内の有力者による収奪を防ぎ、農地からの収益を奪っていく敵対勢力を軍役によって抑え、屈服させたことが大きい。モスルに関して言えば、一一三三年から一一三四年にかけてザンギー一世はモスル北方の高地にあるクルド人居住地域に派兵し、クルドの諸部族が領有していた城砦を次々に征服した。同地のクルド人はたびたび住民の土地や財を荒らしていたが、ザンギー一世による高地地方の平定によって「臣民はクルド人から安全になった」とイブン・アル＝アスィールは記している。[15]

実際的な「偉業」とその功労者

ザンギー一世のモスル振興の施策は総合すれば、政治的・経済的見地を優先した実際的なものであったと評価できるだろう。モスルにおけるザンギー一世の建築事業にモスクや学院（マドラサ）などの信仰や学術に関する施設の新築はない。彼の施策は、自立した政権の基盤とするため、モスルという都市の防御力を高め、人口と収益を拡充することに向けられてきた。

また、このようなザンギー一世の功績を考える際に、彼の成功を支えた人間として、その不在中にも市壁増築やクルド人居住地域平定を進めたモスル城代のナスィール・アッディーン・ジャカルの才腕にも目を向けるべきであろう。一一四五年にスルターン・マフムードの息子（名目上のモスル領主）に誅殺された彼については悪評が主であり、一三世紀のイブン・ハッリカーン（一二八二年没）の名士事典には「圧政者であり、不正なる者で、流血沙汰の多い者」と断定されている。[16] 同時代人のウサーマ・ブン・ムンキズ（一一八八年没）の回想録によると、ザンギー一世は彼のことを「余を恐れるが、至高なる神を恐れない」と評したというが、[17] 他の人物への評価と言行を合わせて考えると、この「神を恐れない」という表現は、安易に人の命を奪うような、人倫の欠落を意味しているとみてよい。断片的な記述ではあるが、ナスィール・アッディーンは目的達成のためには手段を選ばず、犠牲を出すことも厭わない人物であったのだろう。非凡な才覚を有していたザンギー一世の企図を最良の形で実現するには、この非道なまでの実行力を持つ腹心が必要であったと言えないだろうか。

三　公益と個人意思
——第二世代の建築と保護

ザンギー朝第二世代——二政権分立期のモスル

一一四六年、ザンギー一世は遠征中に近習によって暗殺された。彼の死後、モスルは長男サイフ・アッディーン一世（在位一一四六—四九年）が、アレッポは次男ヌール・アッディーン（在位一一四六—七四年）がそれぞれ継承し、ザンギー朝は一族の最年長者の差配のもとゆるやかに結びつく二つの政権となった。ザンギー一世の息子たちの世代である、第二世代の治世の特徴は、モスクや学院の建設を通して、支配者や有力者たちが積極的に学術や信仰の保護を始めたことである。これらの施設は政権に奉仕する知識人の養成にも深く関わっており、有力者らが保護という形で彼らに対する方針を明確に示した時期ということができる。

モスルではサイフ・アッディーン一世が当時唯一の金曜モスクであったウマイヤ・モスクを改修し、ザンギー朝で初めて学院を建設した。後にアターバキーヤ・アティーカ学院（旧アターベク学院）と呼ばれ、モスルではニザーミーヤ学院に次いで二つ目の学院となったこの学院は、シャーフィイー派とハナフィー派の二つの法学派の学院と設定され、サイフ・アッディーン一世は死後、その敷地内に埋葬された。さらにサイフ・アッディーン一世は、スーフィー（イスラーム神秘主義者）の宿泊・修道場であるリバートも建設しており、これもモスルでは初めての事例であった。[18] 彼の治世はわずか四年間と短いが、彼はこれらの建築事業に加えて、行政・司法の要職にあった者の交代も断行しており、学術・信仰およびそれらに携わる人材について積極的に自らの意向を反映させていたことが見て取れる。特に重要な事例と言えるのは、ザンギー一世代から重用されていたシャフラズーリー家のカマール・アッディーンとタージュ・アッディーンを逮捕・投獄し、前者が務めていた法官職に同家の別の人物を就けた件である。[19] サイフ・アッディーン一世の死後に両者への処分は解かれたものの、一一五五／五六年にカマール・アッディーンはモスルを離れ、シリアに渡ってヌール・アッディーンに仕え、彼の政権で行政を一任されるほどの出世を果たしている。

アミールたちの建築・保護事業

第二世代の治世では、アミールや文官も含め、有力者たちが次々と建築事業を行うようになったことが確認できる。ザンギー一世がモスクや学院の新築を行わなかったため、下もそれに倣っていたのが、世代交代を経て一気に事業解禁を果たしたのであろう。

サイフ・アッディーン一世の政権継承に貢献したモスル城代のザイン・アッディーン・アリーと、サイフ・アッディーン一世のもとで宰相位に就いたジャマール・アッディーン・ムハンマド、そして有力アミールのイッズ・アッディーン・ドゥバイスィーの三人は、サイフ・アッディーン一世の治世以降、モスル政権の中核を担った。サイフ・アッディーン一世死後に、弟クトゥブ・アッディーン（ザンギー一世の四男）が政権を継承したのもこの三人の決定によるものである。第二世代の治世では、有力アミールや高官が政権の大事を左右するほどの発言力を有し、亡父ザンギー一世の治世と比して、ザンギー朝モスル政権君主の威信は相対的に低下していたといえるだろう。このような力関係の変化もアミールたちの建築・保護事業の活性化に結びついたものと考えられる。

実際、君主であるクトゥブ・アッディーン（在位一一四九—七〇年）は、二〇年に及ぶ治世において、モスクや学院の新築を全く行わなかったが、それとは対照的にモスル城代のザイン・アッディーンと、宰相ジャマール・アッディーンはモスル市内のみならず、モスル政権領各地で建設事業を進めていった（残る一人、イッズ・アッディーンはモスルではなく近郊のジャズィーラト・イブン・ウマルに居住し、一一五七年に急死した）。

ザイン・アッディーンはスーフィーたちの修道場やモスクといった宗教施設の建設のほか、自身の本拠地であるイルビルの出身でシャーフィイー派のイブン・マナア家を支援し、同家の成員を教授に任じた学院も建設している。[20] 面白いことに彼が建設した学院では、通常の教科であるイスラーム法学・神学だけではなく、哲学と医学が教えられていたという記録があり、[21] 特定の知識人一族を支援するという明確な方針と同時に、学術支援における大らかさも見て取れる。

宰相ジャマール・アッディーンは、「気前のいい御方（ジャウワード）」の綽名で呼ばれるほど、公益福利事業に財を投じたことで知られる。彼の公益福利事業は、（建築のみならず）貧者への毎日の施しなど多岐にわたり、首府モスルに人を惹きつける要因となった。ジャマール・アッディーンの建築事業で特に知られているのは、メッカ・メディナの二聖都でのモスク建設や水場の設置であるが、モスルにもスーフィーの修道場や病院を建設しており、規模・内容・対象ともに幅広い。[22]彼は、シリア・パレスティナ地方の「ファランジュ（「フランク人」を意味するアラビア語。十字軍士を指す）」との捕虜解放交渉でキリスト教徒住民の協力を得たため、その見返りとしてモスル近郊での教会新築も許可している。[23]

ザンギー朝モスル政権の政治・軍事エリートと知識人との関係を分析したD・パットンは第二世代の建築・保護事業の特色を「知識人の多様性と自由化」と表現している。[24]数も種類も多く、多様な受益者を生み出す内容であったと言うことができるだろう。これらの事業は有力アミールや高官が自らの意思で多大な財を使えたからこそ実現したものである（特に事業規模が大きかったジャマール・アッディーンは、後年、財産横領の讒言を受け、投獄され獄死している）。

彼らの建築・保護事業は、モスルに集う人々の数を増し、モスルを拠点とする知識人の層を拡げたと評価できる。ジャマール・アッディーンが獄死し、ザイン・アッディーンが老齢により引退すると、モスル政権君主のクトゥブ・アッディーンはザイン・アッディーンの後任に自身のマムルークであるキリスト教徒アブド・アル＝マスィーフを就けた。[25]このの人事は、クトゥブ・アッディーンが政権の主導権を取り戻したことを意味するが、それと同時に、ムスリムの君主を戴くこの政権で、政権に奉仕するキリスト教徒が一定数以上おり、異教徒である彼らもまた重用されていたことを示すものである。

四　ヌール・アッディーンが与えた変化

新・金曜モスクの建設と教会施設破壊令

一一七〇年にクトゥブ・アッディーンが亡くなると、モスル政権はアブド・アル＝マスィーフの後押しを受けてサイフ・アッディーン二世（クトゥブ・アッディーンの次男）が継承した。この政権継承にザンギー二世（クトゥブ・アッディーンの長男）が異議を唱え、ザンギー一族最年長者であり、自らの舅でもあるアレッポのヌール・アッディーンに介入を求めたため、ヌール・アッディーンはモスルに入城して事態の収拾を図った。このときまでにヌール・アッディーンはアレッポに加えてダマスクスを支配下に収め、ザンギー朝シリア政権として（十字軍政権領を除く）ムスリム・シリア全土に版図を拡大していた。

ヌール・アッディーンはモスルを自身が掌握したうえで、その行政権を分与する形でサイフ・アッディーン二世（在位一一七〇―八〇年）の政権継承を認めた。彼はモスル城代に自らの配下のアミールを就けて実権を取らせた。この実質上のヌール・アッディーンの治世は彼が亡くなるまで四年続き、その施策はモスル政権と都市に大きな影響を与えた。

ヌール・アッディーンはモスル入城に際してモスル城代であったアブド・アル＝マスィーフをイスラーム教に改宗させた後、自らの配下としてシリアに同行させた。さらに彼は宮廷からキリスト教徒官僚の追放を命じ、キリスト教徒住民に服装制限を課したほか、ジャズィーラ地方の教会にあるザンギー朝期成立以後の新規の建造物や設備を破壊するよう布告を出した。[26] この政策には、名ばかりとなったモスル政権君主サイフ・アッディーン二世の支持基盤の切り崩しという目的もあったかもしれないが、それ以上に明瞭に、キリスト教徒を抑圧する意図が見て取れる。スンナ派イスラームの支援と振興を強力に推し進めたヌール・アッディーンは、他の地域でもキリスト教徒やユダヤ教徒に対し抑圧的な策を採っており、さらにアレッポではモスクでのアザーン（定時に行われる礼拝の呼び声）をシーア派形式からスンナ派形式に変更させていた。[27] 彼のスンナ派イスラーム振興は、スンナ派以外の他の信仰や宗派に対する抑圧とセットになっていたと見るべきである。

ヌール・アッディーンがモスル入城後に出した命令の一つが、金曜モスクの建築である。金曜日の集団礼拝の場となる金曜モスクは、この時点ではまだウマイヤ・モスク（前出）しかなかった。ヌール・アッディーンはモスル中心部の更地を選定し、資金を供出したうえで、敬虔なムスリム禁欲者であったウマル・ムッラーに建築事業を一任した。[28] ウマル・ムッラーは前述のジャマール・アッディーンが慈善事業のために登用した人物で、ヌール・アッディーンとは入城前から交流があった。こうして二年余で完成したのが、新たな統治者の名を冠した「ヌーリー・モスク」である（図3）。

ヌーリー・モスクは、学院とカイサリーヤ（商業・宿泊施設）が付設された複合施設である。なかでも目を引くのは、モスクの北西に建てられた高さ四五メートルにおよぶミナレット（アザーンを行う尖塔）で、当時のジャズィーラ地方で最も高い建築物であった。この円柱状のミナレットは建築当初から傾いた造形で「曲がった塔（ハドバー）」という愛称で呼ばれ、二〇一七年まで現存した（図4）。

この建築物はモスルの外観を一変させた。ザンギー朝期の建築および建築政策の研究者であるY・タッバアは、「曲がった塔（ハドバー）」の造形や高さについて、機能性より装飾性・

図3　ヌーリー金曜モスク（20世紀初頭の撮影）
出典：The Directorate General of Antiquities in Baghdad　※撮影者不明。

象徴性を重視した構造であることを指摘し、その威容をキリスト教性に対するイスラーム教の優位を示したものと解釈する[(29)]。キリスト教への対抗意識であったかは留保の余地があるが、ヌール・アッディーンと、スンナ派イスラームの優位を誇示する性質であることは確かと言えよう。

ヌーリー・モスクの建設の重要性は、象徴性以外では、学院やカイサリーヤを備えたこの複合施設がおそらく人々の動向を変えたところにある。都市住民は、教会やモスクなど、信仰に直結する施設の周辺に街区を形成し集住する傾向にある。立地から言えば、都市の中心近くに位置するヌーリー・モスク周辺はこのモスク建設以前から賑わっていたと

図4　ハドバー（曲がった塔）
出典：Yasser Tabbaa Archive, courtesy of Aga Khan Documentation Center, MIT Libraries（AKDC@MIT.）

考えられる。だが、その地での金曜モスク（をはじめとする複合施設群の）建設が、周辺へのムスリム住民の集住をもたらした（もしくは加速させた）ことは十分あり得ることであろう。ヌーリー・モスクのカイサリーヤには六九九もの店舗が入っており、当時のモスルでは最も大規模かつ知られた存在であった。[30]

キリスト教徒の受難

前述のようにヌール・アッディーンの施策には振興と抑圧の両面があった。抑圧の方に目を向けると、当時のいくつかの事件から、彼のキリスト教徒抑圧策がモスル社会にも深刻な変化をもたらしていたことが見て取れる。ヌール・アッディーンのキリスト教徒抑圧策が発令されて間もなく、その命令に乗じて近隣のクルド人がモスル近郊の（新築ではなく、明らかに破壊対象外である）マール・マタイ修道院を襲撃する事件が起きている。[31]さらに、ヌーリー・モスク完成からほぼ二年後、一一七四年にヌール・アッディーンは病死し、サイフ・アッディーン二世がモスル政権の実権を掌握したが、一一七九年の渇水の際には住民が酒店（酒店の経営者はキリスト教徒かユダヤ教徒の非ムスリムである）の店舗兼住居を襲撃し、建物や商品に損害を与える事件が発生した。サイフ・アッディーン二世はこの件に関わったムスリム住民を召喚し罰を与えている。[32]これらからはヌール・アッディーンの鮮烈な抑圧策によって、当時のモスルでは、キリスト教徒住民に対して敵意を表明しやすい状況が生まれていたことが推察できる。さまざまな不都合や問題に対し、彼らは不満のはけ口とされたのであろう。

だが、キリスト教徒住民たちも事態を座視していたわけではなかった。当時の史料に興味深い記述がみられる。ヌール・アッディーンはジャズィーラ地方の教会内の「新設施設破壊令」の監督役にシャラフ・アッディーン・イブン・アビー・アスルーン（彼もクトゥブ・アッディーン時代にモスルからシリアに移った知識人である）を任命したが、教会側から賄賂を渡されて、教会施設が「新設ではない（＝破壊対象にならない）」と認定する例が相次いだため、彼を罷免したというのである。[33]この時期に、モスルをはじめ、ジャズィーラ地方とディヤール・バクル地方で教会破壊や教会のモスク転用が進められたのは事実であるが、キリスト教徒住民もまた必死の抵抗を試みていたことがわかる。

五　都市の繁栄・政権の衰退
――ザンギー朝末期

モスル政権の実権を取り戻したサイフ・アッディーン二世

は、アミールのムジャーヒド・アッディーン・カーイマーズをモスル城代に任命した。ムジャーヒド・アッディーンは、次のイッズ・アッディーン一世（在位一一八〇—九三年）の治世にもモスル城代を務め、大きな権力と財力を得た。一一八四年にモスルを訪問したイブン・ジュバイルは旅行記でムジャーヒド・アッディーンの優れた建築事業を称えている。

ムジャーヒド・アッディーンは、ティグリス川岸にモスルで三つ目となる金曜モスクである「ムジャーヒド・モスク」を建設し、その正面に病院を建てた。さらに彼は、隊商宿や学院、スーフィーの修道場も周辺に建設している[34]。これらはすべて「下の郊外地」と呼ばれるモスル東部から南部にかけての市壁外の郊外地の開発事業である。このことは、ザンギー一世代から人口増により拡充された居住区域が、市壁外の郊外地にも拡げられ、整備・開発が本格化した状況を読み取ることができる。ムジャーヒド・アッディーンは「下の郊外地」開発の過程でティグリス川の対岸に渡る人々の混雑を緩和するため、モスルでは二基目となる橋の建設も行っている[35]。さらに、市壁内にも彼はカイサリーヤと孤児のための学校を建設した。イブン・ジュバイルはこれらの学院群の威容を称えつつ、キリスト教の聖者でもある聖ゲオルギウス（ジルジース）の廟所や、ヨナ（ユーヌス）の悔い改めの丘を訪問した記録も残している[36]。ヌール・アッディーン治世の不寛容政策を経た後もなお残るモスルの信仰の多様性が見えて面白い。

イッズ・アッディーン一世がモスルを治めた一二世紀末は、ザンギー朝のアイユーブ朝に対する劣位が決定づけられた時期で、シリア政権は滅亡し、モスル政権も三度にわたる包囲を受けてアイユーブ朝の優位を認め、聖戦協力（＝軍役奉仕）を行う条件で和平を締結した。内政においては、事業規模からみて城代のムジャーヒド・アッディーンの権勢は明らかであるが、イッズ・アッディーン一世はいっとき彼を投獄して勢いを抑える動きも見せており、自立した君主としての威信は保たれていたということができる。サイフ・アッディーン一世以来、ザンギー朝モスル政権君主による学院建設の例は途切れていたが、久方ぶりに学院（アターベク学院）の建設を行った彼は敬虔なムスリム君主として人望を集めた[37]。

このイッズ・アッディーン一世の死後は、ヌール・アッディーン・アルスラーンシャーの治世（一一九三—一二一一年）にモスル城代となったアルメニア系マムルークのバドル・アッディーン・ルウルウ（一二五九年没）がモスルの実権を掌握した。彼は一二三三／三四年にザンギー朝最後のモスル政権君主ナースィル・アッディーン（在位一二一九—三三一二三四年）を殺害し、政権を簒奪している。

ところで、主家であるザンギー朝を滅亡させた簒奪者であったにもかかわらず、バドル・アッディーンへの評価は概して高い。[38] ヤズィーディー教徒を排斥するなど、[39] 彼は自らの意向に反する者を容赦なく排除したが、他方で学術や芸術・文化を振興し（ザンギー朝史を著したイブン・アル＝アスィールの保護者でもあった）、さらに当時、東から進攻していたモンゴルの主権をいち早く認めて恭順に努め、モスルの損害を最小限に抑えた功績があったからである。

彼がモスルという都市の繁栄と安全を維持し、後世へと続く成果をあげたことには疑いがない。バドル・アッディーンの治世には学院をシーア派の廟所に転用した事例があり、彼自身の親シーア派イスラームの傾向が見て取れるが、スンナ派知識人への保護の事例も多いため、パットンはこの転用を、参詣対象として一般にも学院の利用を可能にし、その存続をより容易にしたという側面から好意的に評価している。[40] また、彼の芸術・文化保護の成果は、美麗な装飾写本や、建築物や銘板の形で、現代でも実見することができる。その一つに、モスル産の見事な金属器がある。モスルの金属加工・装飾の歴史はサーサーン朝期（二二四―六五一年）にさかのぼるが、ザンギー朝期以降、モスクや学院、王国の館などが建設されて什器や装飾品として金属器が多く作られるようになると、その品質・芸術性に飛躍的な向上が見られた。[41] 一一九八年にはエジプトから飢饉を避けて金属加工の職人たちがモスルに移住し、同時期にティクリートからも職人がモスル市内や周辺のキリスト教徒居住地に移住しているが、[42] この背景には当時のモスルの金属加工の評価の高さと市場の活況があったと思われる。そして、現存する作品の多くにバドル・アッディーンの名が刻まれている事実からは、彼がその活況を支えたパトロンであったことも見て取れる。

六　破壊と復興

バドル・アッディーン・ルウルウの死後、一二六二年にモンゴル軍はモスルを征服し、都市を破壊した。彼らがまず着手したのは市壁の破壊である。一世紀余にわたって、都市の自立性を支えた堅固な市壁は、この時点で失われた。一四世紀にモスルを訪問したイブン・バットゥータ（一三六九年没）の旅行記には、奇妙なことにモスルの市壁の描写があるが、これは彼の口述の旅行記をまとめたイブン・ジュザイイによる加筆で、イブン・ジュバイルの記述を引用したものである。[43] おそらくイブン・ジュザイイはこの壮大な市壁がすでに破壊されているとは思わなかったのだろう。破壊のあとも市壁の残骸は存在したが、防壁としての機能を失い、二〇世紀に入った時点で市域拡張の障害物として本格的に撤去作業が行われた。モスル新市街の拡張は市壁が取り払われたこの時期から始まる[44]。市壁の建材は住宅などに転用され、そうしてザンギー朝期の遺産は人々の新しい生活にひっそりと組み込まれていった。

ヌーリー・モスクは、一九四〇年代の「改修」によってモスク自体の外観が大きく変えられ（この改修については「破壊」という評価もある）、建立当時の姿を保っているのはほぼ「曲がった塔（ハドバー）」のみとなったが、このミナレットも二〇一七年にISがモスルから撤退する混乱のときに破壊されてしまった。壊滅的な打撃を受けたモスル旧市街は、現在、再建が進められつつある。ヌーリー・モスクは、コンペティションの結果、エジプトの八人の建築家のプランが採用され、それに沿って再建されることになった。博物館やキリスト教会の再建も進められている。

この都市は破壊を経験してはいるが、破壊の後にその遺物も利用するかたちで幾度も建設が行われてきた。過去と現在を結び、新たな姿でつくり出されるこれらの建築物は、これからモスルにどのような個性を与えるだろうか。

注

（1）Yāqūt al-Ḥamawī, *Muʻjam al-Buldān*, Vol. 5, Bayrūt, 1977, p. 223.

（2）https://www.vatican.va/content/francesco/en/events/event.dir.html/content/vaticanevents/en/2021/3/7/iraq-preghiera.html

（3）Patton, D., *A History of the Atabegs of Mosul and their relations with the ulama A.H. 521-660/A.D. 1127-1262*, Ph.D. diss. of New York University, 1982., pp. 30-32; Benjamin of Tudela, *The Itinerary of Benjamin of Tudela*, trans. by M.N. Adler, New York, 1907, pp. 32-35. トゥデラのベンヤミンは一一四〇年代後半にモスルを訪れている。

（4）Ibn al-Athīr, ʻIzz al-Dīn, *al-Tārīkh al-bāhir fī al-dawla al-Atābakīya*, ed. by A. Ṭulaymāt, al-Qāhira, 1963. pp. 77-78.

（5）Daywahjī (Diwechi), *Baḥth fī turāth al-Mawṣil*, Bayrūt, 2015, p. 15; al-Azdī, *Tārīkh al-Mawṣil*, ed. by A. Ḥabība, al-Qāhira, 1967, p. 285.

（6）Ibn al-Athīr, *Bāhir*, p. 78.

（7）Daywahjī (Diwechi), *Baḥth fī turāth al-Mawṣil*, p. 28.

（8）イブン・ジュバイル著（藤本勝次・池田修監訳）『イブン・ジュバイルの旅行記』（講談社学術文庫、二〇〇九年）三一九頁。

（9）Ibn al-Athīr, *Bāhir*, pp. 47-48, 78.

（10）Ibn al-Athīr, *Bāhir*, p. 77.

（11）Ibn al-Athīr, *Bāhir*, p. 77.

（12）Daywahjī (Diwechi), *al-Mawṣil fī al-ʻahd al-Atābakī*, Baghdād, 1958, p. 114; Ibn al-Athīr, ʻIzz al-Dīn, *al-Kāmil fī al-tārīkh*, Vol. 10, ed. by C. J. Torenberg, Bayrūt, [n.d.], p. 88.

（13）Ibn al-Athīr, *Bāhir*, p. 78.

(14) Ibn al-ʻAdīm, *Zubdat al-ḥalab min tārīkh Ḥalab*, Vol. 2, ed. by S. Dahān, Dimashq, [1954], pp. 283-285.
(15) Ibn al-Athīr, *Kāmil*, pp. 14-16.
(16) Ibn Khallikān, *Wafayāt al-aʻyān wa anbāʼ abnāʼ al-zamān*, Vol. 1, ed. by Iḥsān ʻAbbās, Bayrūt, 1978, p. 364.
(17) ウサーマ・ブヌ・ムンキズ著（藤本勝次・池田修・梅田輝世訳注）『ウサーマ・ブヌ・ムンキズ回想録』（関西大学出版部、一九八七年）二〇七―二〇八頁。
(18) Ibn al-Athīr, *Bāhir*, p. 93.
(19) Patton, *A History of the Atabegs of Mosul*, p. 324.
(20) Ibn al-Athīr, *Bāhir*, p. 136; Patton, *A History of the Atabegs of Mosul*, pp. 326-330.
(21) Jāmiʻat al-Mawṣil (ed.), *Mawsūʻat al-Mawṣil al-ḥaḍārīyah*, Vol. 3, al-Mawṣil, 1991, p. 216.
(22) Ibn al-Athīr, *Bāhir*, pp. 128-130.
(23) Patton, *A History of the Atabegs of Mosul*, p. 330.
(24) Patton, *A History of the Atabegs of Mosul*, pp. 329-331.
(25) Ibn al-Athīr, *Bāhir*, p. 136.
(26) Ibn al-Athīr, *Bāhir*, pp. 152-154; Mār Mīkhāʼīl al-Suryānī al-Kabīr (Michel le Syrien), *Tārīkh Mār Mīkhāʼīl al-Suryānī al-Kabīr*, Vol. 2, ed. & trans. by Mār Ghrīghūrīus Ṣalībā Shumʻūn, Ḥalab, 1996, pp. 298-299.
(27) Ibn al-Athīr, *Bāhir*, p. 173; Ibn al-ʻAdīm, *Zubdat al-ḥalab min tārīkh Ḥalab*, Vol. 2, pp. 293-294.
(28) Ibn al-Athīr, *Bāhir*, pp. 154, 170.
(29) Tabbaa, Y., "The mosque of Nur al-Din in Mosul 1170-1172", *Annales Islamologiques*, 36 (2002), p. 351.
(30) Daywahjī (Diwechi), *al-Mawṣil fī al-ʻahd al-Atābakī*, p. 43.
(31) Mār Mīkhāʼīl (Michel le Syrien), *Tārīkh Mār Mīkhāʼīl*, Vol. 2, p. 299.
(32) Ibn al-Athīr, *Bāhir*, p. 180.
(33) Mār Mīkhāʼīl (Michel le Syrien), *Tārīkh Mār Mīkhāʼīl*, Vol. 2, pp. 298-299.
(34) イブン・ジュバイル、『イブン・ジュバイルの旅行記』三二〇―三二一頁。
(35) Daywahjī (Diwechi), *Baḥth fī turāth al-Mawṣil*, pp. 72-74.
(36) イブン・ジュバイル、『イブン・ジュバイルの旅行記』三二一―三二二頁。
(37) Ibn al-Athīr, *Bāhir*, p. 189.
(38) Patton, *Badr al-Dīn Luʼ Luʼ: Atabeg of Mosul, 1211-1259*, Seatle, 1991, pp. 4-5.
(39) Patton, *A History of the Atabegs of Mosul*, p. 32; Lescot, R., *Enquête sur les Yézidis de Syrie et du Djebel Sindjār*, Beirut, 1975, p. 102.
(40) Patton, *A History of the Atabegs of Mosul*, pp. 357-358.
(41) Al-ʻUbaydī, Ṣ., *al-Tuḥaf al-maʻdanīya al-Mawṣlīya fī al-ʻaṣr al-ʻAbbāsī*, Baghdād, 1970, pp. 24-25.
(42) Daywahjī (Diwechi), *al-Mawṣil fī al-ʻahd al-Atābakī*, pp. 45, 60.
(43) イブン・バットゥータ著（イブン・ジュザイイ編、家島彦一訳）『大旅行記』（平凡社東洋文庫、一九八八年）三巻九六頁、註一五二。
(44) Jāmiʻat al-Mawṣil (ed.), *Mawsūʻat al-Mawṣil al-ḥaḍārīyah*, Vol. 5, al-Mawṣil, 1992, p. 243.

附記　本研究はＪＳＰＳ科研費JP-19H00535の助成を受けたものである。

【I　都市をつくる——建設・形成と発展】

スルタンとシャーの新たなギャンジャ

塩野﨑信也

しおのざき・しんや——龍谷大学文学部講師。専門はアゼルバイジャン史。主な著書に『〈アゼルバイジャン人〉の創出——民族意識の形成とその基層』（京都大学学術出版会、二〇一七年）、Mullā Mīr Maḥmūd b. Mīr Rajab Dīvān Begī Namangānī『Chahār Faṣl (Bidān) / Muhimmāt al-Muslimīn』（濱田正美（解説）、濱田正美・塩野﨑信也（校訂）、京都大学大学院文学研究科、二〇一〇年）などがある。

ペルシア詩人ニザーミーの故郷として知られるギャンジャは、一六世紀末から一七世紀初頭にかけてのオスマン朝とサファヴィー朝による争奪戦の結果、七キロほど離れた場所に市域が「移転」した。この「移転」の背景にあったのは、オスマン朝スルタンの命による「ギャンジャ城」の建築と、サファヴィー朝シャーによるギャンジャ城攻囲であった。

一　大詩人とギャンジャの現実

期待はずれの町ギャンジャ

ギャンジャは、よく知られた町である。現在のアゼルバイジャン共和国の中西部に位置する大都市で、同国では首都バクーに次ぐ人口を誇る。歴史的にも、州や県といった行政区画の中心都市であり続け、いくつかの王朝や政権の首都にも選ばれた。この町の豊かな産物や成熟した文化は、多くの人々に賞賛されてきた。そして何よりも、最も偉大なペルシア詩人のひとり、ニザーミー・ギャンジャヴィー（一一四九—一二〇九年）が生涯を過ごした地として、ギャンジャは不朽の名声を獲得している。

一方で、ギャンジャは、見どころの少ない町である。筆者がこの都市を最初に訪れたのは二〇〇六年のことであったが、歴史的建造物の類は少なく、風光明媚な自然などにも乏しく、二泊三日の滞在期間をもてあます結果となった。数少ない見どころと言えるスポットも一九世紀以降と比較的新しいものが大半を占めており、この都市が最も輝きを放っていた前近代の遺構は、市内中心部に残る集会モスク（通称「アッバース・モスク」）（**図1**）とかつての市壁のごく一部（**図2**）、郊外に位置するイマームザーデ（通称「ギョイ・イマーム（青いイマーム）」。イマームザーデとは、イマームの子孫の廟のこと）（**図3**）ぐらいなものである。特にニザーミーに関連する観光スポットは、二〇世紀半ば以降に作られた像やモニュメントの類しか存在していない。首都バクーから距離があることもあり、その知名度に反して、ギャンジャは観光客にとって魅力的な町とは言えないのである。

図1　集会モスク（アッバース・モスク）（筆者撮影）

図2　市壁の遺構（筆者撮影）

図3　イマームザーデ（現在は全体を別の建物に覆われる形で保護されている）（筆者撮影）

「大詩人の町」は、どこにある？

現在のアゼルバイジャンにおいて、いわば国を挙げて形成されているギャンジャの観光イメージが、「大詩人ニザーミーの町」である。前近代においても、様々な著作家たちが、この町を代表する人物としてニザーミーの名を挙げてきた。にもかかわらず、実際のギャンジャには、ニザーミーに関連する遺物は全くと言って良いほど見当たらない。この町を訪ねた様々な時代の旅行者たちも、ニザーミーの名は特に挙げいわば人々の想像の中にしか存在しないのである。

何故このようなことになっているのか。その原因のひとつは、ギャンジャが比較的新しい町であるという点にあるだろう。実はニザーミーが暮らしたギャンジャは、現在のギャンジャ市の中心部から七キロほど離れた地点にあった別の町なのである。ニザーミー時代の遺構が存在しないのも当然のことで、そもそも場所が違うのである。

さて、ギャンジャの歴史に関しては、一九四九年に出版されたアルトマン氏による『ギャンジャ市の歴史概論』[1]が古典であり、現在においてもこの研究が多くの知見を提供している。その後、一九六四年にサラームザーデ氏が考古学的な成果をもとにいくつかの知見を付け加えたようだが、[2]筆者は残念ながら氏の研究を入手できていない。ただ、のちに出版された『アゼルバイジャン・ソヴィエト百科事典』のギャンジャに関連する項目[3]に氏の見解が取り入れられているようで、参考になる。また、一九九四年には『ギャンジャ——歴史概論』という概説書が出版されたが、その記述は先行研究の様々な知見を無批判に取り入れて並べたもので、筋道の通った歴史観を提示しているとは言いがたい。[4]

ギャンジャの「移転」に関しても、アルトマン氏やサラームザーデ氏がある程度復元し、それぞれの見解を示している。しかしながら、その具体的な経緯については、そこまで詳細には明らかにされておらず、様々な矛盾や混乱も見られる。本稿は、それらを整理するとともに、彼らの見解を一部修正し、わずかながらでも新たな知見を付け加えようとするものである。

二　ギャンジャ略史

詩人と学者の「宝庫の町」

まずは、ギャンジャの歴史を先行研究に拠りながら簡単に紹介しよう。[5]ギャンジャの起源は、必ずしも明確ではない。現在のギャンジャ周辺に人類が定住を始めたのは新石器時代のことであるようだが、ギャンジャという名の町がいつから存在したかについては、前四世紀から九世紀まで様々な説が入り乱れている。アルトマン氏は、それらを比較検討した上で、町としてのギャンジャは遅くとも七世紀末から八世紀初頭には存在していたと結論付けた。[6]なお、町の名の由来は、「宝庫、宝物」を意味するペルシア語「ギャンジュ」に求めるのが一般的である。

さて、急速に拡大しつつあったアラブ・ムスリム国家にギャンジャ周辺が征服されたのは、七世紀半ばのことである。

その後、ギャンジャは、アッラーン地方、すなわち現在のアゼルバイジャン共和国の西部において、中心都市バルダーに次ぐ規模と商業的重要性を有する都市となった。一〇世紀半ばになると、衰退したバルダーに代わって、ギャンジャはこの地方第一の都市へと躍進する。九七〇年にはシャッダード朝（九五一―一一五一年）の統治下に入り、その首都となった。町には内城や宮殿が建設され、隊商宿や造幣所、橋、さらには市壁が整備されていく。このころの町はギャンジャ川の東岸部を中心にしていたようで、内城もそちら側にあったようである。

シャッダード朝、さらにその後はセルジューク朝（一〇三八―一一九四年）、イールドゴズ朝（一二世紀前半―一二二五年）の統治下に置かれた一〇世紀から一二世紀にかけて、ギャンジャの政治的・経済的・文化的重要性は上昇していった。特によく知られたのが、名産品の絹である。一一三九年には地震によって大きな被害を受けたというが、復興は極めて迅速になされたようで、町はその重要度を失うことがなかった。特にこの時代のギャンジャは、充実した図書館を擁する学問・文化の町として知られ、ニザーミーをはじめとする多くの詩人や学者が輩出した。女流詩人メフセティー・ギャンジャヴィーや、「詩人たちの師」と称されたアブルアラー・ギャンジャヴィーは、一二世紀に活躍したギャンジャの人として、とりわけよく知られる。また、このころの市域は、ギャンジャ川の西岸部にも拡大していたらしい。

遊牧国家の手から手へ

一三世紀半ば、ギャンジャはユーラシアの他の地域と同様、モンゴルによる征服を経験した。先行研究は、一二三一年にモンゴル軍がギャンジャを破壊し、その損害により町はかつての重要性を失ったと述べる。[7] ただし、この破壊がどの程度のものだったのか、そもそも本当に破壊があったのかに関しては、再検討の余地が大いにあるだろう。確かに、一三世紀後半から一五世紀、ギャンジャにおける建築活動は低調であったようである。この時代の建築物で現存しているのは、第一節で言及したイマームザーデのみとされる。一方で、一二五四―五五年にこの地を通りかかったルブルクのウィリアム修道士は、ギャンジャを「大きな都市」としている。[8] 簡潔な記述ではあるが、少なくとも破壊され、荒廃しているといった印象は受けない。一四世紀のペルシア語地理書『心魂の歓喜』も、ギャンジャが潤った町である旨を強調している。[9] ソ連時代に発表されたサラームザーデ氏らの研究が、モンゴルに対して過剰に否定的な史観を示している可能性はあるだろう。

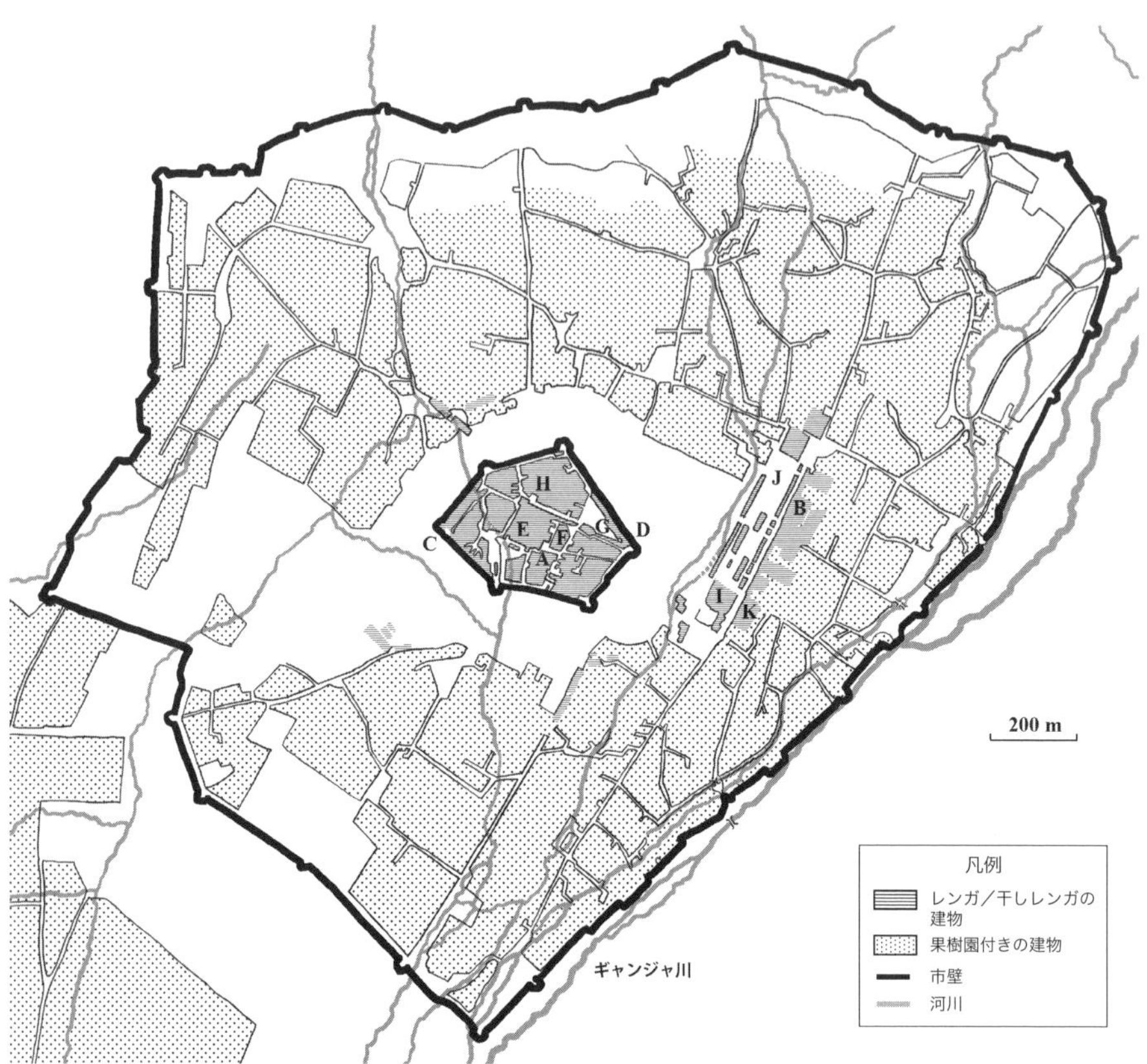

図4　1804年のギャンジャ（筆者作成）

A：内城　B：砦　C：ティフリス門　D：カラバーグ門　E：ハーンの邸宅　F：モスク　G：井戸
H：隊商宿　I：アッバース・モスク　J：広場（バーザール）　K：隊商宿
以下の地図などを参考にした。Plan kreposti Ganzdi, byvsheĭ v blokade s 2 dekabri͡a 1803 po 3 I͡Anvari͡a 1804 goda i togo zhe chisla vzi͡atoĭ shturmom russkimi voĭskami pod komandoi͡u General-Leĭtenanta Kniazi͡a T͡Sit͡sianova. なお、この地図は例えば以下の書籍に収録されている。N. Dubrovin, *Istorii͡a voiny i vladychestva russkikh na Kavkaze*, Vol. 4, Sankt-Peterburg, 1886.

イルハーン朝（一三世紀半ば―一四世紀半ば）やティムール朝（一三七〇―一五〇七年）、一四―一五世紀のカラコユンル、アクコユンルの支配を経て、一六世紀にサファヴィー朝（一五〇一―一七三六年）の統治下に置かれると、ギャンジャはカラバーグ州の州都とされた。先行研究の中には、一部史料の記述を真に受けて、一六世紀後半ごろのギャンジャの人口を二二万五〇〇〇人と見積もるものもあるが[10]、これはいくら何でも誇張が過ぎるというものである。ただし、「ギャンジャはシャマフ（シャマーヒー）の四倍の大きさ」とするコルネリス・デブルーイン（一七二七年没）の記述[11]もあり、当時のギャンジャが周辺の諸都市と比較して段違い

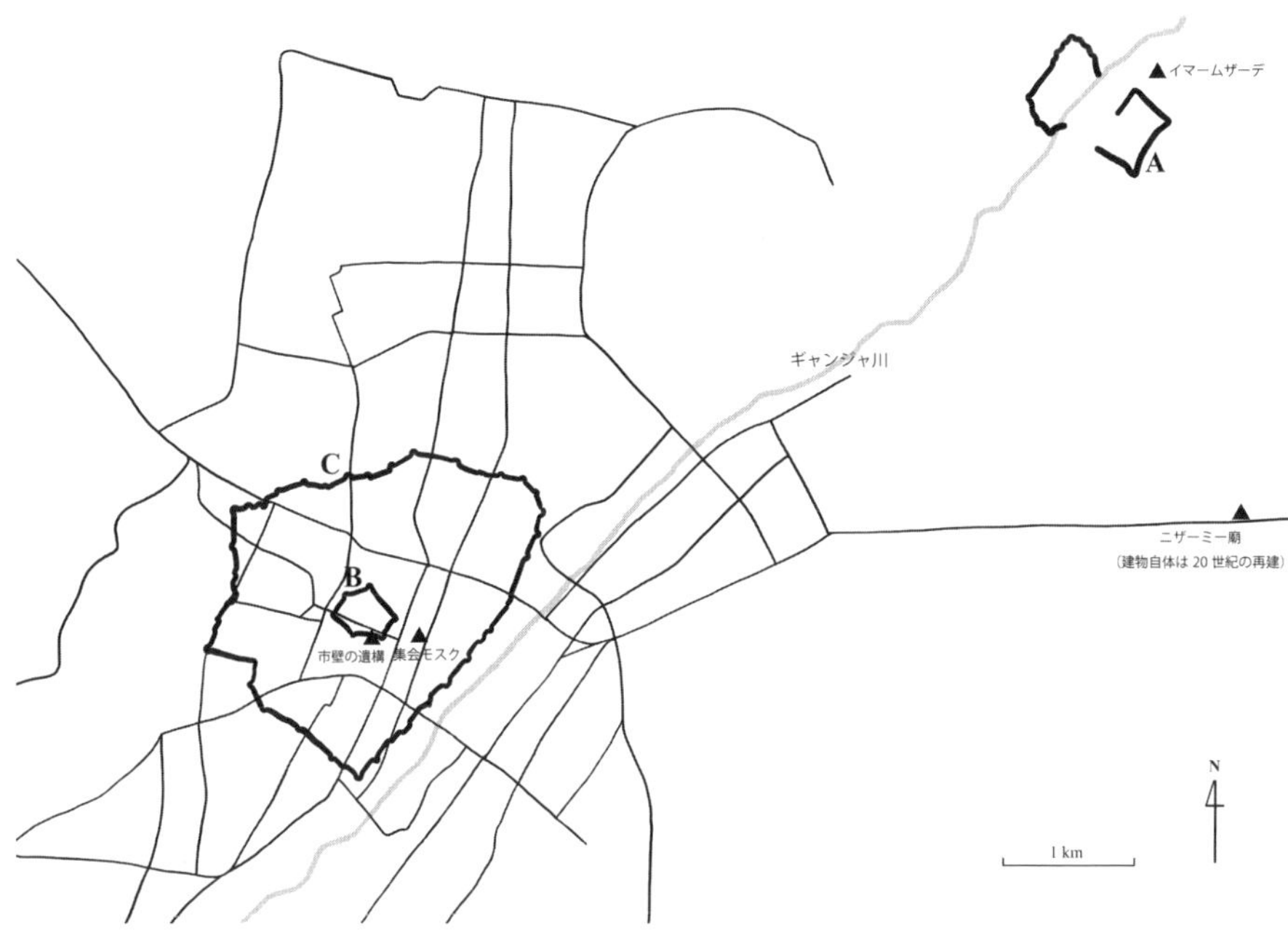

図5：新旧ギャンジャの位置関係（筆者作成）
▲：現存する歴史的建築物　━：現在の川筋　―：現在の主要道路
━：市壁（A：旧ギャンジャの市壁　B：ギャンジャ城の市壁　C：新ギャンジャの外側の市壁）

に巨大で繁栄していたことは確かなようである。

一六世紀後半から一七世紀初頭にかけては、オスマン朝（一三〇〇頃―一九二二年）とサファヴィー朝の間で、ギャンジャの争奪戦が起こっている。旧ギャンジャから新ギャンジャへの「移転」もその過程で生じたものであるが、この点に関しては、第三節で詳細に検討する。

「皇后の町」、「革命家の町」、そして再びの「宝庫の町」

一八〇三年、ギャンジャは、かねてよりイラン方面に勢力を伸張しつつあったロシア帝国の攻撃対象となる。ロシア軍によって包囲されたギャンジャは、必死の抵抗むなしく、一八〇四年一月一五日に占領された。なお、この際にロシア軍によって作成された詳細な地図が残されており、それをもとに筆者が作成したのが**図４**である。

当時のギャンジャは、二重の市壁を備えた町であった。**図４**を現代の航空写真と重ねてみると、町の区画などにかつての市壁の痕跡が見られるほか、道路の位置も多くが一致し、町の基本的な構造が変化していないことがわかる。また、旧ギャンジャの発掘図[12]や**図４**をもとに新旧ギャンジャといくつかの現存する歴史的建造物の位置関係を示したのが、**図5**である。参考までに、現在の主要な道路も示した。

ロシア帝国の支配下に置かれたギャンジャは、時の皇后の名を取って、「エリザヴェートポリ（エリザヴェータの町）」と改名され、後に同名の県の県庁も置かれた。一八七三年からは町の再整備が開始、内城（**図4**のA）が解体され、新たな道路の敷設、県庁舎や各街区のモスクの建設が行われた。

ロシア帝国が崩壊し、最初の民族国家であるアゼルバイジャン人民共和国（一九一八―一九二〇年）が成立すると、元来の名を取り戻したギャンジャは、その最初の首都となった。しかし、ソ連時代の一九三五年、アゼルバイジャン共産党中央委員会第一書記も務めた大物ボリシェヴィキ、セルゲイ・キーロフにちなんで、「キロヴァバード（キーロフの町）」とまたもや改名される。この町が再びギャンジャと呼ばれるようになるのは、アゼルバイジャン共和国が独立した一九九一年のことである。

三　ギャンジャをめぐるスルタンとシャーの攻防

オスマン朝による征服とギャンジャ城の建設

ここで、ギャンジャの「移転」と密接に関係するとされる、オスマン朝とサファヴィー朝によるギャンジャ争奪戦の経緯を詳しく確認しよう。

まずは、オスマン朝によるギャンジャ征服である。この件に関する最も重要な史料は、一六世紀後半のコーカサス遠征の経緯を記したオスマン語史書『ギャンジャ征服の宝物の書』である。ほかに『ペチェヴィー史』や『セラーニキー史』といった年代記からも、いくつかの情報を得ることができる。

それらによると、オスマン軍がギャンジャに入城したのは、一五八八年九月一日のことである。この件に関する記述は非常に簡素で、何らかの戦闘行為や、ギャンジャ市民の抵抗などは伴わなかったものと推測される。(13)

その直後の九月三日、オスマン軍は時のスルタンであるムラト三世（在位一五七四―九五年）の命により、新たな城塞の建設を開始、工事は四三日で完了した。これは、周長が三八〇〇ズィラー（約二九〇〇メートル）、高さ一〇ズィラー（約七・六メートル）、幅三ズィラー（約二・三メートル）の市壁に囲まれた城塞都市であった。(14) オスマン朝が築いたこの都市を、以後、史料の実際の表現にも従って、「ギャンジャ城」と呼称する。

ギャンジャ城には四三基の塔、七層構造の鉄製の門、内城が備えられ、市壁の周囲には堀が巡らされていたという。[15] 塔の数や門の構造などは修辞的な表現の可能性もあるが、市壁の規模に関しては、そのまま受け取って良いように思われる。と言うのも、**図4**の内側の市壁の周長が、上述の数字とほぼ一致するからである。ギャンジャ城の位置は、一九世紀初頭における内側の市域とほぼ重なると考えて良いだろう。また、各施設の位置なども、基本的には変わらなかったのではないだろうか。

先行研究はギャンジャ城をオスマン軍守備隊の駐屯地と捉えており、[16] 筆者もまた同様に考える。**図4**に見る「ギャンジャ城」の市域は約五〇〇メートル四方とかなり狭く、内部で生活可能な人数はかなり限られたものであっただろう、というのがその理由である。おそらくその住民の大半はオスマン軍の兵士やその家族らであり、従来の住民は旧ギャンジャとその郊外に留まったと思われる。

シャー・アッバース親征

こうしてオスマン朝に占拠されたギャンジャであったが、シャー・アッバース一世（在位一五八七―一六二九年）が即位した後にサファヴィー朝の反攻が始まる。一六〇三年から一六〇六年にかけて三度繰り返されたギャンジャ奪還作戦は、最終的に成功を収めた。この件に関する主な史料は、ペルシア語年代記『アッバース史』および『アッバースの世界を飾る歴史』である。

これらによると、三度目のギャンジャ遠征は、シャー・アッバース自らが率いる軍によって行われた。遠征軍は、一六〇六年一月四日にタブリーズを出発、三月五日にはギャンジャから二ファルサング（約一二キロ）の地にて一部のギャンジャ住民の出迎えを受けた。翌六日には、ニザーミー廟の周辺に移動、この地に本陣を設営した。こうして、ギャンジャ攻囲戦が開始されることとなった。

シャー・アッバースは、まず先遣部隊を派遣して、攻囲の下準備に取りかからせた。その際の様子を、『アッバースの世界を飾る歴史』は、以下のように記す。

カラチャガーイ・ベイと数名の将軍や貴顕に、城の四囲・周辺を調査して、高貴なる軍営の設営場所と胸墻の［敷設］地点を確定するように、との命令が下った。まず、敵たちが城から出入りするのを防ぐために、城門の対面に砦を設置し、アリー・ハーン・ムヴァーフィクや太刀持ち頭カンバル・ベイが、グラーム（親衛隊）たちや銃兵たちの一団とともにその守備に任命された。[17]

一方、『アッバース史』によると、「ギャンジャ川の方面の囲いが不十分」であったことからその増強が急がれると同時に、「城の人々がその方向から渡河できないように」砲兵部隊がそこに配置された。さらにその後、「果樹園の中に場所を選定し、胸墻の構築に取りかかるべし」との勅令が下ったという。(18)

これらの記述をまとめると、サファヴィー軍の先遣隊の任務は攻囲線の構築予定地の選定と、オスマン軍が「城」から出撃するのを掣肘するための砦の建設であった。この砦は本陣への敵襲を回避しうる位置に建てられたものであり、さらに本隊が渡河する地点を防衛する橋頭堡としての機能も期待されていたと推測できよう。

また、この時の攻囲対象となった「城」とは、旧ギャンジャではなく、「ギャンジャ城」の方であったと考えられる。旧ギャンジャはギャンジャ川を挟み込む形で建設されているため、敵軍の渡河の妨害という砦建設の目的を考えると、状況説明に齟齬が生じてしまうからである。もちろん、「城」という表現が用いられていること、オスマン軍が立て籠もる先としてはギャンジャ城の方が自然であることも、根拠となる。

さて、サファヴィー軍の砦はギャンジャ城の「城門」の対面に建てられたとあるが、その位置を特定してみよう。旧ギャンジャの構造が一九世紀初頭と大きく変化していないという先ほどの仮定に立つならば、「城門」とはカラバーグ門（**図4**のD）のことと考えられる。砦は、それに相対する形で建設され、ギャンジャ川の渡河を防ぐ位置にあった。また、攻囲戦術の基本を考えれば、砦はギャンジャ城からのマスケット銃による銃撃の射程範囲のぎりぎり外側、すなわち二〇〇―三〇〇メートルほどの位置に建設されただろう。以上の条件に適合する砦の位置は、まさに**図4**のBの砦やJの広場のあたりと推測できる。一八〇四年に存在していたBの砦が、この時築かれた砦そのものである可能性すらあるだろう。また、胸墻の敷設場所選定に関する『アッバース史』の記述から、ギャンジャ城の市壁の外側には果樹園が広がっていたこともわかる。

サファヴィー朝によるギャンジャ奪還

サファヴィー軍先遣隊による攻囲築城が着々と進められる中、ニザーミー廟近郊の本陣においては、三月二一日にノウルーズ（イラン暦の元日）の祝祭が挙行された。その後、シャー・アッバースが自ら率いる本隊は、ギャンジャ城方面に向けて移動を開始、本格的な攻囲戦が始まる。胸墻や壁、堀の敷設が各部隊に割り振られるとともに、砲兵隊による砲撃が開始された。シャー本人は、おそらく先述の砦に入ったものと思われる。包囲は数ヶ月におよび、砲撃によって市壁と塔に損壊が生じてくる。オスマン軍は何度か城から打って出たが、ことごとく撃退されて終わったらしい。

勝敗を決定づけたのは、大砲ではなく、古くからの戦法である坑道であった。包囲軍は堀から城壁の下へと坑道を掘り進め、五〇〇ザルゥ（三〇〇―五〇〇メートルほどか）にわたって城壁の下に空洞をあけ、木材でそれを支えた。作業が完了すると、木材に火が放たれ坑道が崩壊、城壁は陥没し崩れ去ったのである。守備側は土嚢でもって損壊箇所に応急処置を施そうとするが、そうして出てきたところに包囲軍の射撃が降り注いだ。[19]『アッバース史』によると、この時、シャー自身も銃兵の装備を身にまとい、オスマン軍の兵士に銃撃を浴びせたという。[20]

並行して塔のひとつを一隊が強襲する。彼らは、上から降り注ぐ銃弾、あるいは石油や火薬が入った壺などを浴びて多大な犠牲を払いつつも勇猛に戦い、塔を奪取した。こうしてサファヴィー軍はギャンジャ城の内部へと進攻し、オスマン軍は内城へと追い詰められていった。一六〇六年七月初頭、進退窮まったオスマン軍は降伏を決意、ギャンジャ城を明け渡した。[21]

四　サファヴィー朝統治下のギャンジャ

シャーによるギャンジャ破却命令

『アッバースの世界を飾る歴史』には、その後のギャンジャに関する記述もわずかながら存在する。例えば、ヒジュラ暦一〇二四年（西暦一六一五／一六年）、オスマン軍の再度の蠢動に情勢が風雲急を告げるなか、ギャンジャの「城」を破壊するための軍勢がシャー・アッバースによって派遣された。史料は、その理由を「その堅固さと強固さが心許ないため」と説明する。[22]防衛力に劣るギャンジャの「城」がオスマン軍に攻め落とされた後に再利用されることを恐れて、あらかじめ破却させたのであろう。

翌一〇二五年（西暦一六一六年）、ジョージア方面に向かっていたシャー・アッバースは、ギャンジャ近郊で将軍たちの出迎えを受けた。[23]この件に関しては、一八四一年に完成したペルシア語史書『エラムの薔薇園』にも、以下のような記述がある。

一〇二五年、シャー・アッバースは自らグルジスターン（ジョージア）を誅するために出発した。（中略）シャーは、ギャンジャの町を古い場所から移し、一ファルサング（約六キロ）上流の、現在の町がある場所に［新たな町の」基礎を置いた。広場とモスクと隊商宿が、学識においても［現場の］作業においても真に完璧であった偉大なるシャイフ・バハーウッディーン・ムハンマド・アーミリーの設計によるシャー・アッバースの建築物として記憶されている。(24)

このように、『エラムの薔薇園』の記述は、一六一六年にシャー・アッバースが旧ギャンジャを破却して新ギャンジャへと町を移転させたと思わせるものとなっている。また、その時代を代表する大学者にして大建築家バハーウッディーン・アーミリー（通称シャイフ・バハーイー）の名が設計者として挙げられているのも興味深いが、これが事実か否かはわからない。

旅人たちの見たギャンジャ

以上の年代記史料の記述からは、町の姿そのものがなかなか見えてこない。そこで、旅行記史料を用いて、不足を補ってみよう。ただし、ギャンジャを訪ねた旅行者の記録が残っているのは、「移転」からやや時代が下った一七世紀半ば以降になる。

一六四七年にギャンジャを訪ねたエヴリヤ・チェレビー（一六八二年没）は、以下のように記す。

［ギャンジャは］現下、イラン人の掌中にある大きな町である。しかし、その城はシャーが破壊してしまった。現在では、六〇〇〇の家屋が付属した大小の果樹園と、集会モスクと隊商宿と公衆浴場の建造物、ベデスタン（高級品商店街）が付属する大バーザールがある、繁栄した美しい町である。広大な平原に位置する、列柱そびえるエラムのごとき美しい町であり、町の果樹園や庭園の中にはキュルン川（ギャンジャ川のことか）が流れており、クル河に流れ込む。この町の南方には、山々がそびえている。その表面は頂上から麓まで果樹園が覆っており、みずみずしい葡萄［が収穫される］。その様々な産物の中でも、ギャンジャの絹は非常に有名である。(25)

ここで言及されるシャーによって破壊された「城」とは、旧ギャンジャのことではなく、ギャンジャ城のことと思われる。ただし、この「破壊」が、攻囲戦の際に被った損壊を指すものなのか、一六一五／一六年の破却命令によるものを意味するのか、あるいはその両方なのかは定かではない。

また、六〇〇〇もの果樹園付きの家が存在するとのことで、町の基本的な構造は**図4**で示した一九世紀初頭のころと同じと考えて良いように思われる。なお、ギャンジャが多くの川の流れる緑豊かな町であることは、第三節で取り上げた『セラーニキー史』や『ギャンジャ征服の宝物の書』でも言及されている。特に後者は、ギャンジャの「郊外には三六〇の川があり」と述べ、さらに美辞麗句を尽くしてギャンジャの気候の良さ、産物の豊富さを賞賛する。[26]

また、エヴリヤ・チェレビーの五年後の一六五二年に西からギャンジャに向かっていたスハーノフは、

［一六五二年七月］一五日、我々はギャンジャに向けて馬を進めていた。川の両側はすべて起伏のない平原で、山も森もなかった。[27]

と記す。当時のギャンジャ周辺の地勢は、現在と同様、茫漠とした荒野であったことがうかがえる。そのような不毛の地において、多くの川が流れる緑豊かなギャンジャの姿は、見る者に非常に鮮烈な印象を与えただろう。

さて、そのスハーノフは、続けて以下のように記す。

一七日の昼食時、我々はギャンジャに到着し、隊商宿に逗留した。一八日、少人数で出発し、一ヴェルスタ離れた、古いギャンジャに到着した。この場所は非常に大きく、繁栄していた。城塞はその近くの別の場所にあり、城下町は非常に大きかったが、四〇年前に先のシャーが破壊した。城下町のただ中、まさにその町の近くには大きな川が流れていたが、現在では別の地点に移されている。城塞やあらゆる建物が地面に倒れているが、モスクは無傷で立っている。[28]（傍点筆者）

一六五二年の「四〇年前」であるから、これは一六一五／一六年のシャー・アッバースによるギャンジャ破却について記したものと考えて良いだろう。そして、その際に破壊されたのが「古いギャンジャ」ということだが、ここで問題になるのはスハーノフが宿泊した隊商宿から「一ヴェルスタ（約一キロ）」という距離である。この隊商宿が**図4**のKのこととすると、そこからわずか二〇〇メートルほどしか離れていないギャンジャ城を指すとは考えられない。かと言って、一キロほどの場所にそれらしい場所も見つからない。ここで言う「ヴェルスタ」は本来のロシアの距離単位ではなく、ペルシア語文化圏で用いられていた距離単位「ファルサング」を言い換えたものではないだろうか。一ファルサングは約六キロなので、そうであるならば、「古いギャンジャ」は旧ギャンジャのことと見て間違いない。

一八世紀初頭にギャンジャを訪ねた二人の旅行者、アヴリールとデルブーインも、多くの川が流れ、果樹園が広がる町としてギャンジャを描写している。両者ともに、ギャンジャを「ペルシアで最良の町のひとつ」とし、バーザールや隊商宿の良質さに言及している点も興味深い。[29]

五　ギャンジャ移転の再検証

ギャンジャ移転をめぐる三つの年代

第三節と第四節では、ギャンジャの移転に関する一次史料の記述を紹介してきた。まず指摘すべきなのは、旧ギャンジャから新ギャンジャへの「移転」を明記する同時代史料はなく、いくつかの断片的な記述から「移転」の事実が窺えるにすぎない、という点である。「移転」を明記するのはかなり後代の史料、例えば一九世紀半ばに書かれた『エラムの薔薇園』などである。

また、「移転」に関しては、三つの年代が転機として考え得ることも明らかとなった。すなわち、一五八八年、一六〇六年、一六一五／一六年である。先行研究は、それぞれの年に生じた出来事を整理しきれておらず、ギャンジャの移転がいつ、どのように起こったのかに関して、混乱した説明に終始している。そのため、以下、各一次史料の記述を総合する形で、ギャンジャ移転の経緯に整合性を付けてみよう。なお、ここで示すのは、多くの仮定を積み重ねた上での推論にすぎず、現状確認できる史料の情報と少なくとも矛盾はしない、という程度のものに過ぎないことをあらかじめお断りしておく。

まず一五八八年のオスマン軍による征服時、ギャンジャは、多くの果樹園を擁する緑豊かな町であった。各史料の記述からは町の非常な繁栄ぶりが窺え、人口も相当なものであったと推測される。当然、市域は旧ギャンジャの市壁を大きく越えていたであろう。この郊外部は果樹園付きの家屋を中心に構成されていたと思われるが、そうであるとすれば、旧ギャンジャからギャンジャ川に沿って南西方向へ伸びる形で広がっていたのではないだろうか。果樹園があるからには川の沿岸であろうし、ギャンジャ城はこの郊外部に接続するような形で建設されたと考えるのが妥当である。

スルタン・ムラト三世の命によって一五八八年に建設されたギャンジャ城の基本的な機能はオスマン軍の駐屯地であり、一般市民の居住域とは区別されていたと考えられる。そのため、旧ギャンジャとその郊外部の状況は、オスマン朝による征服の前後で、大きく変化しなかったと思われる。

一六〇六年、サファヴィー朝の遠征軍が迫るなか、オスマン軍はギャンジャ城での籠城を選択する。遠征軍を自ら率いるシャー・アッバース一世は、このギャンジャ城を包囲し、大規模な攻囲築城を開始した。その際、ギャンジャ城の東側三〇〇メートルほどの地点に砦が建てられ、ここに本陣が置かれた。この砦および本陣の設備は、少なくともその一部が攻囲終了後もそのまま残されたと考えられる。

また、この攻囲戦の過程でギャンジャ城の市壁は三〇〇―五〇〇メートルほどにわたって破壊され、それ以外の防衛設備も大なり小なり損害を被った。それらの損傷は、その後も本格的に修復されることなく放置されたと考えられる。結果として、ギャンジャ全体の防衛力は、著しく低下することとなっただろう。

その結果が、一六一五／一六年のシャー・アッバースによるギャンジャの「城」、すなわち各種防衛施設の破却命令である。これを受けて、旧ギャンジャの市壁や内城が解体されたのは、ほぼ確実であろう。また、ギャンジャ城の方も、攻囲戦後になお残存していた防衛施設が破却の対象となった可能性がある。

新ギャンジャの形成

では、新ギャンジャの成立は、上記過程のどこに位置付けられるだろうか。この問題を考える上で手がかりとなるのは、ギャンジャ城の東側に位置する集会モスク（アッバース・モスク）や隊商宿、バーザールといった公共施設群の建築年代である。旅行者たちがこぞって絶賛するこれらの諸施設を中核として町の再整備が行われ、発展を遂げていった結果として、新ギャンジャが形成されたと考えられるからである。ここでは、現存しており、関連する情報が比較的豊富なアッバース・モスクを取り上げ、その建設年について考察したい。

アッバース・モスクの建設年は、一六〇六年とするのが定説となっている。[30] どうやらその根拠は、かつてこのモスクに存在したとされる銘文である。この銘文は二〇世紀半ばには既に失われていたようで、そもそも本当に存在したかすら怪しい。紙幅の都合で詳細な説明は省くが、年代特定の根拠とされている銘文が仮に存在していたとしても、それが示すのはギャンジャ奪還の年であって、モスクの建設年ではない可能性が高い。二つのペルシア語年代記にも、モスクの建設に関する記述は存在しない。その本当の建設年は、もっと後の可能性が十分にある。

一方で、その建設がシャー・アッバースの時代であることは、認めて良い。人口に膾炙した「アッバース・モスク」という名や、『エラムの薔薇園』の記述などを無批判に受け入れるわけではないが、一方でそれらを積極的に否定するに足る材料もないのである。そうなると、このモスクの建設年は、ギャンジャ奪還の一六〇六年からシャー・アッバースが崩御する一六二九年までのいずれかの年となる。ババーウッディーン・アーミリーの設計という説を信じるならば、彼の死去した一六二一／二二年までと、もう少し年代を絞り込むことも可能である。

これ以上具体的にその建築年代を知る術は、今のところ存在しない。ただ、シャー・アッバースがギャンジャを訪問した一六一六年は、建設年の有力な候補になるだろう。少なくとも、この年は、新ギャンジャ形成における何らかの契機ではあったと考えられる。

隊商宿やバーザールといった他の施設もモスクと同時期に建設されたと推測されるが、それらはかつての攻囲戦の本陣の跡地を利用するような形で造られた。また、時期は不明であるが、ギャンジャ城の市壁や防衛施設なども修復・再建され、さらには外側の市壁も建設された。一方で、旧ギャンジャの市壁は修復されず、一七世紀半ばには、かつての市域はほぼ廃墟となってしまっていたようである。

このようにして形成されたのが、二重の市壁の間に果樹園付きの家屋が建ち並ぶ新ギャンジャである。**図4**を一見すると、新ギャンジャの中心は内側の市壁に囲まれた区域、すなわち、かつてのギャンジャ城のように見えるが、実際にはそうではない。この町の本当の中心は、ギャンジャ城攻囲の際にサファヴィー朝によって構築された本陣の跡地なのである。このような町の構造は、ロシアによって征服された一八〇四年まで大きく変化しなかったし、現在のギャンジャの原形もここに見られるのである。

スルタンとシャーの奇妙な共同作業

一部の先行研究によると、新ギャンジャへの移転は、モンゴルによる破壊をきっかけとして漸次的に生じた。(31) しかし、その根拠は明確に示されておらず、既に述べたように、そもそもモンゴルによる破壊が本当にあったのかも不明である。

「移転」のはるかに前から旧ギャンジャの市壁を大きく越えて市域が広がっていたことは、確かであろう。しかし、その契機をモンゴル期に求める特別な理由はないのではないか。また、それはあくまで「拡大」であって、「移転」ではなかったであろう。「移転」、すなわち、町の中心の移動の引き金となったのは、あくまでスルタン・ムラト三世の命によるギャンジャ城の建設とシャー・アッバース一世による旧ギャンジャ破却と考えるのが妥当に思える。

新ギャンジャは、オスマン朝とサファヴィー朝の、いわば「奇妙な共同作業」によって建設された町なのである。お互いのもくろみが意図せぬところで結びついた結果として、この町は形成された。新ギャンジャの延長線上にある現在のギャンジャは、実は一般にイメージされる「大詩人の町」などではなく、「スルタンとシャーの町」だったのである。

注

（1） M. M. Al'tman, *Istoricheskiĭ ocherk goroda Gandzhi*, Vol. 1, Baku, 1949.

（2） A. B. Salamzade, *Arkhitektura Azerbaĭdzhana XVI-XIX vv.*, Baku, 1964.

（3） "Kilovabad," *Azərbaycan Sovet Ensiklopediyası*, Vol. 5, 1981, pp. 396-400.

（4） M. Ə. İsmayılov *et al.* (eds.), *Gəncə: tarixi oçerk*, Bakı, 1994.

（5） 本節の記述は、主に以下の文献に従った。İsmayılov *et al.* (eds.), *Gəncə*, pp. 3-32; Al'tman, *Istoricheskiĭ ocherk*, pp. 6-95; "Kilovabad"; C. Edmund Bosworth, "Ganja," *Encyclopaedia Iranica*, Vol. 10, fasc. 3, 2000, pp. 282-283.

（6） Al'tman, *Istoricheskiĭ ocherk*, pp. 11-17.

（7） "Kilovabad," p. 398.

（8） カルピニ、ルブルク『中央アジア・蒙古旅行記』護雅夫訳（講談社、二〇一六年）三六六頁。

（9） Ḥamd Allāh Mostowfī Qazvīnī, *Ketāb-e nozhat al-qolūb*, Tehran, 1983/84, pp. 91-92.

（10） "Kilovabad," p. 398; cf. G. Le Strange (tr.), *Don Juan of Persia: A Shi'ah Catholic 1560-1604*, New York & London, 1926, p. 42.

（11） Cornelis de Bruin, *Reizen over Moskovie door Persia en Indie*, Amsteldam, 1714, p. 104.

（12） I. P. Sheblykin, *Pamiātniki azerbaĭdzhanskogo zodchestva ėpokhi Nizami*, Baku, 1943, pp. 44-45.

（13） Rahimi-zâde İbrahim Çavuş, *Kitab-ı gencîne-i feth-i Gence: Osmanlı-İran savaşları ve Gence'nin fethi (1583-1590)*, ed. by Günay Karaağaç & Adnan Eskikurt, İstanbul, 2010, pp. 47-48; Selânikî Mustafa Efendi, *Tarih-i Selânikî*, Vol. 1, ed. by Mehmet İpşirli, İstanbul, 1989, p. 206.

（14） 一ズィラー＝七五・八センチで換算した。オスマン朝時代のズィラーの長さについては、以下を参照。Cemal Çetin, "Osmanlılarda mesafe ölçümü ve tarihî süreci," *Prof. Dr. Nejat Göyünç'e armağan: tarihçiliğe adanmış bir ömür*, ed. by Hasan Bahar *et al.*, Konya, 2013, pp. 446-447.

（15） Rahimi-zâde, *Kitab-ı gencîne-i feth-i Gence*, pp. 48-49.

（16） "Kilovabad," p. 398; İsmayılov *et al.* (eds.), *Gəncə*, p. 27.

（17） Eskandar Beg Torkamān, *Tārīkh-e 'ālam-ārā-ye 'Abbāsī*, Vol. 2, ed. by Farīd Mordādī, Tehran, 2011/12, p.883.

（18） Mollā Jalāl al-Dīn Moḥammad Monajjem Yazdī, *Tārīkh-e 'Abbāsī, yā rūznāme-ye Mollā Jalāl*, ed. by Seyf Allāh Vaḥīdniyā, [Tehran], 1987/88, p. 302.

（19） Eskandar Beg, *Tārīkh-e 'ālam-ārā-ye 'Abbāsī*, p. 883-884.

（20） Jalāl al-Dīn Yazdī, *Tārīkh-e 'Abbāsī*, p. 305.

（21） Jalāl al-Dīn Yazdī, *Tārīkh-e 'Abbāsī*, p. 305; Eskandar Beg, *Tārīkh-e 'ālam-ārā-ye 'Abbāsī*, p. 884-885.

（22） Eskandar Beg, *Tārīkh-e 'ālam-ārā-ye 'Abbāsī*, p. 1088.

（23） Eskandar Beg, *Tārīkh-e 'ālam-ārā-ye 'Abbāsī*, p. 1100.

（24） 'Abbās Qolī Āqā Qodsī, *Golestān-e Eram*, ed. by Mahdī Karīmī, Tehran, 2003/04, pp. 152-153.

（25） Evliya Çelebi, *Seyâhatnâme*, Vol. 1, ed. by Seyit Ali Kahraman, Ankara, 2013, f. 310a.

（26） Rahimi-zade, *Kitab-ı gencîne-i feth-i Gence*, pp. 47-48; Selânikî, *Tarih-i Selânikî*, p. 206.

（27） スハーノフの旅行記は原史料に当たることができなかったため、アルトマン氏の研究書の引用部を利用した。Al'tman, *Istoricheskiĭ ocherk*, p. 94.

(28) Al'tman, *Istoricheskiĭ ocherk*, p. 95.

(29) Philippe Avril, *Voyage en divers États d'Europe et d'Asie entrepris pour decouvrir un nouveau chemin à la Chine*, Paris, 1693, p. 76; De Bruin, *Reizen over Moskovie*, p. 104.

(30) "Gәncә cümә mәscidi," *Azәrbaycan Sovet Ensiklopediyası*, Vol. 6, pp. 85.

(31) "Kilovabad," p. 398.

［コラム・港市①］

港市マスカトとポルトガル人
——絵図に見る一六―一七世紀の植民都市

大矢　純

おおや・じゅん——東京大学大学院人文社会系研究科修士課程修了。専門はペルシア湾史。

はじめに

マスカトはアラビア海とペルシア湾の間に位置する中継港である。一七世紀中葉以降、ヤアーリバ朝（一六二四／二五―一七四二年）やブーサイード朝（一七四四年―現在）の下、インド洋海域における交易の一大中心地となり、現在ではオマーンの首都として人口約一四五万人を擁する。一方、西アジアの都市形成のあり方を論じる上で注目に値するのが、ポルトガル人の植民都市であった過去（一五〇七―一六五〇年）である。ペルシア湾での主要活動拠点であったホルムズ島をサファヴィー朝（一五〇一―一七三六年）に奪われた一六二二年以降、ポルトガル人は、マスカトを新たな中心拠点とし、ヤアーリバ朝に占領される一六五〇年まで同港にとどまった。以下、ポルトガル人支配期の港市マスカトについて、三つの異なる時期に描かれた絵図の検討を中心に、ポルトガル語の文書史料なども参照しつつ述べる。

一　一五五四年マスカト沖海戦——ポルトガル人によるマスカト支配

ポルトガル人支配期のマスカトを描いた絵図として最初に確認されるのは、リズアルテ・デ・アブレウ著『リズアルテ・デ・アブレウの書』所収の絵図（図1）である。[1] これは、一五五四年のマスカト沖での、スィーディー・アリー・レイス（一五六二年頃没）率いるオスマン朝艦隊とフェルナンド・デ・メネゼス率いるポルトガル艦隊の海戦を、マスカトの北東から描いたものである。防備としては小さな砦が一つ存在するのみで、砦の横にモスクが確認できるが、後の時代の絵図で確認される教会はない。この事実は、宗教儀礼に必須の教会が建設されるほどポルトガル人定住者がいなかったことを示唆する。

ただし、このようなマスカトの相対的地位の低さは、一六世紀中葉に限らず、同世紀の大半を通じて確認される。一五〇七年にアファンソ・デ・アルブケルケ（ポルトガル領インド総督在任一五〇九—一五年）率いるポルトガル艦隊がマスカトを占領した頃、周辺地域一帯はホルムズ王国（一一世紀—一六二二年）の支配下にあった。そして、マスカト以上に重要とされたのは、南東に存在した別の港市でホルムズ王国第二の首都ともされたカルハートであった。ホルムズ王は、マスカトでは在地有力者を総督に任命するにすぎなかったが、カルハートには王国貴族を総督として派遣していた。(2) さらに時代を遡り、一四世紀前半にアラビア半島を訪れたイブン・バットゥータ（一三六九年没）の『大旅行記』でも、両港に関する対照的な記述が見られる。カルハートには「素晴らしいいくつもの市場と数あるモスクの中でもとりわけて一番に華麗なモスクがある」とある一方、マスカトは「規模の小さい町で、『クルブ・アルマース』と呼ばれる魚が豊富にいる」と言及されるのみである。(3) 一六世紀初頭でも状況は変わらず、一五一五年頃のマスカトの収入は、カルハートの約三分の一、ジュルファールの約半分にとどまった。(4) またポルトガル人も、ペルシア湾での主要拠点をホルムズ島に置く一方、マスカトについては、一六世紀の大半を通じて、協力的な在地有力者を介した間接統治を行うのみであった。そのため、各地の拠点に配置されたポルトガル人司令官も当初この地には設置されず、**図1**が描かれた一六世紀中葉のマスカト在住のポルトガル人の数は一〇人未満であったとも言われる。(5) 絵図で教会が確認されないことも首肯できよう。

図1　マスカト沖でのポルトガルとオスマン朝艦隊の海戦（1554年）
（出典：Abreu, *Livro de Lisuarte de Abreu*, pp. 233-234）

二　一六二〇年頃のマスカト絵図
——港湾・防衛機能の強化

一六世紀末までは、マスカトの地位は

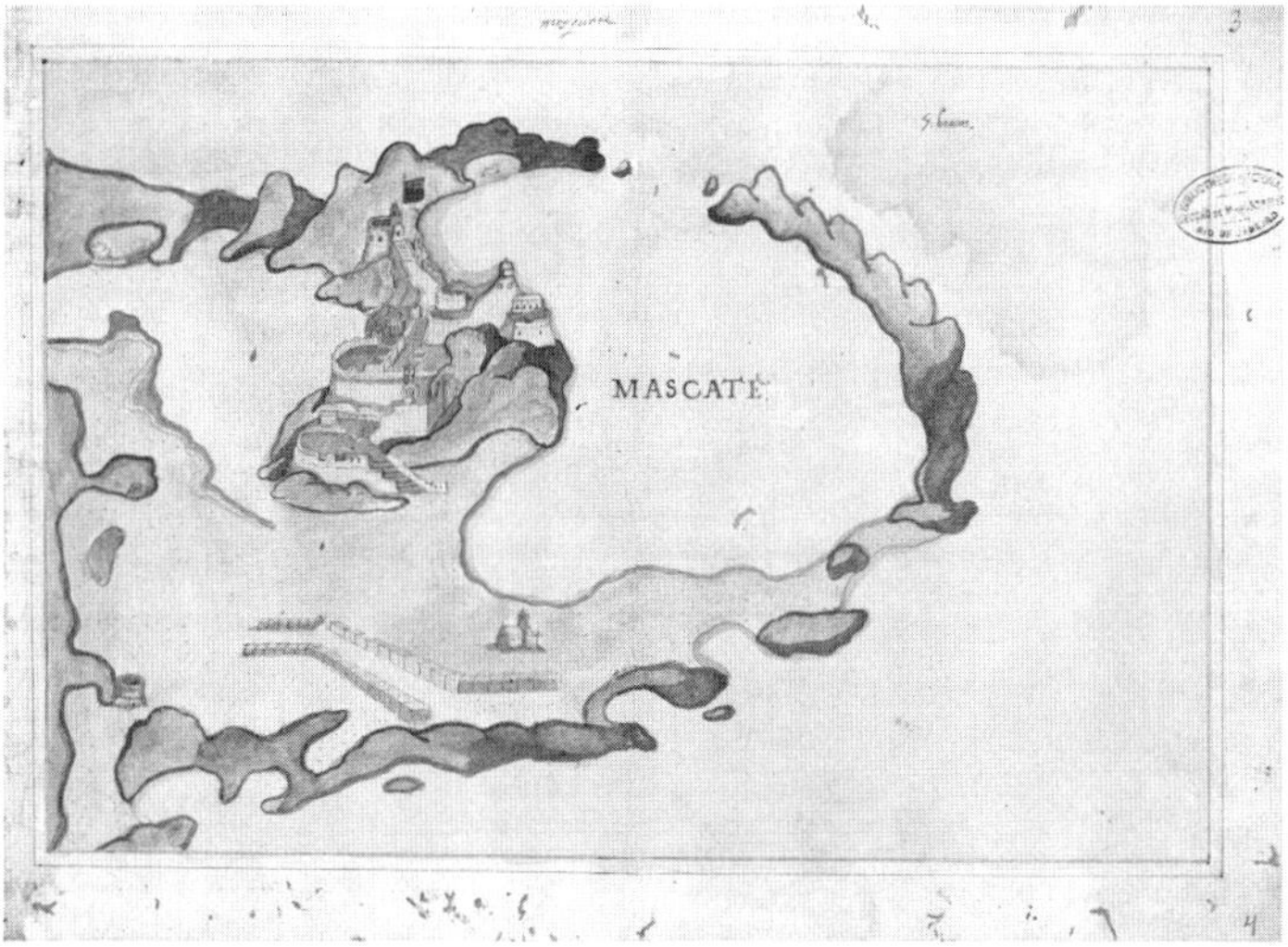

明らかに低かったが、それ以降、この港市の様相は徐々に変容していった。それを如実に示すのが、一六一〇年頃に作成されたマスカト絵図（**図2**）である。マスカトを南方から描いた当該絵図は、マヌエル・ゴディーニョ・デ・エレディア（一六二三年没）著『ポルトガルの征服地絵図集』に所収されている。(6) 中でも目を引くのは、教会と大規模な城砦である。教会の存在は、軍属を中心とするポルトガル人定住者や訪問者増加を意味するものであろう。

この背景には、オスマン朝によるマスカトへの度重なる襲撃があると考えられる。オスマン朝は一五四六年に初めてマスカトを襲撃し、一五五二年にはピーリー・レイス（一五五四年没）率いる艦隊がマスカトを占領するや、ホルムズ島攻撃に向かうまで短期間ではあるものの、駐留した。これに対しポルトガル人は十分な対策を講じず、一五八一年にはアリー・ベイ率いるオスマン朝部隊の上陸と略奪を許してしまう。これ以降、防御を固めて再度の占領を許さないよう、マスカトに城砦建設や防衛を司る司令官が配置され、城砦建設が開始されたのである。(7)

しかしながら、大きな砦が一つ新設されたとはいえ、城壁等は存在せず、その防備も十分とは言えなかった。マスカトは依然として、数ある地域内の港の一つに過ぎなかった。一六〇二年にマスカトを訪れたアントニオ・デ・ゴウヴェイア（一六二八年没）は「マスカトは極小で貧しく、その住民は、私がこれまで訪れた地で目にした人々の中でも最も貧しいと断言することができる」と述べている。(8)

図2　1610年作成のマスカトの絵図（出典：Erédia, *Planta de Praças*, No. 3）

三　一六三五年のマスカト絵図
——ホルムズ島陥落と都市機能の移転

一七世紀初頭までマスカトはあまり目立たない存在であったが、一六二二年を

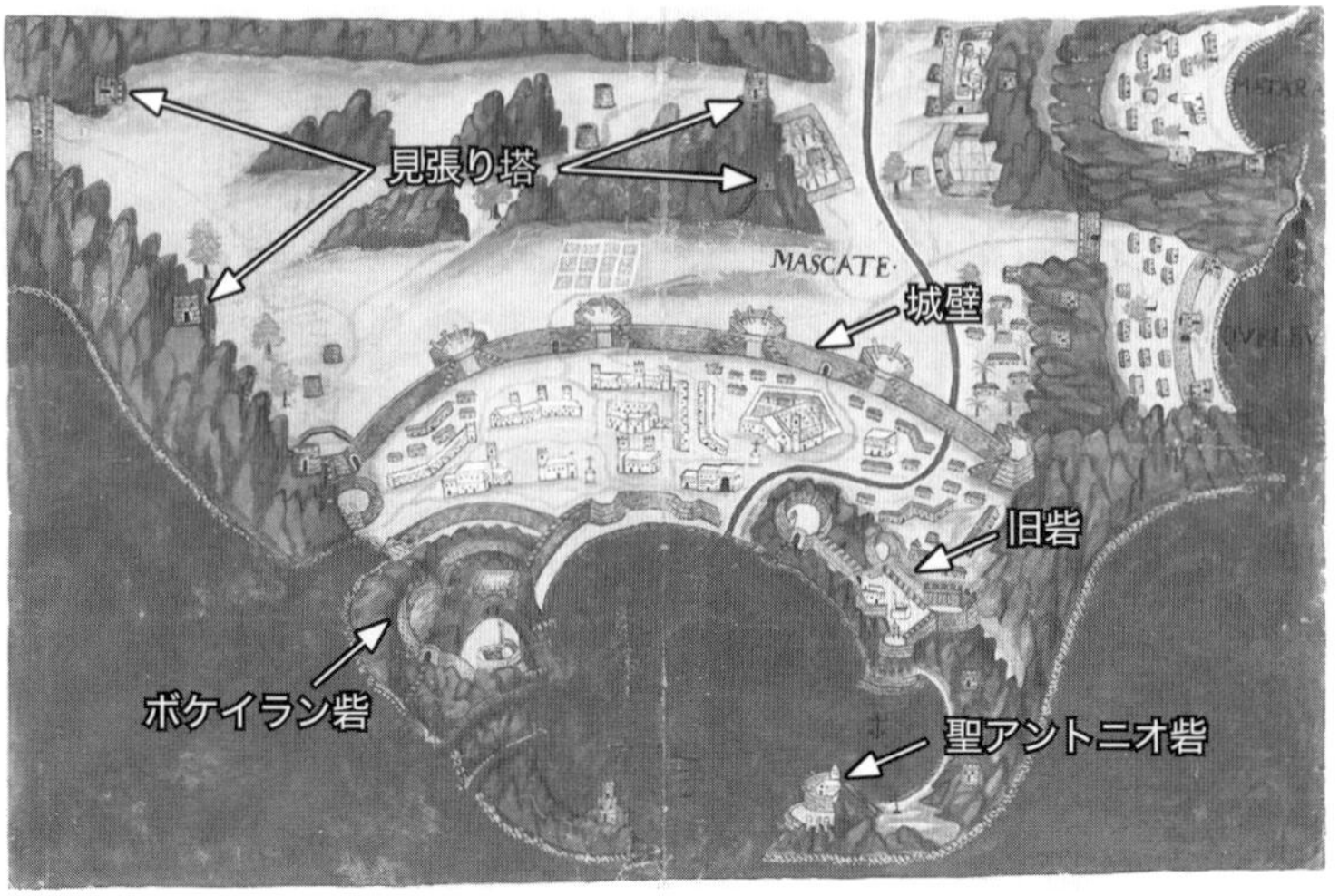

境に、都市として急変することとなる。同年にイギリス東インド会社の協力を得たサファヴィー朝によってホルムズ島が占領されたことで、マスカトがポルトガル人のペルシア湾での新たな主要拠点となったからである。こうして転換期を迎えたマスカトを描いた図が、一六三五年頃に作成された**図3**の絵図である。これは、アントニオ・ボカッロ（一六四二年没）著『東インドの全城砦、都市および居住地の絵図総覧』に所収されている。(9)

図3　1635年頃作成のマスカトの絵図（出典：Bocarro, *Livro das Plantas*, Vol. 3, No. 5）

　絵図の検討前に、マスカトが新拠点として選ばれた理由について概観したい。まず第一に、ペルシア湾やアラビア海、インドなどの結節点に位置するという地理的条件と、北西風や南西風などを利用した航海が可能であったという気候的条件が挙げられる。(10) 第二に、城砦構築のための地形的条件も関係していた。すなわち、マスカトは多数の船が同時入港可能な湾を有し、(11) その周囲が高地に囲まれていた。この条件は、ポルトガル本国で丘陵地が多いことから、土地の高低差を活用して要塞を作る手法を得意としていたポルトガル人にとって、好ましかった。(12)

　さて、**図3**を**図2**と比較すると、海側のボケイラン砦や聖アントニオ砦、内陸部の城壁、見張り塔が新設されるなど、防備増強の急速な進行が確認される。このうち、海側の防備が特に強化されたのは一六二〇年代で、(13) これはイギリスやオランダの東インド会社、サファヴィー朝の侵攻が危惧されたためであった。一方、一六三〇年代には内陸側の防備が増強されたことを史料からうかがい知ることができるが、(14) その背景には、内陸部で成立したヤアーリバ朝の沿岸部進出があったと推測される。

　加えて、マスカトがホルムズ島に代替する新拠点としての機能を果たすようになったことに伴い、都市の内部も整備された。まず税関が一六二四年に市街地中心部の海岸近くに建設された[15]。これは、マスカトがホルムズ島に代わってペルシア湾一帯の関税徴収・管理の中心地となったことを象徴する。また修道院の主要部分は一六一〇年代前半に建設されたと推測されるが、その全体の建設完了は一六三〇年頃であった[16]。この修道院は単に宗教儀礼上の機能のみならず、病院とあわせて医療機能も果たしていた[17]。ペルシア湾の周辺一帯では傷病兵が多く、限られた人材と財源を有効に活用するための医療行為が重要であったからである。

このように一七世紀前半のマスカトは、城壁、砦、税関、教会、修道院などを備え、名実ともに「都市」となった。この後一六五〇年に、ヤアーリバ朝によってマスカトが占領されたことで、ポルトガル人は撤退を余儀なくされる。しかし、ポルトガル人支配期に造られた建築物は、ヤアーリバ朝やその後のブーサイード朝によって改築されつつも継承されていった。特に城砦は、現在でもマスカトの湾を見下ろしている。このほか、税関はそのまま税関として、修道院は各王朝の君主や総督の住居として、また教会は倉庫などとして使用され続け、二〇世紀初頭まで存在していた[18]。

図4　現在のマスカト（背後の城砦は旧砦が改修されたもので、現在はミーラーニー砦と呼ばれる）（筆者撮影）

図5　現在のマスカト（マトラフ周辺）（筆者撮影）

結びにかえて

ポルトガル人が特にホルムズ島に代わってマスカトを主要拠点とした期間は、

一六二二年から一六五〇年までのわずか三〇年弱であった。しかし、この期間に、港市マスカトでは急速な都市建設が進んだことが絵図の比較から明らかとなる。この点で、この約三〇年間は短いものであるが、マスカトが後にインド洋交易の一大拠点として更なる名声を挙げていく礎が築かれた期間と言っても過言ではなく、マスカトの都市史を理解する上で不可欠であると言えよう。

注

（1） Lisuarte de Abreu, *Livro de Lisuarte de Abreu*, Joaquim Soeiro de Brito & Michael Teague（eds）, Lisboa: Comissão Nacional para as Comemorações dos Descobrimentos Portugueses, 1992, pp. 233-234.

（2） Willem Floor, *The Persian Gulf: A Political and Economic History of Five Port Cities, 1500-1730*, Washington DC: Mage Publishers, 2006, pp. 33, 46-48.

（3） イブン・バットゥータ（イブン・ジュザイイ編、家島彦一訳注）『大旅行記』第三巻（平凡社、一九九八年）一七一頁、第七巻（二〇〇二年）一二九、一三二頁。

（4） ジョアン・デ・バロス（池上岑夫・生田滋訳）『アジア史』第二巻、四一三頁。

（5） Willem Floor, *Muscat: City, Society and Trade*, Washington DC: Mage Publishers, 2015, pp. 5-6, 8.

（6） Manuel Godinho de Erédia, *Plantas de Praças das Conquistas de Portugal: Feytas por Ordem de Ruy Lourenço de Tavora Vizo Rey da India*, 1610, No. 3. なお本稿で使用する写本は、現在ブラジル国立図書館に所蔵されており（所蔵記号：CAM.03,005.）、同図書館デジタル・ライブラリーにても閲覧可能である［http://objdigital.bn.br/objdigital2/acervo_digital/div_cartografia/cart990145/cart990145.htm, Accessed on August 15, 2020］。

（7） Floor, *Muscat*, 2015, pp. 6-9.

（8） Antonio de Gouvea, *Relaçam, em que se Tratam as Guerras e Grandes Victorias que Alcançou o Grãde Rey da Persia Xá Abbas do Grão Turco Mahometto, & seu Filho Amethe*, Lisboa: Pedro Craesbeeck, 1611, f. 14v.

（9） Bocarro, *Livro das Plantas*, Vol. 3, No. 5.

（10） António Bocarro, *Livro das Plantas de Todos as Fortalezas, Cidades e Povoações do Estado da India Oriental*, Isabel Cid（ed.）, Vol. 2, Lisboa: Imprensa Nacional-Casa da Moeda, 1992, pp. 53, 60.

（11） Bocarro, *Livro das Plantas*, Vol. 2, p. 44.

（12） 是永美樹『マカオの空間遺産――観光都市の形成と居住環境』（萌文社、二〇一七年）七三頁。

（13） Abdulrahman Al Salimi & Michael Jansen（eds）, *Portugal in the Sea of Oman: Religion and Politics, Research on Documents*, Vol.12, Hildesheim: Georg Olms Verlag, 2018, p. 135.

（14） *Portugal in the Sea of Oman*, Vol. 7, p. 26.

（15） John Henry Gray, *A Journey Round the World in the Years 1875-1876-1877*, London: Harrison, 1879, p. 337.

（16） Samuel B. Miles, *The Countries and Tribes of the Persian Gulf*, Vol. 2, London: Harrison and Sons, 1919, p. 464.

（17） *Portugal in the Sea of Oman*, Vol. 7, p. 26.

（18） John E. Peterson, *Historical Muscat: An Illustrated Guide and Gazetteer*, Leiden & Boston: Brill, 2007, pp. 17, 89-91.

アレッポが「シーア派の街」であった頃

谷口淳一

アレッポでは一〇世紀後半にシーア派が優勢となったが、複数の宗教勢力が併存する状況に変わりはなく、シーア派とスンナ派が協力して外敵に立ち向かうこともあった。一二世紀以降、親スンナ派王朝の支配が続いた結果、一三世紀にはスンナ派が優勢となったが、両派は妥協点を見出し、シーア派は穏健化して存続した。

はじめに

古代より交通の要衝に位置していたアレッポは、さまざまな民族や宗教が併存してきた歴史をもつ。イスラーム勢力の征服後も、キリスト教やユダヤ教の共同体が存続し、多宗教が併存する社会について考えるうえで興味深い都市である。ただし、アレッポの非ムスリムが残した史料が少ない前近代については、その多宗教併存状況の全般を具体的にみることは難しい。そこで本稿では、比較的まとまった情報が得られるイスラーム教徒に絞って、スンナ派とシーア派（一二イマーム派）[1]の併存について考えてみたい。

対象とする時期は、一〇世紀後半から一三世紀後半までである。一〇世紀後半にアレッポはシーア派が優勢な「シーア派の街」となり、その状態は少なくとも一二世紀半ばまでは続いたとみられる。しかし、一二世紀半ばからザンギー朝（アレッポ支配一一二七―八三年）とアイユーブ朝（アレッポ支配一一八三―一二六〇年）のもとでスンナ派優遇策が推進された結果、一三世紀には両派の勢力関係は逆転していった。した

たにぐち・じゅんいち――京都女子大学文学部教授。専門はイスラーム時代のシリア史。主な著書に『聖なる学問、俗なる人生――中世のイスラーム学者』（山川出版社、二〇一一年）、翻訳にヒラール・サービー『カリフ宮廷のしきたり』（共訳、松香堂、二〇〇三年）などがある。

図1　時計塔（2003年9月筆者撮影）
19世紀末に旧ファラーディース門（ファラジュ門）跡の広場に建設された時計塔は、近代化の象徴となった。時計塔の東側（後方）には、20世紀後半までユダヤ教徒地区が存在した。

がって、約三世紀間にわたるこの時期のアレッポは、シーア派とスンナ派の併存だけでなく、両派の勢力関係の変化に伴うさまざまな事象について考える材料を提供してくれるのである。

一　シーア派の街へ

七世紀前半にイスラーム勢力に征服されてから一〇世紀半ばまでの三世紀間については、アレッポに関する情報が非常に乏しい。ウマイヤ朝（六六一―七五〇年）はこの地域の支配拠点をアレッポの南西二五キロメートルに位置するキンナスリーンに置き、アッバース朝もその方針を踏襲した。この時期のアレッポは、政治や軍事の点では重要性が低かったため、あまり記録が残っていないのであろう。

ハムダーン朝の徙民（しみん）策

アレッポが北シリアの重要都市として史料に登場するようになるのは、親シーア派王朝であるハムダーン朝（アレッポ支配九四五―一〇〇三／〇四年）のサイフ・アッダウラ（在位九四五―九六七年）が一〇世紀半ばにアレッポを首都としてからのことである。ハムダーン朝はビザンツ帝国領に対してたびたび攻撃を仕掛けたが、大規模な反撃を受けて九六二年にアレッポを占領されてしまった。ビザンツ軍が去った後、サイフ・アッダウラは、アレッポの北東二〇〇キロメートルに位置するハッラーンからシーア派住民を移住させた。移住者の数は不明であるが、一連の戦乱で減少したアレッポの人口を補うための施策であったと伝えられる。(2)

この徙民策によって、ただちにシーア派信徒がアレッポの人口の多数を占めるようになったか否かは不明である。しかし、ハムダーン朝支配期にアザーン（礼拝への呼び掛け）がシーア派式に変更されており、しかも、通常シーア派のアザーンにみられる「いざや善行のために来たれ」という文言の後に「ムハンマドとアリーは最も善き人間である」というアリーを称える一文が加えられていたという。[3] このようなアザーンが毎日響き渡っていたことを考えると、一〇世紀後半のアレッポでは同派が最有力の宗教勢力になっていたと言って差し支えないであろう。

また、数世代にわたって史料に名を残すようなシーア派名家も現れた。その代表が、アレッポの南南西約一七〇キロメートルに位置するヒスン・アル＝アクラードから到来したハッシャーブ家である。同家は、サイフ・アッダウラの治世にアレッポへ移り住んだ時以来の名家で、アレッポ周辺で農地経営をおこなう一方で法学者も輩出している。一三世紀半ばに至るまで、同家からは、住民を代表して支配者と対峙する人物や支配者から一目置かれる人物がしばしば現れた。[4]

図2　アレッポ城正面門（2003年9月筆者撮影）
アレッポ城は古代から現在に至るまで同じ場所に存在してきた。現在の建物の原形はアイユーブ朝時代に建造されたが、その後の度重なる破壊と修復を経て、当時の姿をそのまま留めている箇所はほとんどない。

アレッポがシーア派の重要な拠点となったことは、この時期以降、アレッポ出身の学者が増加することからもうかがえる。各地のシーア派学者の人数を没年にもとづいて世紀ごとに集計した研究によると、一〇世紀以前に確認できるアレッポ出身者は三名に過ぎないが、一一世紀には九名の学者が確認され、この数はシリア以西では最多であった。さらに一二世紀になると、バグダードやヒッラといったイラクの諸都市を上回る二〇名のシーア派学者がアレッポから現れた。[5] こうして、一〇世紀後半から一一世紀にかけて、アレッポは「シーア派の街」となっていったのである。

スンナ派とイスマーイール派

一〇世紀後半以降シーア派が優勢になったとはいえ、当時のアレッポに他の宗派信徒がいなかったわけではない。まず、スンナ派については、少なくとも一一世紀前半以降、スンナ派の一法学派であるハ

図3　アレッポ城より西方を望む（2003年9月筆者撮影）
城塞の西側には旧市街の主要部が広がる。正面にはミナレットとドームをもつウマイヤ・モスク（**図4**）が見え、その南（左）から東（手前）には市場の平屋根が連なっている。

ナフィー派の学者が裁判官やウマイヤ・モスクの導師に任じられていることが確認できる。一一世紀中頃から一二世紀後半にかけてこれらの職をほぼ独占したのが、九世紀前半にイラクから到来したアブー・ジャラーダ家である。同家はアレッポ地方に多くの農地を所有し、シーア派が優勢であった時期においても、スンナ派の名家として知られる存在であった。(6) ただし、少なくとも一二世紀前半には、同家の裁判官もシーア派の見解に沿って判決を下していたことが知られている。(7)

　また、一一世紀には、シーア派の別の一派であるイスマーイール派の勢力がアレッポにも及んできた。同派を奉じるファーティマ朝（九〇九―一一七一年）は、一〇世紀末にはシリア中部まで進出していたが、一〇一六年にアレッポを征服した。その後、遊牧アラブのキラーブ族を主体とするミルダース朝（一〇二五―八〇年）がファーティマ朝からアレッポを奪った。しかし、やがてミルダース朝はファーティマ朝の宗主権下に入り、ファーティマ朝がアレッポを直接支配下に置くこともあった（一〇三八―四二、五八―六〇年）。このように、半世紀以上にわたってアレッポには直接間接にファーティマ朝の影響力が及んでおり、金曜礼拝ではファーティマ朝カリフの名が唱えられていた。(8)

　以上のように、「シーア派の街」となったアレッポにも複数の宗教・宗派が併存していたが、信仰の違いが原因でアレッポの住民どうしが激しく争ったという事態は、一二世紀に入るまでほとんどみられなかった。

二　ニザール派と十字軍に対峙するアレッポ住民——シーア派とスンナ派の協力

十字軍襲来時のシリアを取り巻く状況

一〇九六年にヨーロッパ各地から出発した十字軍は、一〇九八年にはシリアに到来し、翌年にはエルサレムを征服した。北シリアにおいては、アレッポの北東にエデッサ伯国、西方にアンティオキア公国が建国され、アレッポ地方は北東から西にかけて十字軍国家と境界を接することとなった。

十字軍が来襲した当時、セルジューク朝（一〇三八—一一九四年）とファーティマ朝の二大国は、いずれも国内問題を抱え、十字軍の侵攻を防ぐことができなかった。セルジューク朝は、マリク・シャー一世（在位一〇七三—九二年）没後にスルタン位争いが激化し、急速に分裂が進んでいった。シリアではマリク・シャーの兄弟トゥトゥシュが自立し、シリア・セルジューク朝（一〇九四—一一一八年）を建てた(9)。

一方、ファーティマ朝では、カリフ＝ムスタンスィル（在位一〇三六—九四年）の没後、宰相アフダルによって擁立された先代カリフの末子ムスターリー（在位一〇九四—一一〇一年）が即位し、人望のあった長子ニザールが殺害された。この事件によってイスマーイール派の分裂は決定的となり、カリフ位が後者に継承されたと主張するニザール派は、スンナ派を奉じるセルジューク朝だけでなくファーティマ朝に対しても対決姿勢を強めた。同派はイラン北部のアルボルズ山脈にあるアラムート城に本部を置いたが、シリアでも勢力拡大を図り、各地に拠点を築いていった。また、ニザール派は敵対する人物にしばしば刺客を差し向けたことでも知られ、このことが各地で同派に対する警戒と反発を招く原因ともなった(10)。

このような状況に置かれたアレッポのシーア派とスンナ派は、宗派の違いを超えて協力し、度重なる危機に対処していくのである。

ニザール派との対決

一〇九五年にシリア・セルジューク朝の祖トゥトゥシュが戦死すると、その遺領は二人の息子の間で分割された。アレッポの支配者となったシリア・セルジューク朝のリドワーン（在位一〇九五—一一一三年）は、十字軍の侵攻を防ぐだけでなく、ダマスクスを支配する兄弟のドゥカークやシリア進出の機会をうかがうセルジューク朝内の諸勢力を牽制しなくてはならなかった。そのために、彼はニザール派を利用した。リドワーンは、アレッポに同派の拠点を置くことを認める一方で、自分の政敵の暗殺を同派に依頼したと言われている。イランに本部を置いていたニザール派にとって、最大の敵対

図4　ウマイヤ・モスク境内とミナレット（1991年12月筆写撮影）
ウマイヤ・モスクは8世紀初頭の創建であるが、2011年からの内戦で破壊されたミナレットは、11世紀末に建てられたものである。ハッシャーブ家のファフル・アッディーンがその建築事業の指揮をとったと伝えられる。

勢力はセルジューク朝であった。したがって、セルジューク朝内に敵の多いリドワーンは、ニザール派と利害が一致したのである。(11)

　リドワーンの庇護のもとで急速に勢力を拡大したニザール派に対して、アレッポ住民の多くは批判的な眼差しを向けていた。そして一一一三年に庇護者リドワーンが没すると、ハッシャーブ家のファフル・アッディーン・ムハンマド(12)をはじめとするアレッポの有力住民とセルジューク朝のスルタン＝ムハンマド一世（在位一一〇五―一一八年）の双方からの圧力によって、ニザール派の粛清が断行された。その結果、アレッポにおける同派の指導者を含む二〇〇人が捕らえられ、三〇〇人が殺害されたという。(13)

　しかし、大規模な弾圧を受けたにもかかわらず、ニザール派はアレッポに残留し活動を継続した。そして、シリア・セルジューク朝にかわってアレッポを領有したアルトゥク朝(14)の支配者ナジュム・アッディーン・イルガーズィー（アレッポ支配一一一八―二二年）に対して、一一二〇／二一年、アレッポ市街南部のシャリーフ城を同派の拠点とすることを要求した。イルガーズィーは回答を引き延ばして時間を稼ぎ、その間にアレッポ住民にシャリーフ城を占拠するよう命じた。そこで、ハッシャーブ家のファフル・アッディーンは人々を動員してシャリーフ城を破壊し、その後、シーア派とスンナ派の有力者たちがそこを占拠したのである。(15) その結果、シャリーフ城の拠点化というニザール派の目論見は阻止され、一一二四年にはアルトゥク朝のヌール・アッダウラ・バラク（ベリク）（アレッポ支配一一二三―二四年）によって同派はアレッポから追放された。(16)

　以上のように、ニザール派の流入と増長は、アレッポのシーア派とスンナ派の団結を促すことになった。しかし、このことは、アレッポ住民の指導者がニザール派から敵視されるという代償を伴った。反ニザール派運動の先頭に立ったファフル・アッディーン・ムハンマドは、一一二五／二六年のある夜、礼拝を済ませてウマイヤ・モスクから自宅へ戻る途上、ニザール派の刺客に襲われ殺害されたのである。(17)

十字軍に対する防衛

十字軍国家が間近に存在した一一世紀末から一三世紀後半のアレッポにとって、対十字軍防衛は常に最重要課題の一つであったが、とくに一二世紀の最初の二〇年間は、十字軍勢力による攻勢が続き、アレッポが何ヶ月もの間包囲されるという事態も生じた。そのような危機的な状況に際して、アレッポのムスリム住民は宗派の違いを超えた団結をみせた。

一一二四年に戦死したヌール・アッダウラにかわってアレッポを領有したアルトゥク朝のフサーム・アッディーン・ティムルタシュ（アレッポ支配一一二四―二五年）は、短期間アレッポに滞在した後、最小限の守備隊を残して本拠地のあるディヤール・バクル地方へと去ってしまった。すると、この機会を捉えて十字軍勢力がアレッポを包囲した。そこで、ハッシャーブ家のファフル・アッディーンは救援要請の使節団を派遣した。使節団にはスンナ派のアブー・ジャラーダ家からもアブー・ガーニム・ムハンマドが加わった。(18)一行は十字軍の包囲網をくぐり抜け、アレッポの東北東約三〇〇キロメートルに位置するディヤール・バクル地方のマルディンへ赴き、その地に滞在していたフサーム・アッディーンのもとを訪れた。しかし、彼がアレッポ救援に消極的であったため、使節団はそこから南東に約二五〇キロメートル離れたモスルへと向かい、その地に拠るアク・スンクル・ブルスキーに軍(19)隊の派遣を懇願した。

十字軍勢力による包囲が長引く中、アレッポでは降伏して退去しようという声が大きくなっていった。しかし、ファフル・アッディーンは、そのような人々を押しとどめ、モスルへ追加の使節団を派遣した。使節団による交渉の結果、ブルスキーは要請を受け入れ出陣し、一一二五年一月、アレッポ包囲軍を撤退に追い込んだ。ハッシャーブ家とアブー・ジャラーダ家の両名家を筆頭に、住民が宗派の違いを超えて団結し行動した結果、アレッポは十字軍勢力による征服を辛くも免れたのであった。(20)

しかし、この時すでに、アレッポにおけるシーア派の優勢を揺るがしムスリム住民の分断を促す動きが徐々に進行していたのである。

三　スンナ派優遇策とアレッポ住民

一一世紀前半に成立したセルジューク朝は、スンナ派を護持し、親一二イマーム派のブワイフ朝（九三二―一〇六二年）を滅ぼし、イスマーイール派を奉じるファーティマ朝に対抗した。そして、セルジューク朝の領域では、スンナ派の高等教育機関であるマドラサ（学院）が各地に設立され、スンナ派諸学問の興隆を促したことが知られている。また、スンナ派の学者が従来以上に政権の要職や君主の側近に取り立てられ、モスクやマドラサなどスンナ派の宗教施設は、王族や有力者が設ける寄進財（ワクフ）源によって財政的に潤った。本稿ではこのような施策全般をスンナ派優遇策と呼ぶことにする。このような施策は、セルジューク朝が衰えた後も、その版図を超えて各地で実施されていった。(21)

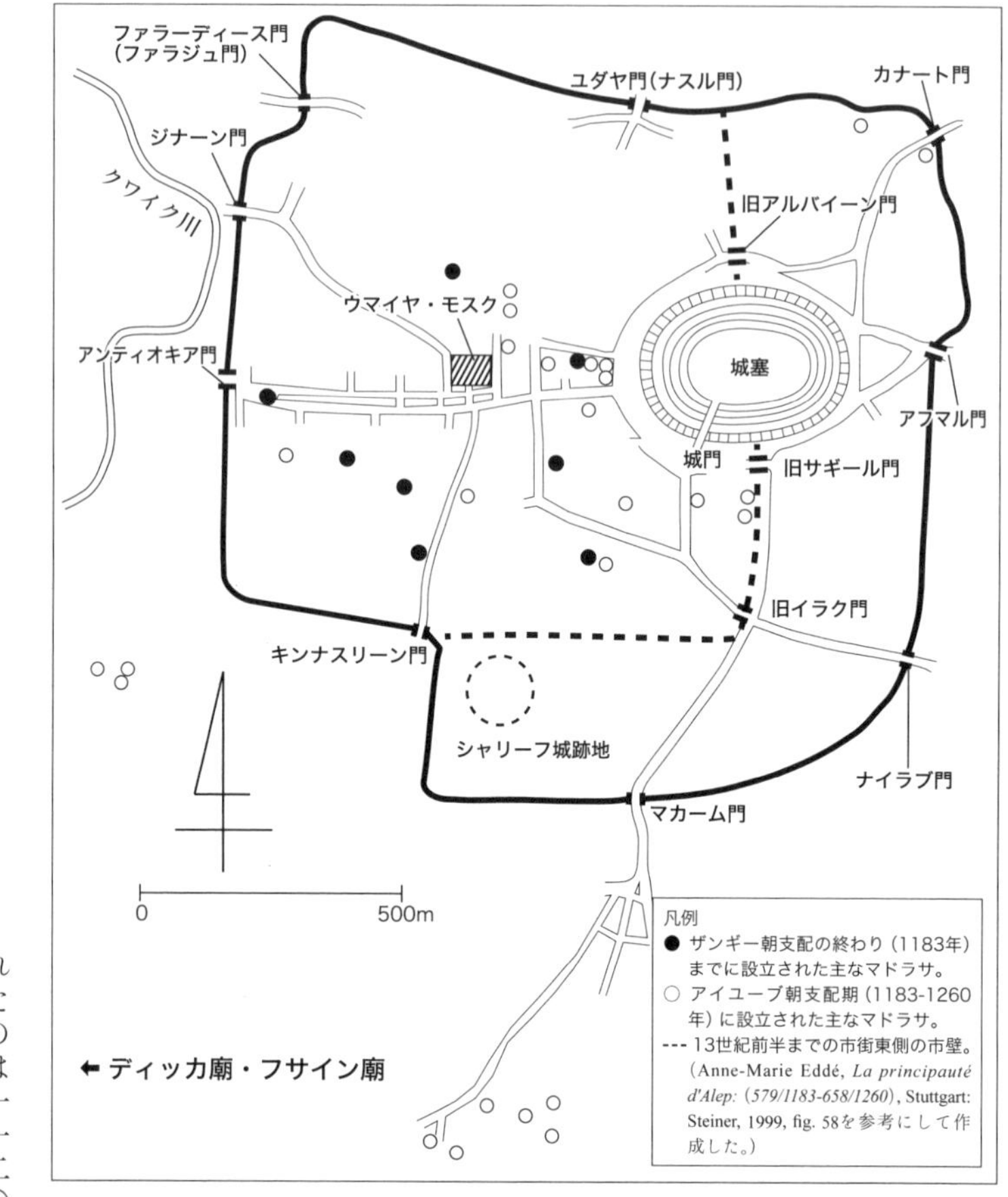

図5　13世紀中葉のアレッポ市街略図

マドラサ導入に対するシーア派の反発

アレッポで最初のマドラサが設立されたのは一一二〇年代初めのことである。ザッジャージーヤ学院と呼ばれたこのシャーフィイー派のマドラサは、アルトゥク朝のバドル・アッダウラ・スライマーン（アレッポ支配一一二二―一一二三年）が資金を拠出して設立した。しかし、シーア派住民が設立に反対し建築工事を妨害したため、その建物はイマード・アッディーン・ザンギーの治世（一一二七―四六年）まで完成しなかった。

モスルに成立したザンギー朝の初代君主イマード・アッディーン・ザンギーは、一一二七年にアレッポを併合した。彼は父アクスンクルの墓廟をザッジャージーヤ学院の隣りに移設させ、その整備のために寄進を実施した。また、同学院はイマーディーヤ学院とも呼ばれており、イマード・アッディーンは寄進などを通して同学院を直接支援したと考えられる。このような支援を得て、ザッジャージーヤ学院の建物はようやく完成した。

しかしながら、イマード・アッディーンは、ザッジャージーヤ学院に対する支援以外には、目立ったスンナ派優遇策を講じていない。彼は、スンナ派を支援しながらも、シーア派が優勢なアレッポの状態を容認したのである。[22]

ヌール・アッディーンの施策

イマード・アッディーンの遺領のうち北シリアを継承したヌール・アッディーン・マフムード（在位一一四六―七四年）も、アレッポ入城直後は現状維持の方針を踏襲した。しかし、その後間もなく方針を一転し、スンナ派優遇策を打ち出した。その経緯は次のとおりである。

ヌール・アッディーンは、ダマスクスの事実上の支配者ムイーン・アッディーン・ウヌル[23]の娘との結婚を実現すべく婚約交渉を進めていたが、その過程で、シーア派容認という態度の変更をダマスクス側から求められた。そこで彼は、アザーンからシーア派特有の文言を削除するよう命じ、自分はスンナ派であることを表明した。かくして婚約は成立し、一一四七年の春に新婦はアレッポに輿入れしたのであった。

アレッポのシーア派住民はこのような動きに抗議したが、翌年あらためてシーア派式のアザーンと教友に対する呪詛を禁止する命令が下され、シーア派の指導者たちはアレッポから追放された。[24]そして、この年を境にヌール・アッディーンや有力軍人たちによって次々とスンナ派のマドラサが設立されていった。さらに、一一五四年にヌール・アッディーンがダマスクスを征服しシリア北中部を統一すると、シリア各地にマドラサが設立され、スンナ派優遇策が一層推し進められた。[25]

シーア派の抵抗とムスリムの分断

一一五七年にヌール・アッディーンが病に倒れると、一連のスンナ派優遇策に対するシーア派の不満が顕わになった。彼の病状悪化が伝えられると、アレッポのシーア派住民たちは、いち早く弟のヌスラト・アッディーンを後継者として支

持することを表明した。彼の許しを得てシーア派式のアザーンが響き渡る一方で、この動きに反発する者たちとシーア派との間で騒乱が発生した。しかし、程なくしてヌール・アッディーンが回復したため騒乱は終息し、シーア派の指導者たちはヌスラト・アッディーンとともにアレッポから退去した。(26)

その後しばらく大きな騒乱は発生しなかったが、一一七四年にダマスクスでヌール・アッディーンが没し、幼少のサーリフ・イスマーイール（ヌール・アッディーン二世、在位一一七

図6　マカーム門（2003年9月筆写撮影）
13世紀に新設された市壁に設けられた門の一つ。この門が立つ辺りには、イブラーヒーム（アブラハム）の立ち所（マカーム）とされる場所が存在した。図5参照。

四―八一年）が即位すると、アレッポでは長年にわたって同地の総督職を維持してきたダーヤ一族およびその支持者と反ダーヤ派との間で騒乱が生じ、双方に被害が出た。ダーヤ一族はスンナ派の庇護者として知られており、反ダーヤ派を率いていたのは、シーア派の名家ハッシャーブ家のアブー・アル＝ファドルであった。その後、新君主とその側近たちがアレッポに到着すると、まずダーヤ一族が捕らえられたが、アブー・アル＝ファドルも城塞に招かれ登城したところを謀殺された。(27)

一二世紀前半の危機に対して宗派の違いを超えて団結したアレッポのムスリムであったが、スンナ派優遇策が進められた結果、シーア派とスンナ派の対立が鮮明となり、それまでアレッポでは見られなかった宗派対立による騒乱が一二世紀後半には発生するようになったのである。

アイユーブ朝のスンナ派優遇策

ザンギー朝に取って代わってシリアを支配したアイユーブ朝も引き続きスンナ派優遇策を推進した。アイユーブ朝が征服した時点で、アレッポには一二校のマドラサが存在した。そして、同王朝がアレッポを支配した八〇年間足らずの間に新たに三四校が設立された。その後休廃止となった五校を除いても、アイユーブ朝支配が終焉を迎えた一二六〇年

には、アレッポのマドラサの数は四一校に達していた。アイユーブ朝の下ではザンギー朝時代以上にマドラサ設立が推進され、引き続きスンナ派の勢力拡大が進んだのである。(28)

親スンナ派政権のシーア派への対応

スンナ派優遇策を進めた支配者たちも、シーア派の根絶を目指すような弾圧は実施していない。シーア派が関わった騒乱が鎮圧されるたびにその指導者たちは処罰されたものの、一般のシーア派住民が集団で追放されたというような記録は見当たらない。それどころか、一一七四年の騒乱の際にザンギー朝がハッシャーブ家から没収した財産は、アイユーブ朝によって同家に返還されているのである。(29)

つまり、スンナ派優遇策を推進した諸政権も、基本的にはアレッポにおけるシーア派の存続を認めていたことがわかる。しかし、多数のシーア派住民を抱えたままスンナ派の勢力拡大を進めれば、両派の対立が深まり内乱の危険性が増す。したがって、アレッポ社会を安定させるためには、より積極的にシーア派を懐柔する施策が必要であった。次節ではこの問題について考えてみたい。

四　アリー関連参詣地と親スンナ派政権

現在では多くが消失してしまったが、「シーア派の街」であった頃のアレッポには、アリーとその子孫にまつわる参詣地が数多く存在した。本節では、その中で最も重要なディッカ廟とフサイン廟を紹介するとともに、この二つの廟と支配者との関係について考えてみたい。

アレッポ出身の学者イッズ・アッディーン・ムハンマド・イブン・シャッダード（一二一七―八五年）は、一二六〇年にアレッポを襲ったモンゴル軍の侵攻を避けてマムルーク朝支配下のエジプトへ移り住んだ。彼はマムルーク朝のスルタン＝バイバルス一世（在位一二六〇―七七年）の伝記の著者として知られるが、シリアとジャズィーラ（北イラク）各地の地誌を収めた『シリアとジャズィーラのアミールたちに関する貴重なる記録』という書物も著している。(30)

この書には著者の見聞に加えてシーア派の著作を含む様々な文献や文書に基づくとみられる情報が盛り込まれているが、とくに著者の故郷であるアレッポ地方については詳しい記述が見られる。そのアレッポの巻には「アレッポ内外にある参詣地について」という章がある。そこに記されている市壁内の参詣地四ヶ所のうち二ヶ所が直接アリーに関わる場所であり、市壁外近郊の参詣地一三ヶ所のうち六ヶ所がアリーやその子孫に関する由緒を有していた。(31) 以下『貴重なる記録』に依拠しつつ、ディッカ廟とフサイン廟の設立経緯などをみていくことにしよう。

ディッカ廟

一〇世紀後半に設立されたというディッカ廟は、アレッポにおける現存最古のアリー一族の廟で、旧市街から一・五キロメートルほど南西に位置し、かつてジャウシャン山と呼ばれていた丘の斜面上に現存する。石造りの中庭構造で、外辺は一辺が約二五メートルのほぼ正方形であるが、北東の隅に数メートル四方の部屋が一つ突き出している。この大きさは、後述するフサイン廟よりもやや小さいが、アイユーブ朝時代以前の宗教施設の中では大規模な部類に入る。ディッカ廟は、フサイン廟とともに、現代まで多くの参詣者を集めてきた。二〇一一年にシリア内戦が勃発する以前は、世界各地から毎年百万人以上がこの二つの廟を訪れていたという。(32)

イブン・シャッダードがシーア派の史書を引用して伝える伝承は、アレッポにシーア派住民を移住させたハムダーン朝のサイフ・アッダウラがこの廟の設立に深く関わっていたことを示している。まず、この風変わりな名称については、サイフ・アッダウラがジャウシャン山からアレッポ市街方面を眺める際に腰掛けていた長椅子(ディッカ)が、この廟を見下ろす位置にあったことに因んでいるという。では次に、この廟が九六二／六三年に建てられた経緯を伝える伝承を見てみよう。

サイフ・アッダウラは、この廟がある場所に何度も光が降りるのを見た。そこで、翌朝、彼はみずから騎乗してその場所へ行き、そこを掘った。すると「これは、フサイン・ブン・アリー・ブン・アビー・ターリブの息子ムハッスィンの墓である」という銘のある石が見つかった。そこでサイフ・アッダウラはアリー家の人々を集め、フサインにムハッスィンという名の子がいるかと尋ねた。

するとある者が、そのような話は伝わっていないが、次のような話が伝わっていると言った。ファーティマが身ごもった際に預言者が「おまえの腹の中にはムハッスィンがいる」と言った。ところが「誓いの日」(33)に、忠誠の誓いへとアリーを引っぱり出そうとした者たちがファーティマに襲いかかったので、彼女は流産してしまったということである。

またある者は、次のように語った。フサインの女たちのうち捕虜にされた者がここへ来たときに、そのうちの一人が流産しこの子を産み落としたのかもしれない。というのも、我々は父祖から以下のような話を伝承しているからである。この場所がジャウシャンと呼ばれているのは、ここにシャミル・ブン・ズィー・アル＝ジャウシャン(34)が捕虜と「フサインたちの」首級をともなって滞在したからである。当時そこには真鍮を産出する鉱山があり、鉱山の民が捕虜［の女たち］を弄んだため、フサインの娘ザイナブが彼らを呪った。すると、その日からその鉱山は枯れてしまったのだ。

またある者が言った。石の上にあるこの銘は古く、この場所にある痕跡も古い。つまり流産であったと言われるこの子は消滅しなかったのである。彼が残存していることが、彼がフサインの息子であることの証である。

以上のようなやり取りが人々の間に知れ渡った。人々はその場所へ出掛けていき、そこを整備することを求めた。そこでサイフ・アッダウラは、「ここは、至高なる神が、お家の人々[35]の名においてそこを整備することを私にお許しになった場所である」と言ったのである。[36]

サイフ・アッダウラがこの廟を建設した後、ミルダース朝時代とセルジューク朝時代には貯水槽などが整備され、ヌール・アッディーンは、中庭の池と参籠者が利用する洗浄場を造った。アイユーブ朝のザーヒル・ガーズィー（在位一一八三、一一八六—一二一六年）は、倒壊した南壁を再建した。彼の孫のナースィル・ユースフの治世（一二三六—六〇年）には北壁が倒壊し、彼はその再建および中庭のホールに円形の天窓を造ることを命じた。

モンゴル軍はアレッポ征服時にこの廟の装飾品や敷物を略奪し、門を破壊した。マムルーク朝のバイバルスは、アレッポを支配下に置くと、この廟の修復を命じ、礼拝導師、アザーン係、管理人（カイイム）を置いた。[37]

以上のように、親シーア派君主のサイフ・アッダウラはもちろんのこと、スンナ派優遇策を進めた支配者たちもディッカ廟の整備を進めていたことがわかる。

フサイン廟

フサイン廟もジャウシャン山の斜面上にあり、ディッカ廟の数百メートル北に位置している。ザンギー朝末期に建設が始まりアイユーブ朝時代に完成したフサイン廟は、同時代のアレッポで最大のマドラサに匹敵する規模であり、アレッポのみならずシリアで最大規模のシーア派関連施設である。しかし、第一次世界大戦期にオスマン帝国軍の弾薬庫として用いられ、一九二〇年の爆発事故によってその建物は大きく損なわれてしまった。その後修復作業が進められ、ようやく一九七〇年代にほぼ原状が回復された。[38]次に、その設立に至る経緯を『貴重なる記録』にもとづいて見ていくことにしよう。

ザンギー朝時代末期の一一七八年五月、後に廟が建てられることになる場所でアブド・アッラーという牧夫が昼寝をして次のような夢を見た。

一人の男がその場所を見下ろす山の大岩から半身を乗りだして、手を谷底へ伸ばして一頭のヤギを捕った。そこでアブド・アッラーが「旦那、なぜそのヤギを捕ったのですか。それはあなたのものではないでしょう」と言うと、その男は「アレッポの人々に、この場所に廟を建ててフサイン廟と名付けるように告げなさい」と言った。アブド・アッラーが「私の言葉など聞いてもらえないでしょう」と答えると、男は「彼らにここを掘るように言いなさい」と言って、彼が示した場所へその手からヤギを投げたのである。

アブド・アッラーは目を覚ました。見ると、ヤギがその場所に脚を突っ込んでしまっていた。そこで彼がそのヤギを助け出すと、その脚がはさまっていた場所から水が湧き出てきたのである。

彼はウマイヤ・モスクの南門に立ち、一連の出来事を語った。そこで住民の一団がその場所へ行き、水が豊富に湧き出ることを確認した。そして、そこに廟を建設することになった。ザンギー朝のサーリフが支援し、アレッポの住民が財産や労働力を供出して建築作業が進められ、一一八九／九〇年に完成した。(39)

サラーフ・アッディーン（在位一一六九―九三年）はアレッポを併合すると、この廟を訪れて、一万ディルハムを寄付した。その息子ザーヒル・ガーズィーは、毎年六〇〇〇ディルハムを拠出する財源として製粉所を寄進し、その寄進財の監督を預言者一族（ナキーブ・アシュラーフ）の長であるシャムス・アッディーン・フサイン・ブン・ズフラ・ハサニーとハッシャーブ家のバハー・アッディーン・ハサンに委ねた。

モンゴル軍はこの廟にも押し入った。寄進された数え切れない備品が奪われ、建物が損壊した。その後、バイバルスがこの廟を修復し、そこに礼拝導師、アザーン係、管理人を置いた。(40)

以上のように、スンナ派優遇策を進めた支配者たちも、アリー一族にまつわる宗教施設の建設や運営を後援していた。ただし、それはシーア派を懐柔するだけでなく、その活動に介入するという側面もあったと考えられる。

この問題を考えるうえで、フサイン廟の正門を飾る碑文は興味深い。正門の扉の前には、左右と正面を壁に囲まれた幅約二・五メートル、奥行き二メートル足らずの矩形の空間があり、その天井部分は外に向かって開いた半ドーム（イーワーン）となっている。その天井を支える左右の壁の上部には、ムハンマドと一二人のイマームたちのために神の祝福を祈願する碑文が掲げられており、この廟がシーア派色の強い施設であることを示している。ところが、正面の壁のさらに高い位置には、ムハンマド一族と四人の正統カリフおよびすべての教友のための祈願文が配されているのである。(41)

後者の碑文の設置には、この正門が建築された当時アレッポを支配していたアイユーブ朝のザーヒル・ガーズィーの意向が反映していると考えられる。(42)つまり、ザーヒルは、上述のようにフサイン廟に大規模な寄進をおこなう一方で、その正門にはスンナ派色の強い碑文も掲げさせたと考えられるのである。この碑文をめぐっては、シーア派に対するスンナ派の勝利を示していると解釈する学者もいれば、シーア派とスンナ派の共存を象徴していると理解する研究者もいるが、(43)いずれの解釈をとるにせよ、スンナ派側からの働きかけとシーア派の譲歩がなければ、このような碑文の組み合わせは実現しなかったであろう。

おわりに

一二五〇年九月、死の床にあったハッシャーブ家のバハー・アッディーンは、見舞いに訪れたアブー・ジャラーダ家のカマール・アッディーン・ウマルに対して次のように語ったという。(44)

私はあの世に旅立とうとしている。神かけて、君に対して私は何も隠しはしない。私は「アッラーの他に神なし、ムハンマドはアッラーの使徒である」と証言する。私は教友を誰一人としてアリーの前には置かないが、教友を誰一人として貶めたことなどなかった。心の中でも、公にも、また書いたものの中でも。彼らは模範的な指導者で名士であると私は確信している。(45)

上述のとおり、バハー・アッディーンは、アイユーブ朝のザーヒルによってフサイン廟に対する寄進財の監督者に任命されたが、それは、彼がフサイン廟正門の碑文に込められた意図を理解し受け入れていたからであろう。また、シーア派名家の当主が残したこの言葉は、当時のアレッポにおけるシーア派の声を代表していると考えられる。つまり、スンナ派の優位が確実となった一三世紀半ばには、アレッポのシーア派は、存続を図るために穏健化の道を選んだのである。他方、アレッポのスンナ派が穏健なシーア派との併存を受け入れたとも言える。スンナ派名家であるアブー・ジャラーダ家の当主が、最期が迫ったハッシャーブ家の当主を見舞ったことは、両派の関係を象徴していよう。

一四世紀末までアレッポがシーア派教学の重要な拠点であり続け、(46)また、フサイン廟とディッカ廟というシリア有数の規模を誇るアリー一族の廟が今日に至るまで維持され得たのは、このような両派併存の結果であろう。古代から多宗教が併存してきたアレッポでは、さまざまな宗教勢力の間で協力や譲歩が重ねられてきたはずである。本稿で取り上げたシーア派とスンナ派の事例は、その一例に過ぎない。

図7　ジュダイダ地区の小路（2003年9月筆写撮影）
市壁外の北西に隣接するジュダイダ地区にはキリスト教徒が多く暮らす。写真右上には、アルメニア文字とアラビア文字が併記された孤児院の看板が見える。

注

（1）特に断らない限り、本稿では一二イマーム派を指してシーア派という語を用いる。

（2）谷口淳一「北シリアにおけるスンナ派優遇策の開始――一二世紀前半のハラブ」（『史窓』第六〇号、二〇〇三年）二六頁。

（3）谷口（二〇〇三）「北シリアにおけるスンナ派優遇策の開始」二六―二七頁。

（4）谷口淳一「一一―一三世紀のハラブにおけるウラマー三家系――スンナ派優遇策とウラマー」（『史林』第七九巻第一号、一九九六年）八三―八七、九〇頁。

（5）Moojan Momen, *An Introduction to Shi'i Islam: The History and Doctrines of Twelver Shi'ism*, New Haven and London: Yale UP, 1985, pp. 84, 91.

（6）谷口（一九九六）「一一―一三世紀のハラブにおけるウラマー三家系」六四―六九頁。

（7）谷口淳一「一一―一三世紀ハラブのカーディーと支配者」（『東洋史研究』第五七巻第四号、一九九九年）一四―一五頁。

（8）Stephennie Mulder, *The Shrines of the ʿAlids in Medieval Syria: Sunnis, Shiʿis and the Architecture of Coexistence*, Edinburgh: Edinburgh UP, 2014, pp. 65-66; Nasseh Ahmed Mirza, *Syrian Ismailism: The Ever Living Line of the Imamate, AD 1100-1260*, Richmond: Curzon, 1997, p. 7.

（9）一一世紀後半から一二世紀中葉のシリアの政治状況については、井谷鋼造「トルコ民族と西アジアのモンゴル支配時代」（永田雄三編『西アジア史II』山川出版社、二〇〇二年）一一九―一二〇頁を参照。

（10）ニザール派については、バーナード・ルイス（加藤和秀訳）『暗殺教団――「アサシン」の伝説と実像』（講談社、二〇二一年）［『暗殺教団――イスラームの過激派』（新泉社、一九七三年）の文庫版再版］を参照。

（11）リドワーンとその政策については、"Riḍwān," Gibb, Hamilton Alexander Rosskeen, *et al.*, eds., *Encyclopaedia of Islam*, New edition, 12vols. and index volume, Leiden: Brill, 1960-2009［以下、*EI2*と略記］およびAnne-Marie Eddé, "Riḍwān, Prince d'Alep de 1095 à 1113," *Revue des Études Islamiques*, 54, 1986, pp. 101-125を参照。リドワーンの治世におけるニザール派の動向については、ルイス（二〇二一）『暗殺教団』一五三―一五七頁、Ahmed

Mirza (1997), *Syrian Ismailism*, pp. 7-9を参照。

(12) シーア派の名家ハッシャーブ家の当主。一一世紀末から史料に現れ、ウマイヤ・モスクのミナレット建設を指揮したことでも知られる。一一二五／二六年没［谷口（一九九六）「一一―一三世紀のハラブにおけるウラマー三家系」八三―八五頁］。

(13) 谷口淳一「一二世紀初頭ハラブの住民指導者たち」（『史窓』第五八号、二〇〇一年）一三三頁。ルイス（二〇一二）『暗殺教団』一五七―一五八頁。Ahmed Mirza (1997), *Syrian Ismailism*, p. 10.

(14) アレッポ支配一一一八―二五年。アルトゥク朝全般については、“Artukids,” *EI2*を参照。

(15) 谷口（二〇〇一）「一二世紀初頭ハラブの住民指導者たち」一三三―一三四頁。

(16) ルイス（二〇一二）『暗殺教団』一五九頁。Ahmed Mirza (1997), *Syrian Ismailism*, pp. 10-11.

(17) 谷口（一九九六）「一一―一三世紀のハラブにおけるウラマー三家系」八五頁。

(18) アレッポの裁判官を三〇年間以上も務めたほか、ウマイヤ・モスクの説教師も務めた。一一三九年没［谷口（一九九六）「一一―一三世紀のハラブにおけるウラマー三家系」六八―六九頁］。

(19) セルジューク朝の有力軍人ブルスクのマムルークから身を立てた軍人。一一二五年にジャズィーラと北シリアを統一したが、翌年ニザール派に暗殺された［“Āḳ Sunḳur al-Bursuḳī,” *EI2*］。

(20) 谷口（二〇〇一）「一二世紀初頭ハラブの住民指導者たち」一三四―一三五頁。

(21) 三浦徹「東アラブ世界の変容」（佐藤次高編『西アジア史I』山川出版社、二〇〇二年）二八四―二八五頁。

(22) 谷口（二〇〇三）「北シリアにおけるスンナ派優遇策の開始」二七―三〇頁。

(23) この人物については、梅田輝世「ヌール・アッ・ディーンのダマスカス攻略（一一四六―一一五四）」（『梅花短期大学研究紀要』第二八号、一九七九年）七二頁以下を参照。

(24) 谷口（二〇〇三）「北シリアにおけるスンナ派優遇策の開始」三〇―三一頁。なお、呪詛では「某に呪いあれ」という句を唱えることが多いが、この時に禁じられた具体的な文言は不明である。

(25) 湯川武「六／一二世紀のシリアにおけるマドラサの発展」（『史学』第五〇巻、一九八〇年）三四七―三五二、三五四―三五五、三六一頁。

(26) Henri Michel Khaÿat, “The Šīʿite Rebellions in Aleppo in the 6th A. H./12th A. D. Century,” *Rivista degli Studi Orientali*, 46 (3/4), 1971, pp. 183-185.

(27) 谷口（一九九六）「一一―一三世紀のハラブにおけるウラマー三家系」八六―八七頁。Khaÿat (1971), “The Šīʿite Rebellions in Aleppo in the 6th A. H./12th A. D. Century,” p. 191.

(28) 谷口淳一「一二―一五世紀アレッポのイスラーム宗教施設」（『西南アジア研究』第六二号、二〇〇五年）八四―八七頁、九五頁。

(29) ʿIzz al-Dīn Muḥammad Ibn Shaddād, *al-Aʿlāq al-khaṭīra fī dhikr umarāʾ al-Shām wa al-Jazīra*, tome 1, section 1, ed. by Dominique Sourdel, Damas: Institut Français de Damas, 1953, p. 24.

(30) “Ibn Shaddād, ʿIzz al-Dīn,” *EI2*.

(31) ʿIzz al-Dīn Ibn Shaddād, *al-Aʿlāq al-khaṭīra*, tome 1, section 1, pp. 42-59.

(32) Mulder (2014), *The Shrines of the ʿAlids in Medieval Syria*, pp.

63, 68-69, 73-74; Yasser Tabbaa, *Constructions of Power and Piety in Medieval Aleppo*, University Park, PA: Pennsylvania State UP, 1997, p. 109. なお、ディッカ廟には創建当時の建物は現存せず、現在の構造物はザンギー朝時代以降のものである。

（33） 六三二年、初代カリフ＝アブー・バクルに主だったムスリムたちが忠誠を誓った日。地名に因んで「サキーファの日」と呼ばれることが多い。

（34） シムルとも呼ばれる。六八〇年、フサイン一行が壊滅したカルバラー事件でフサインに最後の一撃を加えたとも言われる軍人［Momen（1985）, *An Introduction to Shi'i Islam*, p. 30］。

（35） 「お家の人々」とは預言者ムハンマドの一族を意味する。

（36） 'Izz al-Dīn Ibn Shaddād, *al-A'lāq al-khaṭīra*, tome 1, section 1, pp. 48-49. 訳出にあたっては、人名の後に挿入される祈願文は省略した。以下の直接引用文も同様である。

（37） 'Izz al-Dīn Ibn Shaddād, *al-A'lāq al-khaṭīra*, tome 1, section 1, pp. 49-50.

（38） Mulder（2014）, *The Shrines of the 'Alids in Medieval Syria*, pp. 82, 110（n. 67）; Tabbaa（1997）, *Constructions of Power and Piety in Medieval Aleppo*, pp. 110-111.

（39） フサイン廟にはイブン・シャッダードが伝える「完成年」以降の建築活動を示す碑文が存在するため、実際には一三世紀前半にかけて建築が進められたとみられる［Mulder（2014）, *The Shrines of the 'Alids in Medieval Syria*, p. 87; Tabbaa（1997）, *Constructions of Power and Piety in Medieval Aleppo*, p. 113］。

（40） 'Izz al-Dīn Ibn Shaddād, *al-A'lāq al-khaṭīra*, tome 1, section 1, pp. 50-52.

（41） Mulder（2014）, *The Shrines of the 'Alids in Medieval Syria*, pp. 90-95; Tabbaa（1997）, *Constructions of Power and Piety in Medieval Aleppo*, pp. 115-116.

（42） 碑文や文献史料に証拠が見当たらないものの、建築様式の特徴などから正門の施主自体がザーヒル・ガーズィーであると推定されている［Mulder（2014）, *The Shrines of the 'Alids in Medieval Syria*, p. 87］。

（43） Mulder（2014）, *The Shrines of the 'Alids in Medieval Syria*, pp. 92-98; Tabbaa（1997）, *Constructions of Power and Piety in Medieval Aleppo*, pp. 115-116.

（44） ハナフィー派法学者としてアレッポのマドラサ教師を務めるとともに、外交使節として各地に派遣されるなど、アイユーブ朝アレッポ政権に重用された。アレッポ地域の地誌、人名録、地方史など多くの書物を著した。一二六二年没［"Ibn al-'Adīm," *EI2*］。

（45） Kamāl al-Dīn 'Umar Ibn al-'Adīm, *Bughyat al-ṭalab fī tārīkh Ḥalab*, 11vols., ed. by Suhayl Zakkār, Dimashq, 1988, Vol. 5, pp. 2246-2247.

（46） Momen（1985）, *An Introduction to Shi'i Islam*, pp. 97, 119.

ティムール朝期のヘラートにおける聖者たち

杉山雅樹

すぎやま・まさき——京都外国語大学非常勤講師。専門はティムール朝史。主な論文に「*Tarassul-i Muʿīn al-Dīn Muhammad Isfizārī* に関する一考察」（『西南アジア研究』第七六号、二〇一二年）、「ティムール朝末期における書簡作成の規定と実践——*Makhzan al-Inshāʾ* の記述を基に」（『オリエント』第五六巻第一号、二〇一三年）などがある。

一四五九／六〇年に編纂されたヘラートの聖墓案内書『幸運の目的地』からは、一五世紀前半のヘラートでは聖者とみなされる人々の数が急増したことが確認できる。本稿では、一五世紀をつうじてティムール朝の国都の一つとして繁栄したヘラートにおける聖者の変遷と、彼らがヘラートの発展や都市社会の中で果たした役割を探っていきたい。

はじめに

現在アフガニスタンに含まれるヘラートは、古くからイラン北東部に相当するホラーサーン地方の中心都市の一つとして知られてきた。やがて、一三世紀前半にはモンゴルの侵攻によって壊滅的な打撃を受けたものの、次の世紀に入るとイラン系地方政権の比較的安定した統治の下、復興に向かって歩み始めた。その後、マーワラーアンナフル（中央アジア西部、アム川とシル川との間のオアシス地帯）の支配者となったティムール（在位一三七〇―一四〇五年）による侵攻を受け、一三八一年以降はその直接支配下に入ることになった。ヘラートが史上最も輝きを放ったのは、このティムール朝期（一三七〇―一五〇七年）のことである。ティムールからヘラートを中心とするホラーサーン地方の統治を委ねられていた息子シャー・ルフ（在位一四〇九―四七年）は、やがてティムール死後の後継者を巡る内乱を治めて第三代君主に就任すると、ヘラートを国都に定め、市壁内外で活発な建築活動を行った。シャー・ルフに仕えたある文人は、当時のヘラートを賛美して次のような詩を残している。

ヘラートはあらゆる都市にとって、目であり灯火
　魂の如きヘラートに比べれば、この世は肉体に過ぎぬ
ホラーサーンが世界の胸ならば
　ヘラートはホラーサーンの心臓
聖者たちの栄えある住まいであり
　あらゆる学問と信仰と敬虔な者たちの居住地[1]

この詩に謳われるように、当時のヘラートはホラーサーン地方随一の都市であり、他の西アジアの諸都市と比べても政治・経済・文化の面で抜きんでた存在になりつつあった。さらに、同朝末期のスルターン・フサイン治世（在位一四六九―一五〇六年）には、ヘラートは未曽有の文化的繁栄を迎えることになる。

一方で、先に引用した詩の最後の方で述べられているように、ティムール朝期のヘラートでは「聖者」とみなされる人々が数多く活動し、彼らの墓に参詣することが流行していた。そのことを示す史料が、一四五九／六〇年に編纂され、ティムール朝第七代君主スルターン・アブー・サイード（在位一四五一―六九年）に献呈された、ヘラートの聖墓案内書『スルターンの幸運の目的地』（以下『幸運の目的地』と略す）である。この作品では、ティムールの没年（一四〇五年）を基準として、それ以前に死去した者とそれ以降に死去した者に分けられ、それぞれの経歴や墓の位置などの情報が記されている。同史料で採り上げられている聖者のうち、七世紀のアラブ・ムスリム軍の大征服からティムールの没年までに亡くなった者は合計七七名であるのに対し、ティムールの死から同書執筆までのわずか半世紀ほどの間に死去した者は合計五四名にのぼる。[2]さらに、この書が編纂された時期にも「聖者」とみなされた人々が数多く活動していたと考えられることから、ヘラートではティムール朝期に聖者の数が急激に増加したといえるだろう。

本稿では、ヘラートにおいて聖者として尊崇を集めたのはどういった人々だったのか、また彼らがヘラートの発展や都市社会の中でどのような役割を果たしたのか、という点について述べていきたい。

一　ヘラートの聖者の変遷

本節では、まずはイスラーム教における聖者とはどのような存在であったのかを確認した後、ヘラートで聖者とみなされた人々について時代ごとに検証しよう。

イスラーム教における聖者

「はじめに」で引用した詩において、「聖者たち」と訳出し

た箇所の原語は「アウリヤー（ワリーの複数形）」である。アラビア語の「ワリー」は「（誰かの）近くにいるもの、親しい者、友人」を意味し、そこから「神の友、聖者」の意で用いられる。このような聖者は最後の審判では人々が現世で犯した罪の軽減を神に「執り成し」してくれるだけでなく、現世においては人々が抱く様々な願いを神に仲介してくれる存在と考えられた。なお、キリスト教の場合とは異なり、イスラーム教では存命中に聖者とみなされることがあったため、人々は祈願依頼を目的として生きている聖者のもとを訪れることがあった。しかし、より多くの場合、霊験あらたかな聖者の墓を訪れて、祈願の執り成しを依頼した。こうして様々な聖墓が参詣の対象となり、各地で参詣書や聖墓案内書が編纂されるようになったのである。(3)

また、イスラーム教において聖者とみなされる人々は多岐にわたる。中心となるのは、優れたスーフィー（神秘主義の修行者）や導師、偉大な学者、第四代正統カリフにしてシーア派初代イマームであるアリー（六六一年没）とその子孫（特にムハンマドの血統を受け継ぐ子孫）、ムハンマドの教友などであるが、ほかにも神から恩寵を受けたと言われる以外に聖者とされる理由が見当たらないような者も含まれる。(4)

では、ヘラートにおいて聖者とみなされたのはどのような人々だったのであろうか。以下では、「はじめに」で挙げた『幸運の目的地』およびその続編の時代区分に従って、ヘラートにおける聖者について確認したい。

ローカルな聖者たち――シャー・ルフ治世の始まりまで

『幸運の目的地』の第一部では、七世紀のアラブ・ムスリム軍の大征服から一四〇五年のティムールの没年までの期間に死去し、ヘラートとその周辺に埋葬されて、その墓が参詣地となった人物が七七名紹介されている。この時代の聖者の特徴としては、以下に挙げる二名を除いて、ヘラートやその周辺でのみ活動し、他の地域ではほとんど知られていないような、ローカルな人物が多いことが挙げられる。

例外の一人目は、ヘラート出身の著名なスーフィズムの導師、ハディース学者であった、アブド・アッラー・アンサーリー（一〇八九年没）である。彼は故郷を出て学問修行を積んだ後、帰還してからはヘラートで活動を続けた。スーフィズムに関する優れた作品を残したほか、厳格なハンバル派の学者の立場から伝統主義に反する集団に対して激しい批判を加え、「ヘラートの師」と呼ばれた。(5) アンサーリーは死後、ヘラート郊外のガーズルガーフ（語源については諸説あるが、かつての「戦場（カールザールガーフ）」が転訛したという説が最も有名）という地にある、自身の師の墓とかつて修行に励んでいた修道場の傍に埋葬された（**図1・図2**）。

アンサーリーのほかに、ティムール朝以前のヘラートの聖者たちの中で西アジア全域にその名が知られた著名な人物としては、ファフル・アッディーン・ラーズィー（一二一〇年没）がいる。彼は生まれ育ったレイ（テヘラン近郊）で学問を修めた後、ヘラートに移住した人物である。クルアーン解釈学、神学、法学の発展に貢献しただけでなく、天文学や医学、錬金術など様々なジャンルで数多くの著作を残している。(6) ラーズィーはヘラートで死去した後、市壁の北に延びるヒヤーバーン（本来は「大通り」を意味する普通名詞。ヘラートの場合、市内を南北に貫き、さらに市壁を越えて北へと延びる主要道路に対する固有名詞として使用される）沿いの地域（以下「ヒヤーバーン沿道地域」と略す）に埋葬された（**図2**）。

教団に帰属する者と「神に惹きつけられた者（マジュズーブ）」の増加
——シャー・ルフ治世以降

『幸運の目的地』第三部では、ティムールの没年（一四〇五年）から本書が編纂された一四五九／六〇年までに亡くなった聖者、言い換えれば、シャー・ルフ治世のヘラートで活動していたことが確実な聖者が五四名挙げられている。この時期の聖者に関する記述の特徴としては、以下の二点を挙げることができる。

まず一点目として、聖者が帰属しているスーフィー教団やそれぞれの導師に関する記述が増加していることが挙げられる。このような記述は、シャー・ルフ治世の始まりまでを扱う『幸運の目的地』第一部ではほとんどみられなかったが、シャー・ルフ治世を扱う同書第三部では一五名の聖者が属すそれぞれの教団について説明されている。スーフィー教団は最初に一二世紀頃のイラクで形成され、徐々にその種類と参加者を増やしつつ、一三世紀中頃以降には西アジア各地に拡大した。シャー・ルフ治世に聖者と教団との関係を示す記述が増加した背景には、こうしたスーフィー教団の発展と拡大があったといえよう。また、『幸運の目的地』の記述から、当時のヘラートにおいて多くの聖者が帰属した教団として、ハルワティー教団、スフラワルディー教団、クブラウィー教団、ナクシュバンディー教団を挙げることができる。(7)

特に、ハルワティー教団については、『幸運の目的地』の中で、この教団に属する聖者二名が早くも一四世紀後半の時点で活動していたこと、彼らが、一五世紀前半に同教団に属した聖者三名と同じく、郊外にあったハルワティー教団墓地に埋葬されたことが記録されている（**図2**）。(8) 当時この教団は独自の墓地だけでなく、修道場も有しており、一四世紀後半から一五世紀前半にかけてのヘラートを代表する教団の

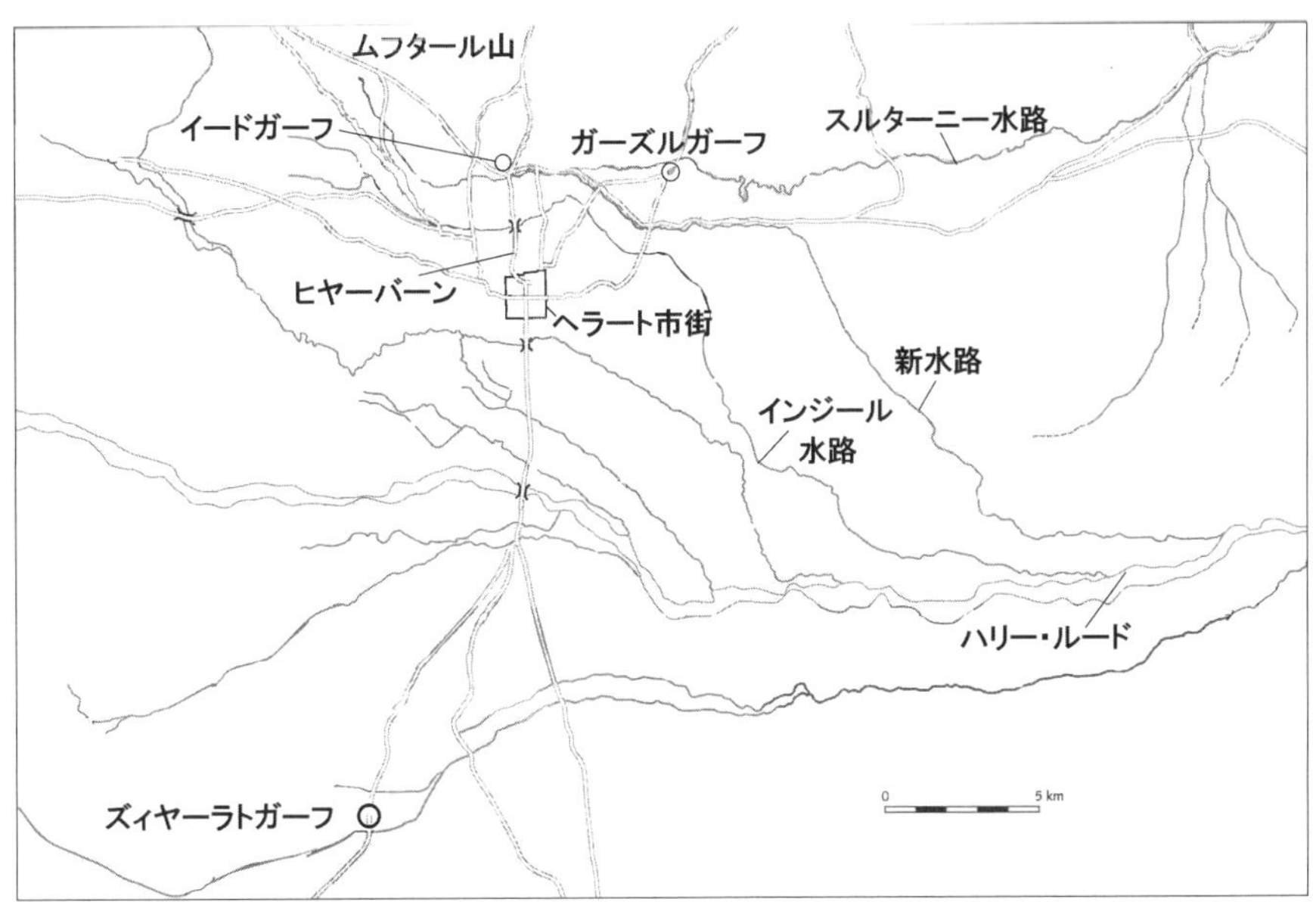

図1　ヘラートとその近郊（Christine Noelle-Karimi, *The Pearl in its Midst: Herat and the Mapping of Khurasan* (*15th-19th Centuries*). Wien: Österreichische Akademie der Wissenschaften, 2014, Map 3を基に作成）

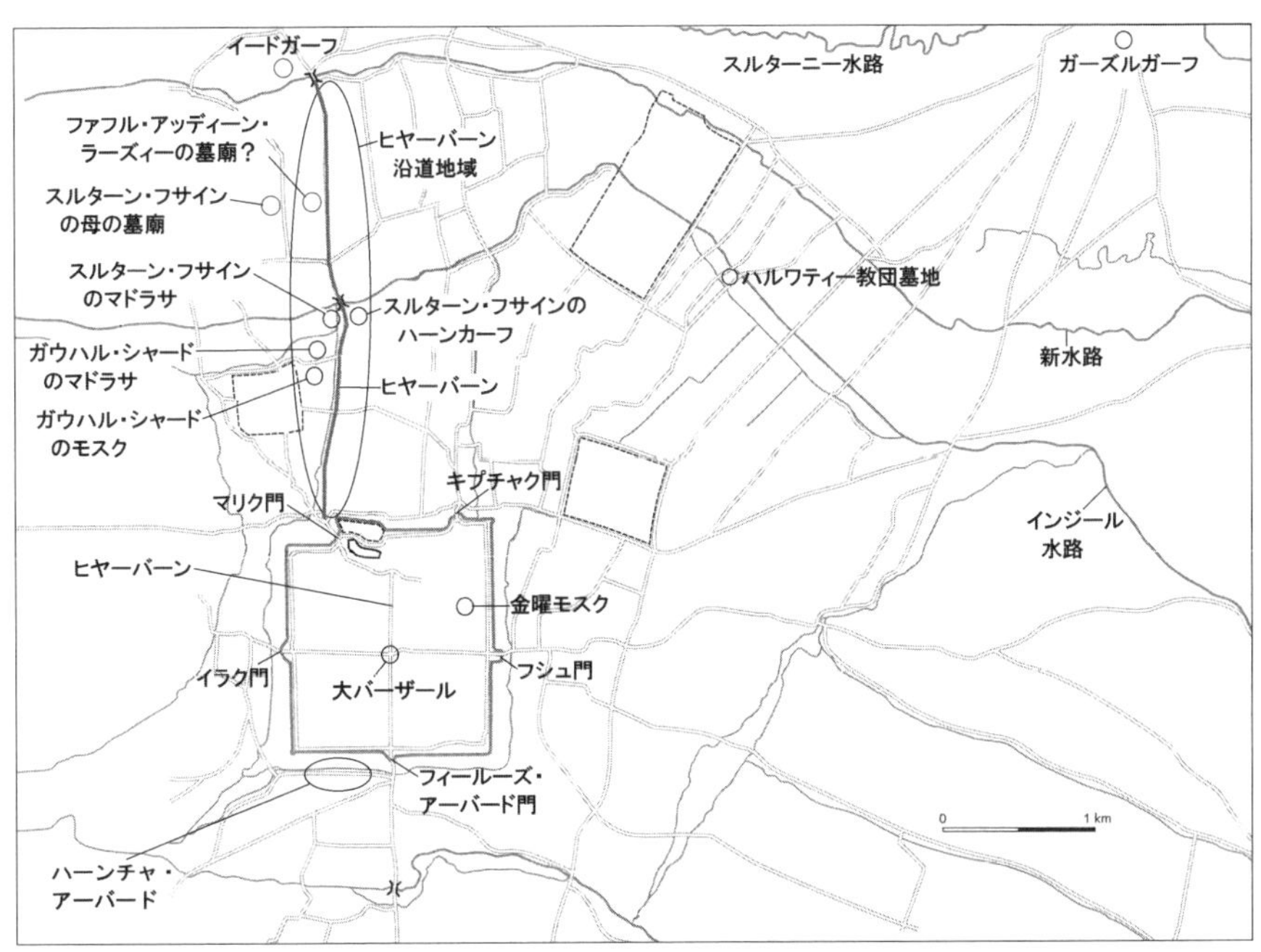

図2　ヘラート市街とその周辺（Noelle-Karimi, *The Pearl in its Midst*, Map 4を基に作成）

一つであったと思われる。(9) その他、この時期のヘラートを代表する教団系の聖者としては、スフラワルディー教団の導師であったザイン・アッディーン・ハーフィー（一四三五年没）がいる。彼はヘラートの市壁から南へ約一七キロに位置するズィヤーラトガーフ（「参詣地」の意）付近（**図1**）に修道場を建設し、そこに多くの弟子を集めて指導していた。さらに、シャー・ルフや政権の有力者、他の教団の導師たちとも交流を重ね、当時ヘラートにおいて大きな影響力を持っていたことが知られている。(10)

二点目は、名前や解説の中に「マジュズーブ」や「ディーワーナ」という形容詞が用いられた、民衆的聖者とみなしうるような素性の怪しい人物が増加していることである。(11) 前者の「マジュズーブ」は「(神に) 惹きつけられた者」を意味し、一般的なスーフィーが修行の諸階梯を徐々に修めた結果として神秘的合一に達するのとは対照的に、一度の霊的体験でその境地に至った者を指す。(12) また、後者の「ディーワーナ」は「狂人」を意味するペルシア語であるが、ここでは「マジュズーブ」と同じ意味で用いられていると考えられる。なお、彼らに関する解説では、帰属する教団や師弟関係、修行の経歴など具体的な情報は一切述べられることはないが、彼らが起こしたとする奇跡については比較的詳しく言及されており、情報に極端な偏りが見られる。(13) この時期に上記のような素性の怪しい聖者が増加した理由については明らかではない。ただ、これまでの研究でもティムールがシャーマン的聖者たちと交際していたことがしばしば指摘されており、(14) こうした民衆的聖者の増加は、ヘラートに限らず、一四世紀後半から一五世紀前半にかけて各地でみられた傾向であった可能性がある。

以上のように、一五世紀後半のヘラートでは、教団に属す人物と素性の不確かな人物という、両極端な性質を持つ聖者たちの活動が目立つようになったのである。

ナクシュバンディー教団の台頭——スルターン・フサイン治世

最後に、スルターン・フサイン治世の始まり（一四六九年）からティムール朝の滅亡（一五〇七年）までの期間に活動していた聖者を確認したい。しかし、これまで主な典拠として利用してきた『幸運の目的地』は一四五九／六〇年に編纂されたものであり、当然ながらそれまでに亡くなっていた聖者しか扱われていない。そのため、ここではその代わりとして、後世に編纂された『幸運の目的地』の続編（一七八三／八四年完成）(15) を利用する。

この作品で紹介されている聖者のうち、没年の記載の有無にかかわらずスルターン・フサイン治世に活動していたと考えられる人物は計五一名である。彼らに関する記述を、先に確認したシャー・ルフ治世のものと比較すると、最大の相違点として、帰属している教団や導師が明記されている者の割合がさらに高まっていることが挙げられる。その数は二五名にのぼり、中でもナクシュバンディー教団に属す聖者が増加している。

一五世紀前半におけるヘラートのナクシュバンディー教団は、サアド・アッディーン・カーシュガリー（一四五六年没）のような著名な導師はいたものの、当時同都市で活動していた数ある教団の一つでしかなかった。実際、シャー・ルフ治世を対象とする『幸運の目的地』第三部において、この教団に属す聖者として記録されているのはカーシュガリーだけであった。[16]それに対して、『幸運の目的地』の続編では、スルターン・フサイン治世に活動した同教団に属す聖者として、計一〇名が挙げられている。[17]そのうち、六名はカーシュガリーの息子たちと、アブド・アッラフマーン・ジャーミー（一四九二年没）やシャムス・アッディーン・ムハンマド・ルージー（一四九八／九九年没）といった彼の高弟たちであり、彼らはカーシュガリー死後に教団の導師として、政権の有力者や官僚といった支配層を含め、多くの人々を指導した。[18]また、一五世紀後半にヘラートで編纂された同時代史料では、ナクシュバンディー教団以外の教団による同都市での活動がほとんど確認できなくなる。以上のことから、ナクシュバンディー教団は、一五世紀後半のヘラートにおいて、最も優勢な教団の地位を確立したと考えられる。なお、ジャーミーらを中心とした同教団の台頭については、第三節で改めて詳述する。

これまで述べてきたように、ヘラートでは、一五世紀までの代表的な聖者としてアンサーリーとラーズィーが知られてきたが、一五世紀前半になると様々な教団に帰属する聖者が数多く記録されるようになった。その後、同世紀後半には、聖者が属する教団としてナクシュバンディー教団が中心になっていったのである。

二　聖墓とヘラートの発展

次に、ティムール朝期のヘラートにおいて参詣の対象となった聖墓の立地と、同都市の発展との関係を考えてみたい。

ヘラートにおける聖者の埋葬地

先述の『幸運の目的地』の第一部ではシャー・ルフ治世の始まりまでに没した聖者七七名、第三部ではシャー・ルフ治世に活動していた聖者五四名、『幸運の目的地』続編ではスルターン・フサイン治世に活動していた聖者五一名、合計一

表1　聖者の埋葬地

		①シャー・ルフ治世の始まりまで	②シャー・ルフ治世	③スルターン・フサイン治世	計
1	ヒヤーバーン沿道	14	18	14	46
2	ガーズルガーフ	7	7	11	25
3	イードガーフ	—	6	14	20
4	フシュ門付近	9	—	1	10
5	市壁内	7	1	—	8
6	ズィヤーラトガーフ	1	2	3	6
7	ハルワティー教団墓地	2	4	—	6
8	ハーンチャ・アーバード	3	1	1	5
9	ムフタール山	3	1	—	4
10	キプチャク門付近	2	1	—	3
11	その他	20	13	7	40
12	「埋葬地不明」と記載	6	—	—	6
13	埋葬地について記述なし	3	—	—	3
計		77	54	51	182

八二名が紹介され、そのうち一七三名については埋葬地が記載されている。いずれもヘラート市内あるいは郊外に埋葬されていることが確認できるが、さらに一三一名の埋葬地については**図1**および**図2**で示した一〇の地域のいずれかに集中していることがわかる（**表1**参照）[19]。とりわけ、埋葬者の多い上位二つの地域（ガーズルガーフとヒヤーバーン沿道地域）は、既に紹介したように、ティムール朝以前に活躍したヘラートを代表する二人の聖者、アンサーリーとラーズィーがそれぞれ埋葬された地である。

次に、時代ごとの埋葬地の変化を確認しよう。①シャー・ルフ治世の始まりまでに没した聖者の埋葬地として最も多いのがヒヤーバーン沿道地域（一四名）、二番目がフシュ門付近（九名）、三番目がガーズルガーフ（七名）である。それに対して、②シャー・ルフ治世に活動していた聖者の埋葬地については、最も多いヒヤーバーン沿道地域（一八名）は変わらないものの、以前は二番目に多かったフシュ門付近に埋葬される例がなくなり、次点にガーズルガーフ（七名）が浮上している。また、③スルターン・フサイン治世に活動していた聖者の埋葬地については、ヒヤーバーン沿道地域と、新たに急上昇してきたイードガーフ（「祝祭の場」の意）がともに一四名と最も多く、ガーズルガーフの一一名がそれに続く。後述するとおり、イードガーフはヒヤーバーンの北の終点に位置しており、シャー・ルフ治世以降イードガーフが聖者の埋葬地として発展した背景にはこの大通りとの地理的な結びつきがあったのは間違いない。その意味では、イードガーフはヒヤーバーン沿道地域の一部とみなすことができるだろう。

以上のように、ガーズルガーフとヒヤーバーン沿道地域はティムール朝以前から多くの聖者が眠る場所として知られていたが、シャー・ルフ治世以降この二つの地域に聖者が埋葬される割合はさらに高まっていったと言えるだろう。

さらに、ティムール朝期のヘラートの発展を分析した研究によれば、この二つの地域は、シャー・ルフ治世以降、王族や宮廷の有力者によって様々な宗教関連施設が建設された、いわば王朝主導で開発が進められた場所に相当する。[20] 以下では、上記の二つの地域における建築活動や開発の経緯と、その背景にあった政権側の意図について検討したい。

アンサーリーの埋葬地・ガーズルガーフ

ヘラートの市壁から北東へ約五キロ、小高い丘陵地の南麓に位置するガーズルガーフは、東の中央アジアと西のクーヒスターン地方をつなぐ重要な交易路にあたり、古くから学問の拠点として栄えていた。やがて、一一世紀後半にアンサーリーがこの地に埋葬されると、以降はホラーサーン地方の主要な参詣地の一つとみなされるようになった。[21] 当初アンサーリーの墓に建物は存在しなかったが、一四二五年にシャー・ルフがアンサーリーの墓を取り囲むようにして廟の建造を命じ、翌年に完成した（**図3**）。[22] その後、多くの人々がガーズルガーフのアンサーリー廟の敷地内やその周辺に埋葬された。その中には聖者とみなされた者たちもおり、アンサーリー廟とともに彼らの墓も参詣の対象となった。なお、シャー・ルフがアンサーリー廟を建設した理由については、当時ティムール朝政権にとって大きな問題となっていた、異端的救世主思想を掲げる集団に対抗するためであったと言われる。すなわち、伝統主義の象徴的存在であったアンサーリーに対する尊崇を前面に打ち出すことで、「正統的」イスラームの振興を政策として推し進め、異端的集団の活動を抑え込もうとしたと考えられるのである。[23]

一五世紀中頃のスルターン・アブー・サイード治世の終わりには、ガーズルガーフ周辺のヘラート市街の北東に広がる丘陵地の北を東西に流れるスルターニー水路が完成した。それによって、この丘陵地一帯は農地化が進んだほか、王族が自ら居住するための大庭園や高台がいくつも建設された。

一五世紀後半になると、スルターン・フサインが自らアンサーリーの九代後の子孫と主張したことにより、アンサー

リー廟の政治的重要性がさらに高まることになる。この主張の真偽は明らかではないが、そこにはスルターン・フサインがヘラートの支配者としての自らの立場を強化する狙いがあったと考えられる。さらに、スルターン・フサインは、一四七七／七八年にアンサーリー廟の敷地内に自身の父やおじ、兄弟らを移葬した。[24] ティムール朝王族が聖者の墓の近くに埋葬された例は、サマルカンドにおいても確認できる。その理由としては、聖墓の近くに埋葬されることで、聖者による最後の審判での神への執り成しが確約されることを求めたからであったと考えられる。[25]

図3　アンサーリー廟（Courtyard with Ansari tomb under restoration. ©Aga Khan Trust for Culture / Christian Richters（photographer））

以上のように、ティムール朝王族にとって、アンサーリー廟は自らの支配権の象徴としてだけでなく、最後の審判での執り成しを託す聖墓としても極めて重要な存在になったのである。

ラーズィーの埋葬地・ヒヤーバーン沿道地域

ヘラート市内とその周辺のうち、シャー・ルフ治世以降に大きく発展したもう一つの地域が、かつてラーズィーが埋葬された、北側の市壁の西寄りにあるマリク門を出て北上するヒヤーバーンの沿道であった。このヒヤーバーンは市壁内の中心に位置する大バーザールを経由してヘラート市内を南北に縦断するだけでなく、さらに市壁を越えて北と南へと延びる交易路にもつながっており、経済上の動脈というべき存在であった。

ラーズィーの墓については、建設者は不明ながら、アンサーリー廟と同じく墓を取り囲むようにして廟が建設された。また、やはりアンサーリー廟と同じように、廟の敷地内やその周辺に聖者とみなされた人々が数多く埋葬され、あわせて参詣の対象となっていった。[26]

このヒヤーバーン沿いの一帯は、シャー・ルフ治世以降、王族によっていくつもの宗教施設が建造されたことで知られている。例えば、シャー・ルフ治世には、その妻ガウハル・シャード（一四五七年没）が、ラーズィーの墓廟から南へ約一キロの地点にモスクと高等教育施設であるマドラサ（**図4**）を建設した。特に後者には、ガウハル・シャード自身とその兄弟のほか、夫シャー・ルフ、夫との間にできた息子と娘、孫など合計一四名が埋葬された。[27]また、スルターン・フサイン治世には、君主自らこの地域に母の墓廟と、自身の墓廟を併設した宗教関連施設を建設した。[28]ヒヤーバーン沿道地域に多くのティムール朝王族が埋葬された背景には、先述のアンサーリー廟の場合と同じく、聖者の近くに埋葬されることによって最後の審判での執り成しがより確実なものになることへの期待があったと考えられる。

図4　ガウハル・シャードが建造した複合施設の一部、ガウハル・シャードの墓廟（Exterior view of the mausoleum from the east, after restoration. ©Aga Khan Trust for Culture / Cameron Rashti（photographer））

また、ヒヤーバーンの北の終点に位置する「イードガーフ」と呼ばれる広場は、もともと祝祭日に説教など様々な宗教的行事が催される空間であったが、シャー・ルフ治世以降は聖者として人々から崇敬を受けていた様々な教団の導師が埋葬され、ヘラートを代表する参詣地の一つとして発展する（**表1**参照）。[29]とりわけ、一五世紀後半以降にはナクシュバンディー教団の関係者が数多く埋葬され、彼らを聖者と慕う人々が頻繁に参詣に訪れるようになった。[30]

以上のように、シャー・ルフ治世以降、ヒヤーバーンは経済的重要性のみならず、その北端から市壁に至るまで沿道に数多くの聖墓を備えた、参詣路としての役割を果たすことになったのである。

本節で述べてきたように、シャー・ルフ治世以降のヘラートでは、ヒヤーバーン沿道地域とガーズルガーフという郊外の二つの地域が、聖者の埋葬地として重視されるようになった。それに対して、ティムール朝政権によるヘラートでの都市開発もまた、一般的に想像されるような市壁内ではなく、上記のような郊外の地域を中心に行われたものであった。このことから、ヘラートにおける開発の拠点として重視されたのは、農耕に必要な水を供給する灌漑設備や多くの人々が往来する主要な交易路の周辺に位置し、市内または外部から多くの参詣者を惹きつけることのできる、著名な聖者の墓とそれを中心に形成された聖墓群であった、とみなすことができるだろう。

三　教団・聖者・都市社会

第一節で確認したように、一五世紀前半のヘラートでは様々なスーフィー教団に帰属する聖者が数多く活動していた。やがて、同世紀後半に入ると、ナクシュバンディー教団がヘラートにおいて最も有力な教団の地位を獲得する一方で、他の教団の活動は史料上ほとんど確認できなくなる。以下では、一五世紀後半にナクシュバンディー教団が勢力の拡大に成功した理由と、同教団に属した聖者とヘラートの都市社会との関係を述べたい。

ナクシュバンディー教団とティムール朝

ナクシュバンディー教団の前身は、一二世紀にマーワラーアンナフルのブハラで成立した「ホージャガーン」と呼ばれる教団であった。やがてバハー・アッディーン・ナクシュバンド（一三八九年没）が修行法や教義を確立し、後に彼の名にちなんでナクシュバンディー教団と呼ばれるようになった。この教団の特徴としては、厳格なスンナ派擁護、イスラーム法重視の立場を採用したこと、一目でそれとわかるような外面的な修行を否定する一方、内面における精神的修行を重視したことが挙げられる。(31)

ナクシュバンディー教団がティムール朝支配領域において支配的な地位を獲得する上で重要な役割を果たしたのが、サマルカンドを拠点とした同教団の導師、ホージャ・アフラール（一四九〇年没）であった。彼は導師としてティムール朝の君主スルターン・アブー・サイードを精神的に支え、サマルカンドを中心に政治・宗教両面で絶大な影響力を保持した。その後、一四五九年にスルターン・アブー・サイードがヘラートの征服に成功したことによって、ナクシュバンディー

教団はホージャ・アフラールと君主との関係を背景に、ヘラートにおける優位性も獲得することになった。(32)

ナクシュバンディー教団の導師ジャーミー

一五世紀後半のヘラートにおけるナクシュバンディー教団の代表者として、サマルカンドにおけるホージャ・アフラールと同じような役割を果たしたのが、ペルシア語詩人としても有名なアブド・アッラフマーン・ジャーミーであった。ジャーミーはヘラートのナクシュバンディー教団の導師カーシュガリーのもとで修行を積み、免許皆伝を受けた。師が亡くなった後は同教団の導師の一人として活動し、サマルカンドのホージャ・アフラールとは計四度の会見を果たしただけでなく、日頃から書簡のやり取りを通じて親しく交流した。また、ジャーミーはティムール朝ヘラート政権の君主スルターン・フサインからの尊崇を受け、しばしば会合の場に招かれるなど交際を重ねた。さらに、スルターン・フサインの側近であり、学芸の保護者、チャガタイ語の確立者としても名高いミール・アリー・シール(一五〇一年没)はジャーミーの弟子となり、年の離れた親友となった。こうして、ジャーミーはティムール朝ヘラート政権の宮廷に対する影響力を強めていったのである。(33)

また、ジャーミーは厳格なスンナ派擁護とイスラーム法遵守の立場から、シーア派や異端的教義を唱える集団、奇跡を誇示するような似非スーフィーに対して激しい批判を加えたことで知られる。(34) 第一節で述べたように、一五世紀後半になると「マジュズーブ」や「ディーワーナ」と呼ばれた人々の活動がほとんど確認できなくなるが、その背景にはジャーミーを中心としたナクシュバンディー教団による、素性の怪しい聖者の排除があったと考えられる。

一方、ほぼ同時代史料にあたるナクシュバンディー教団の聖者伝には、ジャーミーによって引き起こされた様々な奇跡が記録されている。(35) 具体的には、病を治癒し、彼に無礼な態度をとった者や異端的思想を持つ者に対して死を与え、野生動物を懐柔し、未来を予知した、といったものであった。これは、彼が生前から奇跡を起こすことができる「聖者」とみなされていた証といえるだろう。

ジャーミーは一四九二年に亡くなると、イードガーフにあった師カーシュガリーの墓の傍らに埋葬された。(36) やがて、このイードガーフには、カーシュガリーの息子や高弟、ジャーミーの兄弟や親族、弟子ら計八名が埋葬された。彼らの墓は『幸運の目的地』続編でいずれも聖墓として扱われおり、イードガーフはヘラートのナクシュバンディー教団に属する聖者たちの埋葬地としてその重要性を高めていったと考

表2　ジャーミー直筆書簡の内容

	内容	件数
①	依頼者に対する様々な援助の要請	134
	（謁見のための取次）	（63）
②	学生や貧者に対する生活費の支出や俸給支払いの要請	40
③	勅令の発布や追認の要請	31
	（他国への移動許可の要請）	（15）
④	税や割当の免除の要請	29
⑤	罪の軽減や赦免の要請	21
⑥	イスラーム法や裁判に関わる要請	17
⑦	職務や地位の授与や罷免に関する要請	11
⑧	その他（挨拶やご機嫌伺い、政治的状況の説明など）	54
合計		337

えられる。

ジャーミーとヘラートの都市社会

　次に、一五世紀後半のヘラートを代表する聖者であるジャーミーと都市社会との関係を検討したい。

　まずは、教団の導師としてのジャーミーが都市住民とどのような関わりを持ったのかを検証してみよう。ただ、ジャーミーは弟子をとること自体を好まなかったとされており、わずかな例外を除いて、彼が自ら弟子を指導する様子を伝える記述はほとんど残っていない。さらに、修行の指導を通じた交流の対象を一般の都市住民に限定した場合、そもそもこれに関する記録は一切残っておらず、詳細は不明である。

　ジャーミーと都市住民との関わりを検討する上で有益な情報をもたらしてくれるのが、ジャーミーによる直筆書簡である。これは、ジャーミーがミール・アリー・シール宛に、またはそこからさらにスルターン・フサインに上奏されることを意図して作成した小書簡や書付を指す。ジャーミー直筆の書簡は、ミール・アリー・シール自身が様々な差出人から受け取った書簡を貼り付けて保管した、いわゆる「ナヴァーイー・アルバム」と呼ばれる冊子に収められている。[37] ジャーミー書簡は合計三三七通現存しており、それを内容別に分類したものが**表2**である。そのうち二八三通は、ジャーミーが誰かから何らかの仲介を要請されたものである（**表2**①～⑦）。具体的には、人々から様々な用件の依頼を持ち込まれたジャーミーが、その依頼を宮廷の有力者であるミール・アリー・シールに取り次ぐために、またはさらにスルターン・フサインに上奏されるために書簡を作成し、依頼者にそれを渡してミール・アリー・シールのもとに持参させたのである。

また、依頼人の名前が書かれている書簡は全体の三分の二に相当し、そのうち約半数近くは学者やアリーの末裔、官僚など社会的地位を有する人々によって占められている。残り半数については名前だけでは地位や立場を特定できないが、中には名前の後にわざわざ農民であることが明記されている場合もある。また、依頼人の名前が書かれていない書簡の中には、依頼人のことを単に「貧しき男」や「弱き女」と記したり、あるいは「肉屋の集団」と記しているものもある。以上のことから、依頼人には一般民衆も数多く含まれていたとみなすことができる。

図5　ヘラートの旧市街（大バーザール周辺）（IMG42079. Herat Old City, General view during works. ©Aga Khan Trust for Culture-Afghanistan）

書簡で扱われている主題や内容は様々であるが、最も多いのが、具体的な記述は含まれていないものの、依頼人のために何らかの援助を要請する書簡であり、このような書簡は計一三四通にのぼる（**表2①**）。例として、以下にそのうちの一通を引用しよう。

> 貧しき者、アブド・アッラフマーン・ジャーミー
> 拝啓　［この書簡を］持参している貧しき男は、高貴なる御耳に公益に適うことを届けるでしょう。［彼に］ご配慮と援助をお示し下さるのであれば、［その行為は］かのお方（スルターン・フサイン）の気高き性質から外れるものではありません。成功とともにあらんことを。敬具(38)

この引用文からもわかるように、この類の書簡には具体的な用件は一切述べられておらず、単にこれを持参した人物がこれからスルターンに謁見することが示されているに過ぎない。つまり、この書簡は内容そのものが重視されたのではなく、あくまでもジャーミーが仲介しているという事実を示す

ことが重要であったと考えられる。さらに、具体的な内容がなく、謁見の取次を記しただけの書簡が計六三通も現存していることから、実際に上記のような書簡は十分に効果を発揮した可能性が高い。つまり、このような書簡を持参することによって、謁見の取次が滞りなく行われ、依頼者の願いが聞き入れられたために、ほかの者たちも同じようにジャーミーに取次の依頼をしたと考えられるのである。(39)

以上のように、ジャーミーは様々な階層の人々から雑多かつ些末な願いを聞き入れ、それを君主や宮廷の有力者に伝える仲介役を果たすことで、ヘラートの社会全体に対する大きな影響力を獲得したと考えられる。それを可能にしたのは、何よりもジャーミーが持つ君主や宮廷の有力者との親密な関係であった。しかし、民衆の視点に立った場合、個人的な願いを支配者に届けてくれるジャーミーの姿は、最後の審判における執り成しや現世における様々な利益を神に仲介してくれる「聖者」のイメージと重なるものだったのではないだろうか。

おわりに

聖者の変遷や都市開発に関するこれまでの検証の結果、一五世紀のヘラートでは、時を経るにしたがって、ナクシュバンディー教団の影響が徐々に拡大していったことが明らかになった。なお、従来の研究では、ナクシュバンディー教団が一五世紀後半のヘラートで最も優勢な地位を確立できた要因の一つとして、この教団がスンナ派擁護とイスラーム法重視の立場を採っていたことが挙げられている。(40) さらに付け加えて言えば、このような教団の立場は、一五世紀前半にシャー・ルフがアンサーリーをその象徴として掲げ、その後ヘラートで浸透していた、伝統主義的なイスラーム振興政策と合致するものであった。だからこそ、ナクシュバンディー教団は一五世紀後半のヘラートにおいて政権からも人々からも支持を得ることができたのではないだろうか。

また、ナクシュバンディー教団の導師であるジャーミーは、君主や宮廷の有力者と親密な関係を築くとともに、人々の願いを支配層に仲介する「口利き」の役割を果たすことで、ヘラートの都市社会に対する影響力を高めていった。死後の聖者に求められた役割は人々が訪れた墓で行う祈願を神に仲介することであり、最後の審判における執り成しをすることであったのに対し、生存している聖者が人々から求められた重要な役割の一つが、まさに上記のように現世において支配者に人々の様々な願いを仲介することであったと考えられる。

以上のように、ティムール朝期のヘラートの繁栄には、墓に眠る聖者と存命中の聖者がともに深く関わっていたのである。

注

（1） Muʻīn al-Dīn Zamchī Isfizārī, *Rawḍāt al-Jannāt fī Awṣāf-i Madīnat-i Harāt*, 2 vols., ed. Seyyed Moḥammad Kāẓem Emām, Tehran: Enteshārāt-e Dāneshgāh-e Tehrān, 1959-61, Vol. 1, p. 21.

（2） Sayyid Aṣīl al-Dīn ʻAbd Allāh Wāʻiẓ, *Maqṣad al-Iqbāl al-Sulṭāniyya wa Marṣad al-Āmāl al-Khāqāniyya*. ed. Māyel Heravī, Tehran: Enteshārāt-e Bonyād-e Farhang-e Īrān, 1972-3, pp. 12-49, 69-95. それぞれ、同史料の第一章と第三章にあたる。なお、第二章では、名前や尊称は知られているものの、その経歴や没年が明らかではない聖者が六五名、埋葬されているのが誰かわからないものの参詣の対象となっている墓が一三件紹介されている[*Ibid*., pp. 50-68]。本稿でこの史料を利用するのは、あくまでも時代による聖者の変遷や埋葬地の変化を検証することを目的とするため、第二章は分析の対象外とした。

（3） 大稔哲也『エジプト死者の街と聖墓参詣――ムスリムと非ムスリムのエジプト社会史』（山川出版社、二〇一八年）四九―九〇頁。

（4） 東長靖『イスラームとスーフィズム――神秘主義・聖者信仰・道徳』（名古屋大学出版会、二〇一三年）一六二―一七三頁。

（5） Serge de Laugier de Beaurecueil, "ʻAbdallāh al-Anṣārī," *Encyclopaedia Iranica*, Vol. 1, 1982, pp. 187-190; Maria Eva Subtelny, "The Cult of ʻAbdullāh Anṣārī under the Timurids," Alma Giese & Christoph Bürgel (eds.), *Gott ist schön und Er liebt die schönheit / God is Beautiful and He loves Beauty*, Bern, Berlin, New York: Peter Lang AG, Internationaler Verlag der Wissenschaften, 1994, pp. 377-406.

（6） Lenn Evan Goodman, "al-Rāzī," *Encyclopaedia of Islam, 2nd edition*, Vol. 8, 1995, pp. 474-477.

（7） シャー・ルフ治世のヘラートにおける様々なスーフィー教団の活動については、以下を参照のこと [Beatrice Forbes Manz, *Power, Politics and Religion in Timurid Iran*, Cambridge: Cambridge University Press, 2007: pp. 72-74, 198, 228-238; Jürgen Paul, "The Khwājagān at Herat during Shāhrukh's Reign," İlker Evrim Binbaş and Nurten Kılıç-Schubel (eds.), *Horizons of the World: Festschrift for İsenbike Togan*, Istanbul: İthaki Yayınları, 2011, pp. 217-250; Jürgen Paul, "The Rise of the Khwajagan-Naqshbandiyya Sufi Order in Timurid Herat," Nile Green (ed.), *Afganistan's Islam: From Conversion to the Taliban*, Oakland, California: University of California Press, 2017, pp. 71-86]。なお、B・F・マンツは各教団に帰属する導師たちの交流と友好的関係に注目したのに対し、J・パウルは教団間の競合関係に着目した研究を行っている。

（8） Wāʻiẓ, *Maqṣad-i Iqbāl*, pp. 46-47, 72-73, 78, 83; Terry Allen, *A Catalogue of the Toponym and Monuments of Timurid Herat*, Cambridge, Mass.: Aga Khan Program for Islamic Architecture at Harvard University and the Massachusetts Institute of Technology, 1981, p. 181. なお、この墓地に埋葬されている人物がもう一名いるが、この人物がハルワティー教団に帰属していたかどうかは不明である [Ibid.: 89]。

（9） Paul, "The Rise," p. 75; Devin DeWeese, "Spiritual Practice and Corporate Identity in Medieval Sufi Communities of Iran, Central Asia, and India: The Khalvatī/ʻIshqī/Shaṭṭārī Continuum," Steven

Lindquist (ed.), *Religion and Identity in South Asia and Beyond: Essay in Honor of Patrick Olivelle*, London, New York, Delhi: Anthem Press, 2011, pp. 251-300.

（10） Manz, *Power*, pp. 229-230; Paul, "The Khwājagān," pp. 223-226; Paul, "The Rise," pp. 73-74.

（11） Rubina Kauser Salikuddin, *Sufis, Saints, and Shrine: Piety in the Timurid Period, 1370-1507*, Doctoral dissertation, Harvard University, Graduate School of Arts & Sciences, 2018, pp. 108-110.

（12） 大稔『エジプト死者の街と聖墓参詣』、二一四―二一五、三六〇頁。

（13） 例えば、ダルヴィーシュ・バーバー・ユースフなる聖者については、彼が長期間山や荒野でガゼルと過ごすうちに長命となり、三〇〇歳を越えたために「三〇〇歳のピール」として有名になった、ということのみ記されている［Wā'iẓ, *Maqṣad-i Iqbāl*, p. 74］。

（14） Subtelny, "The Cult," pp. 385-386.

（15） 'Abd Allāh b. Abū Sa'īd Harawī, *Ta'līq bar Maqṣad al-Iqbāl yā Risāla-yi Duwwum-i Mazārāt-i Harāt*, In: Sayyid Aṣīl al-Dīn 'Abd Allāh Wā'iẓ, *Maqṣad al-Iqbāl al-Sulṭāniyya wa Marṣad al-Āmāl al-Khāqāniyya*. ed. Māyel Heravī, Tehran: Enteshārāt-e Bonyād-e Farhang-e Īrān, 1972-3, pp. 97-141.

（16） Wā'iẓ, *Maqṣad-i Iqbāl*, p. 90.

（17） Harawī, *Ta'līq*, pp. 101-105, 108, 134-135.

（18） Hamid Algar, *Jami*, New Delhi: Oxford University Press, 2013, pp. 32-33; Manz, Power, pp. 77, 201-202. なお、残り四名については、二名はジャーミーの弟子たち、二名はジャーミーの兄弟と親族であった。

（19） R・K・サリクッディンが『幸運の目的地』の記述に基づいて、ヘラートにおいて聖墓が集中している地域を分析しており［Salikuddin, *Sufis*, pp. 211-215］、本稿でも参考にした。

（20） Terry Allen, *Timurid Herat*, Wiesbaden: Ludwig Reichert Verlag, 1983, pp. 17-35.

（21） Lisa Golombek, *The Timurid Shrine at Gazur Gah*, Toronto: Toronto Royal Ontario Museum, 1969, pp. 18, 78-79.

（22） Golombek, *The Timurid Shrine*, pp.82-84.

（23） Golombek, *The Timurid Shrine*, p. 83; Subtelny, "The Cult," pp. 381-383.

（24） Golombek, *The Timurid Shrine*, pp. 84-85; Subtelny, "The Cult," pp. 388-391.

（25） 濱田正美「聖者の執り成し――何故ティムールは聖者の足許に葬られたのか」（松原正毅編『中央アジアの歴史と現在――草原の叡智』勉誠出版、二〇二〇年）一一二―一一七頁。

（26） Allen, *A Catalogue*, p. 180. なお、ラーズィーの墓は現在もヒヤーバーン沿道に存在するが、かつてのラーズィー廟とは別のものであり、位置も異なるとされる。かつてラーズィーがヒヤーバーン沿道に埋葬されたのは間違いないものの、その正確な位置は不明である。

（27） Allen, *A Catalogue*, pp. 122-130. なお、シャー・ルフの遺体は、後にシャー・ルフとガウハル・シャードとの息子の一人ウルグ・ベクの命によって、サマルカンドにあるティムール朝王族の墓廟であるグーリ・アミール廟に移葬された。

（28） Allen, *A Catalogue*, pp. 143-146, 171.

（29） 史料上確認できる、イードガーフに最初に埋葬された聖者は、シャー・ルフ治世のヘラートで活躍した導師ザイン・アッディーン・ハーフィーである（第一節参照）。彼がこの地に埋葬された後、他の教団に属す聖者たちもその周辺に数多く埋葬されるようになった。なお、彼の墓は元々別の場所にあったが、弟子たちによって二度にわたって移葬され、最終的にイードガーフに埋葬された。ただし、この移葬が行われた詳しい理由については明らかではない［Allen, *A Catalogue*, pp. 75, 157-158, 160, 190］。

（30） Allen, *A Catalogue*, pp. 157-158, 178, 187-188, 190.

（31） 川本正知「ナクシュバンディー教団の修行法について」（『東洋史研究』四二巻二号、一九八三年）九三―一二五頁。

（32） J・パウルは、ナクシュバンディー教団がヘラートにおいて支配的な地位を獲得できたその他の要因として、（一）この教団がイスラーム法を重視し、中道主義の立場をとったこと、（二）他教団の様々な修行法を認め、柔軟に取り入れたこと、（三）当時流行していたイブン・アラビー学派の思想を積極的に受容しつつ、極端な主張に走ることはなかったこと、を挙げている［Paul, "The Rise," pp. 77-86］。

（33） Algar, *Jami*, pp. 40-61.

（34） Algar, *Jami*, pp. 87-87-88, 111-120.

（35） Fakhr al-Dīn ʻAlī b. Ḥusayn Wāʻiẓ Kāshifī, *Rashaḥāt ʻAyn al-Ḥayāt*, 2 vols., ed. ʻAlī Aṣghar Moʻīniyān, Tehran: Majmūʻe-ye Motūn-e Qadīm va Aḥvāl-e Dāneshmandān va ʻErfān, 1977, Vol. 1, pp. 271-281.

（36） Algar, *Jami*, p. 60. なお、ジャーミーの埋葬地に、ミール・アリー・シールによって廟が建てられたとされる［Allen, *A Catalogue*, pp. 187-188］。ただし、史料には詳しい情報がなく、現存もしていないため、詳細は不明である。

（37） Jo-Ann Gross & Asom Urunbaev, *The Letters of Khwāja ʻUbayd Allāh Aḥrār and his Associates*, Leiden, Boston, Köln: Brill, 2002, pp. 55-90.

（38） ʻAbd al-Raḥmān Jāmī, *Nāme-hā va Monshaʼāt-e Jāmī*, ed. ʻEṣām al-Dīn Ūrūnbāyef & Asrār Raḥmānūf, Tehran: Mīrāth-e Maktūb, 2000, p. 132.

（39） 先述の「ナヴァーイー・アルバム」には、ホージャ・アフラールがミール・アリー・シール宛に出した書簡も一二八通収められている。その中には、ジャーミーと同じく、一般の人々から受けた些末な願いをミール・アリー・シールに取り次ぐものも含まれているが、ジャーミー書簡に数多くみられるような、具体的な内容を一切書かず、単に謁見の取次を目的とした書簡はわずか三通だけである［Gross & Urunbaev, *The Letters*, pp. 69-71, 159-160, 193］。このことからも、ジャーミーがヘラートの人々のためにかなり頻繁に謁見の取次を行っていたこと、それに伴って書簡の内容もかなり形式化していたことが想定される。

（40） 前掲注32参照。

境界上の都市アインターブ――「良き泉」の町

中町信孝

なかまち・のぶたか――甲南大学文学部教授。専門中世アラブ史、現代アラブ文化研究。主な著書に『「アラブの春」と音楽――若者たちの愛国とプロテスト』（DUブックス、二〇一六年）、共編著に『イスラームは特殊か――西アジアの宗教と政治の系譜』（勁草書房、二〇一八年）などがある。

初期イスラーム時代からキリスト教世界との境界地域にあったアインターブは、その後も政治的、文化的境界にあり続け、マムルーク朝時代における発展を経て現在にいたっている。アインターブの出身でマムルーク朝社会で活躍したアイニー兄弟の足跡は、この都市の持つ境界性が当時の知識人社会でどのような意味を持ったかを物語る。

はじめに

トルコ共和国南東部の都市ガズィアンテプは、新鮮な肉や乳製品、そして名物のピスタチオを用いた多彩なご当地料理で知られ、かつてのオスマン帝国（一三〇〇頃―一九二二年）の都イスタンブルにも引けを取らない食の都として、近年多くの旅行者の関心を惹きつけている（図1）。この町はそもそもの名前をアインターブ（トルコ語発音ではアンテプ）というが、その語源はアラビア語の「良き泉（アイン・タイイブ）」がなまったものとする説が一般的である。たしかに、上質の水が湧き出る良き泉は食の都にふさわしい。

それでは現代の地名につけられた「ガズィ」とは何か。それは二〇世紀になって冠せられた称号で、「ガーズィー」すなわち「戦士」を意味するアラビア語である。食の都に「戦士」とはいささかものものしいが、これには理由がある。

第一次世界大戦に参戦し敗戦国となったオスマン帝国は、連合国との間にセーヴル条約を結び、イギリス、フランス、イタリア、ギリシアなど各国軍による軍事占領を受けた。その過程で、オスマン帝国からシリア地方を割譲させて委任統治領としたフランスは、さらに北上してアインタープにまで進軍しこれを攻囲した。アインタープの住民は決死の防戦をし多くの死傷者を出した。当時アンカラに樹立されたばかりのトルコ大国民議会はこれをたたえ、この町に「ガーズィー」の称号を送った。これが、ガズィアンテプの名前の由来である。

図1　ガズィアンテプでピスタチオを売る商店（筆者撮影）
「アインタープ産」と言えば高級銘柄として名高い。

その後、新生トルコ政府とフランスとの間でアンカラ協定が結ばれ、フランス軍はアナトリア南東部から撤退した。そして一九二三年のローザンヌ条約で、アインタープは正式にトルコ領となった。トルコと、フランスの委任統治領となったシリアとの国境は、アインタープの南約三〇キロの地点に引かれることとなったのである。

もしもガズィアンテプの住民が勇敢に戦わなかったなら、あるいは、もしもケマル・アタテュルクが傑出した外交巧者でなかったなら、今頃ガズィアンテプはシリア北部の町アインタープとなっていたかもしれない……などと歴史に「もしも」を投げかけるのは無粋なことだろう。しかし、多民族帝国であるオスマン朝の支配下にあった時代はさておき、それ以前のマムルーク朝（一二五〇―一五一七年）時代、およびそれより前の時代にも、この町は一貫して境界上の町でありつづけた。境界にあることは、ガズィアンテプ／アインタープの本源的な性質であったとも言える。

本稿では、ガズィアンテプ／アインタープが境界の都市として繁栄したマムルーク朝時代に焦点を当てて、境界にあることと都市の繁栄とがどのように結びついていたかを描き出す。(1)

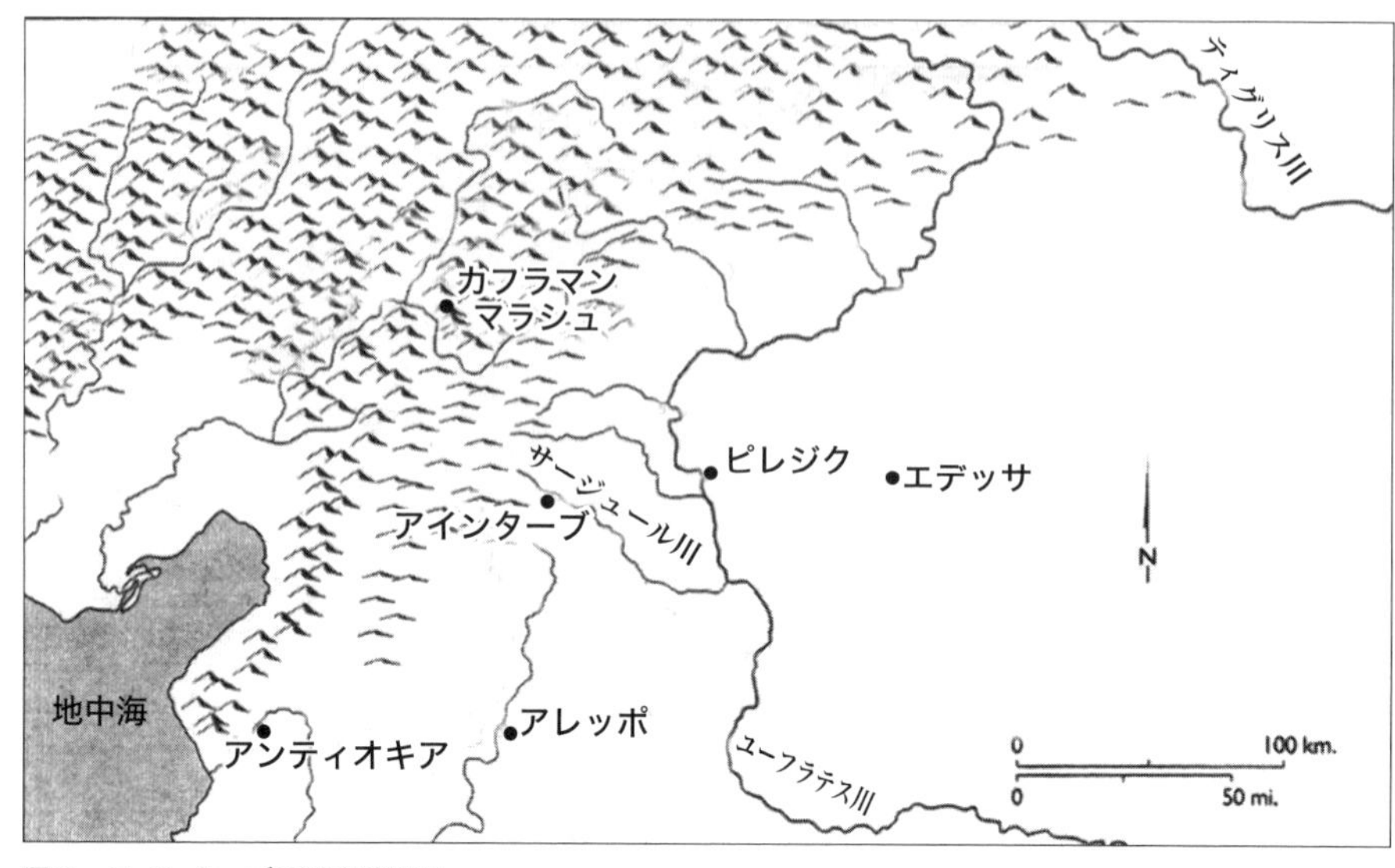

図2　アインターブ周辺広域地図
Leslie Peirce, *Morality tales: Law and gender in the Ottoman court of Aintab*, Berkeley: University of California Press, 2003より作成。

一　ドゥルークからアインターブへ

ドゥルーク――イスラーム世界の最前線

アインターブは、ヘレニズム時代にはドルケーという名前で知られ、ユーフラテス川沿いの都市ゼウグマ（現在のビレジク）と、アナトリア南東部の中心都市ゲルマニケイア（現在のカフラマンマラシュ）とを結ぶ街道の中間にある要塞都市として、重要な役割を果たしていた（**図2**）。(2)

イスラーム時代になると、ドルケーはアラブ軍によって征服され、アラビア語でドゥルークと呼ばれるようになった。ドゥルークを含むアナトリア半島南東部は、ウマイヤ朝（六六一―七五〇年）、アッバース朝（七五〇―一二五八年）など初期イスラーム政権では「境域（スグール）」と呼ばれた。スグールとは元来、「歯」や「入り江」など、外部からの事物が入ってくる部位を意味するアラビア語の単語であるが、地理的概念としては、ムスリムの住む世界である「イスラームの家」と、異教徒の住む世界である「戦争の家」との間の地域を意味した。ここでいう異教徒とは、アナトリア半島を領有するビザンツ帝国（三九五―一四五三年）のキリスト教徒を指す。歴代のイスラーム諸政権にとって、スグールはイスラーム拡大のための最前線だったのである。(3)

一一世紀になり、東方からセルジューク朝（一〇三八―一一九四年）の勢力が伸張すると、ビザンツ帝国の勢力はアナトリア西方に後退した。しかしやがて、ビザンツに代わって新たな敵が到来した。一一世紀末に西ヨーロッパの各地から出発したフランク人たちの軍勢は、陸路アナトリア半島を進んで西アジアに入り、各地で略奪・殺戮行為を繰り返しつつ、一〇九九年にエルサレムを征服した。いわゆる「十字軍」によるエルサレム王国（一〇九九―一二九一年）の建国である。彼らの一派は進軍の途中でアナトリア南東部の町エデッサを占領し、ここにエデッサ伯国（一〇九八―一一五〇年）と呼ばれる国を築いた。ドゥルークはこの時、エデッサ伯国の支配領域となった。この後、シリア地方の海岸部を支配するフランク人勢力と、アナトリアからシリア内陸部を支配するセルジューク朝諸勢力との間での、領土争いと外交戦が繰り広げられる時代が続いた。ドゥルークはまたも、両勢力間の係争の場となったのである。

アインタープの誕生

ムスリム側の「反十字軍戦争」は、イマード・アッディーン・ザンキー（在位一一二七―四六年）の登場によって新たな局面を迎える。一一四四年、ザンキーがエデッサを征服し、一一五三年にはその息子のヌール・アッディーン（在位一一四六―七四年）がドゥルークを征服した。こうしてアナトリア南東部からフランク勢力は一掃されたのである。

この時期以降、アラビア語史料中にドゥルークという地名はみられなくなり、代わって登場するのがアインタープという地名である。実際には、現在のアインタープ（ガズィアンテプ）の中心地は、ドゥルークよりも一〇キロほど南に位置している。従って、この時代に起こった変化とは単なる呼び名の変化ではなく、当該地域における地理的中心地の移動であると考えた方が良いだろう。ではなぜこの時代にそのような変化が起こったのか。それには、一三世紀になって編纂されたアラビア語地理書の情報が手がかりとなる。

まずは、アインタープについての情報を伝える最も古い地理書である、ヤークート（一二二九年没）の『諸国集成』を見てみよう。彼はアインタープを次のように記述している。

> アインタープ、堅固な要塞（カルア）にしてアレッポとアンティオキアの間の小村（ルスターク）である。かつてはドゥルークと呼ばれたが、ドゥルークとはその周りにある小村である。(4)

「カルア」とは「城塞」を意味することもあるが、ここでは「要塞、砦」の意味としてとるべきだろう（**図3**）。一三世紀初頭の時点でのアインタープは未だ「小村」と呼ぶべき小さな集落であった。

図3　アインターブ要塞（筆者撮影）
現在ではガズィアンテプのランドマークとなっている。

アイユーブ朝（一一六九―一二五〇年）末期からマムルーク朝初期にかけて書記官を務めたイブン・シャッダード（一二八五年没）は、さらに詳しい記述を付け加える。

アインターブ、山間の堅固な要塞で、郊外と小村を持つ。サージュール川はその近郊から発し、果樹園や粉ひき小屋を有する。昔はドゥルークの一部であった。[5]

ここでもアインターブは、「要塞」および「小村」という語を用いて表現されている。しかしここで注目されるのは、サージュール川の源流に近いとの情報である。サージュール川とはユーフラテス川に流れ込む小さな支流の名前であるが、この記述からは、アインターブの人びとがこの川の水利を用いて果樹の栽培や小麦の製粉を行っていたことがうかがえる。そして、マムルーク朝時代になると、一四世紀前半に書かれたアブー・アル＝フィダーの地理書が、次のような記述を残している。

アインターブの町（マディーナ）はたいへん美しい土地で、そこには堅固な岩盤に築かれた要塞がある。水と果樹園が多く、その近隣の拠点となっている。そこには立派な市場があり、商人や旅行者が集まる。アレッポから北に三日行程である。アインターブのそばにはドゥルークという廃れた砦がある。[6]

「要塞」「水」「果樹園」といった特徴はイブン・シャッダードの地理書とも共通するが、「商人や旅行者が集まる」「立派な市場」を有する「町（マディーナ）」という記述はこれまでにないものである。この時期にアインターブははじめて「村」ではなく「町」となったと言えるだろう。その一方でドゥルークは完全に「廃れた砦」とみなされているのは興味深い。

ドゥルークもアインタープも、元来どちらも要塞としての役割を果たす小さな村であった。しかし、アインタープの方がより水源に近く、豊かな水を用いて農業や生活に役立てることができた。これが、この時代の市域の変化の原因だったのではないだろうか。

新たな「境域」

マムルーク朝時代のアインタープは、行政区分の上ではアレッポ総督の管轄下に置かれた。しかし、常にその安定した支配のもとにあったのかと言えば、そうではない。ビザンツ帝国やフランク人といったキリスト教勢力の脅威は去ったものの、アナトリアにはルーム・セルジューク朝（一〇七七―一三〇八年）やその後継国家であるトルコ系の諸君侯国が定着し、マムルーク朝の北辺を脅かしていた。また、東方からはモンゴル帝国（一二〇六―一三六八年）やティムール帝国（一三七〇―一五〇七年）など、中央ユーラシアから起こった遊牧諸国家がたびたび西進し、マムルーク朝の治めるシリア地方を征服しようと侵入した。モンゴル軍やティムール軍は、マムルーク朝との勢力境界線にあたるユーフラテス川を渡る際にはビレジクを渡河点とし、そこからアインタープを経てアレッポ、ダマスクスと進軍するのが常であった。アインタープはこれらの勢力からの侵略の危機に頻繁にさらされる、境界線上の都市となったのである。

ここでいう境界とは、単なる国家領域の境界のみならず、さまざまな文化的な境界を意味している。なかでも重要なのは、言語的な境界である。セルジューク朝の西進以来、イランからアナトリア、シリア、エジプト等、西アジアの広い地域でトルコ系集団が支配エリートとして君臨するようになった。これらトルコ系集団は、イランにおいてはペルシア語話者を、シリア・エジプトにおいてはアラビア語話者をというように、それぞれの地域で在地の知識人層を官僚として取り込んで統治を行った。そのため、支配エリート層の話していたトルコ系言語が、それぞれの支配領域の先住民に影響を及ぼすことはまれであった。しかしアナトリアでは、先住民であるギリシア語話者がトルコ系集団によって駆逐されたため、一三世紀までには住民の間でもトルコ語が定着するようになった。いわゆる、アナトリアの「トルコ化」である。[7]

ここで、一四世紀の旅行家イブン・バットゥータ（一三六九年没）のエピソードを紹介したい。その生涯においてアフリカ、アジア、ヨーロッパの三大陸を周遊したイブン・バットゥータは、アナトリア半島にも足を踏み入れていた。当初、アラビア語しか話せなかった彼は、トルコ語しか話さないアナトリアの人びととの意思疎通にしばしば悩まされていた。

ある町では、アラビア語の通訳のために呼ばれたはずの「法学者さん」が、実際にはペルシア語しか理解できずに難儀したという。(8)

このように、イブン・バットゥータが旅した一四世紀前半のアナトリアでは、すでにトルコ語が日常語として定着していた。これは、それ以前のアナトリアがアラビア語で「ローマ帝国の国（ビラード・アッ＝ルーム）」と呼ばれていたのに対し、彼は「トルコ人の国（トゥルキーヤ）」と呼んでいたことにも顕著に表れている。そして、この時代のアインタープを含むアナトリア南東部は、トルコ語とアラビア語の言語境界線上にあったのである。

マムルーク朝最北端の都市として、境界線上に位置していたアインタープであるが、一四二〇年にトルコ系遊牧国家のカラコユンル朝（一三七五—一四六八年）により征服されて以降、マムルーク朝の支配を離れた。その後、同じくトルコ系のズルカドル君侯国（一三三七—一五二二年）による支配を受け、最終的に一五一五年にオスマン朝の領土となった。オスマン朝はその翌年にシリア地方を征服し、さらに一五一七年にカイロのマムルーク朝を滅ぼしてエジプトを併合した。こうしてアインタープは、広大なオスマン領の一部となり、「境界の都市」という役割からはしばらくの間、解放されることになる。

二　境界の知識人、アイニー

マムルーク朝時代のアインタープに生まれた有名な知識人に、バドル・アッディーン・マフムード・アイニーという人物がいる（**図4**）。彼は一三六一年にアインタープで生まれ、その後アナトリア南東部、シリア北部の各都市で研鑽を積んだが、長じてマムルーク朝の首都であるカイロに上り、その地でハナフィー派大法官等の要職を長く務めた。彼の「アイニー」という名前は、「アインタービー（アインタープ出身）」を縮めた形であり、したがって彼は一四五一年にカイロで没するまで、終生アインタープ出身者と名乗り続けていたことになる。

アイニーはまた歴史家としても知られ、大小二つの歴史書、『真珠の首飾り』と『満月の歴史』を残している。彼は自著中で、郷里アインタープのことや、父祖のこと、自らの少年時代のエピソードについて語ることがあり、それが彼の歴史書をこの時代には稀少な自己語り史料たらしめている。さらに興味深いことに、アイニーの二歳年下の弟アフマドは、自らはほとんど無名の人物であったものの、兄の歴史書を筆写・要約する書記としての役割を果たしており、時に書き写した写本に自らが見聞した情報を紛れ込ませることがあった。

こうしたこともまた、アイニーの歴史書の独特の価値を高めている。(9)

このような個性的な史料の力を借りて、アイニー兄弟とその父祖のライフコースをたどると、アインターブという都市、の持つ境界性や、アイニー兄弟がその性質を自らのキャリアアップに利用した様がうかがえるのである。

アイニーによるアインターブの記述

アイニーの歴史書『真珠の首飾り』の冒頭には「地誌」の部分がある。まずはそこに記されている、アインターブについての当時の最新情報を見てみよう。

図４　ガズィアンテプのアイニー・モスク（筆者撮影）
郷土出身の知識人にちなみ、2001年に新たに建造された。

アインターブ、美しく大きな町で、堅固な岩盤に築かれた険しい城塞がある。水と果樹園と葡萄畑が豊富で、その地域の拠点となっている。立派な市場があり、旅行者たちの目的地となっている。この我々の時代においては、この地には九つの金曜モスクと、およそ一二〇軒のモスク、および二〇軒近い浴場がある。しかしこの地には離反者と圧制者の手が何度も及び、その大部分は荒廃し、繁栄は止まってしまった。(10)

この引用の冒頭部分は、前節で見たアブー・アル＝フィダーによる情報とほぼ同じであり、おそらくはその引き写しであろう。しかしその後に続く、金曜モスク、モスク、浴場の数にかんする描写は、実際この町に暮らしていたアイニーならではの具体的な記述である。かりに一軒の浴場が二百世帯をカバーするとするなら、当時のアインターブには四千世帯が居住していたことになる。一世帯を四人以上と考えるなら、当時のアインターブの人口は一万人を超える規模となろう。

このようなアインターブの繁栄の描写に続いてアイニーは、それが「荒廃し、繁栄は止まっ」たと記している。これはアインターブがアナトリアの遊牧国家やティムールらの侵略をしばしば受けたことを示している。アイニー自身はティムールの侵攻の直前にアインターブを離れていたが、遠くカイロから、郷里の情報に注意を払っていたのであろう。この地誌には一四二〇年のカラコユンル朝によるアインタープ征服までが記されている。アイニーはこの地誌で、彼が考えるアインタープの最後の繁栄の様子を描いているのである。

さて、この地誌には続きがある。アイニーは、アインタープが学術の中心としていかに栄えていたかを、次のように記している。

この地はアジャムとトルコから、知識人と学識者が集う場所であり、一五にもおよぶ数多くの場所で、あらゆる学問の授業があった。そのため人びとは「アインタープは小さなブハラである」と言った。[11]

ここでいう「アジャム」という単語は、広義にはアラビア語以外の言語を話す異民族のことを意味するが、狭義にはペルシア語を話す人びとを指す。また「トルコ」についても、広く中央ユーラシア由来の遊牧民を指すこともあるが、ここではトルコ語を話す人びとのことを意味する。要するに当時のアインタープは、ペルシア語話者やトルコ語話者など非アラブ人の知識人が集う場所だったというのである。

そして、そのようなアインタープを「小さなブハラ」となぞらえている点にも注目したい。マムルーク朝の領域からは遠く隔たった中央アジアのブハラではあるが、そのスンナ派学術、とくにハナフィー法学派の中心地としての令名が、当時のマムルーク朝知識人たちの間でもとどろいていたことがうかがえる。それでは、その「小さなブハラ」ことアインタープは、アイニーにとって、また当時のマムルーク朝知識人にとってどのような都市だったのだろうか。

アイニー家の起源

アイニー自身が詳しく述べる情報によると、[12]彼の曾祖父にあたる人物はかつてアナトリア中部のアンカラに住んでおり、ある時期にアレッポに移住し、さらにその後アインタープに落ち着いたという。曾祖父がアインタープを居住地として選んだ理由は、「その町が良い町であり、恩恵と優しさがあり、空気が良く水がきれいであるため」であった。アイニー家の移住を、アイニーが生まれるおよそ五〇年前と想定すれば、一四世紀初頭にはすでにアインタープの「良き泉」の町としての評判が定着していたのであろう。実際、アイニーの祖父にあたるムーサーは、アインタープに水源を持つサージュール川の監督官の職を務めていたと、アイニーは語っている。アイニー家とアインタープの水は、因縁浅からぬ関係にあった。

アイニーの父は、アレッポの法官(カーディー)の管轄のもとで、アインタープの法官職に就いていた。ここでいう法官職とは、裁判業務以外の行政全般を管轄する地方統治官としての役職を指す。アイニーの父はまた、旅する知識人たちのパトロンとしてもふるまっていたとの記述がある。彼の支援を受けてアインターブに滞在した知識人たちの中には、のちに歴史家アイニーが師事した人物も含まれており、その学問形成に大きな役割を果たした。

そしてアイニーとその弟は、アインターブで生まれた。その生家についてアイニーは「アインターブのカイカン地区」にあったと述べるが、残念ながらその正確な位置はわからない。弟アフマドは長じて自邸のそばに「薔薇浴場（ハンマーム・アル＝ワルド）」と称する浴場を建て、それは「乙女の泉（アイン・アル＝バナート）」のそばの「果樹園街区（ハーラト・アル＝バサーティーン）」の中であったと書き記しているが、これらの細かな地名もやはり詳細は不明である。(13) しかし、いずれも豊かな水や果樹園の存在で特徴付けられる「良き泉」の町アインターブにふさわしい地名である。

言語的環境

地誌部分ではアインターブを「アジャムとトルコの知識人が集う場所」と述べたアイニーであるが、実際に彼がアインターブで法学を教わったジブリール・ブン・サーリフ・バグダーディーなる人物のもとで、次のような授業風景が繰り広げられていたとも記している。

> 彼は朝の礼拝から正午まで授業のために座り、彼のもとでアラブとアジャム［とトルコ］の学生が七〇名学んでおり、私も彼らとともにあった。(14)

実際にはこの記述は、弟アフマドの加筆による情報であるのだが、師バグダーディーはアイニー兄弟がともに師事した人物であるため、同じような言語環境を兄アイニーもまた経験したと見なしうる。アイニー兄弟は若い頃から、マルチリンガルな環境に身を置いていたのである。

それでは、アイニー自身はどれほど多言語に通じていたのだろうか。卓越した知識人としてカイロで高い地位に就いたアイニーであれば、アラビア語での読み書きや会話能力が備わっていたことは明白である。その一方で、彼のトルコ語の使用についても当時の歴史書で語られることがしばしばある。たとえば彼は、マムルーク朝スルタンのタタル（在位一四二一年）から、クドゥーリーの法学書をアラビア語からトルコ語に翻訳するよう命じられた。また、スルタンのバルスバーイ（在位一四二二―三八年）の御前でアイニーは、自らが執筆した歴史書『真珠の首飾り』をアラビア語で読誦した後に、トルコ語でその内容を解説し、スルタンに「もし彼がいなければ我々のイスラームに何があったであろうか」と言わしめたという逸話も伝えられている。(15)

この時代、マムルーク朝の支配エリートは、マムルーク（軍事奴隷）として渡来したトルコ系の他に、コーカサス地方出身のチェルケス系マムルークの集団が占めていたが、彼ら同士の共通言語としてはもっぱらトルコ語が用いられていた。マムルーク朝の宮廷では、支配層の用いるトルコ語と、在地の官僚や知識人の用いるアラビア語とが併存していたのである。こうした状況においてアイニーは、アラビア語での学術を司る知識人でありながら、トルコ語での高度な意思疎通をも行うことができた。このことが彼の出世に大きな役割を果たしたことは想像に難くない。

とはいえアイニーが、いつどのようにしてトルコ語を習得したかについては、史料は何も語らない。これはおそらく、当時のマムルーク朝の知識人にとってはアラビア語の読み書きこそが学識であり、トルコ語の運用能力には価値が置かれていなかったためであろう。それゆえにアイニーも、トルコ語をどのようにして学んだかを自らの歴史書に書き記す必要を感じなかったのである。しかし、単なる日常会話だけでなく、法学書の翻訳や歴史講話など、複雑な思考や表現をトルコ語で行うには、それなりの修練が必要であったはずである。

なお、残念ながら現物は残っていないものの、アイニーにはトルコ語で執筆した「ホスローの歴史」なる著作があったことも伝えられている。「ホスロー」とはサーサーン朝（二二四―六五一年）、あるいは神話時代のペルシアの王を指す言葉であり、これはすなわちペルシアの民族叙事詩『シャー・ナーメ』のことと理解できる。これが本当であれば、アイニーはペルシア語とその文芸にも通じていたことになるが、やはりアイニーがどのようにしてペルシア語を学んだかは不詳である。アジャムやトルコの知識人・学生が集う郷里アインタープにおいて、アイニーはそれ相応の多言語教育を受け、アラビア語、ペルシア語、トルコ語を不自由なく読み書きできるスキルを身につけたと考えるほかない。

三　宗教実践の地域性

マムルーク朝時代のアインタープは言語的な境界線上にあり、その境界性を体現する知識人としてアイニーは、マムルーク朝の政治サークルの中での栄達を得ることができた。しかし、アインタープの境界性は単に言語的な相違に留まるものではなかった。以下、アイニーのライフコースからアインタープの持つさまざまな境界性に目を向けてみよう。

東方ハナフィー派ネットワーク

アイニーは郷里アインタープで、確認できる限り一二名の師匠からイスラーム諸学の基礎を教わった。彼の歴史書には、

彼らがいかなる知識人であったが記されている。(16)

これらの師匠たちの中には、カイロ、ダマスクス、アレッポなどマムルーク朝領内の大都市に居住した後でアインタープに居を定めた者もいれば、逆にアインタープでアイニーらに教えを授けた後でこれら大都市に移り住む者もいた。しかし、アイニーがもっとも敬愛する師匠であったサルマーリーや、アイニーに数多くのアラビア語文法書を教授したハリール・アインタービー、そして先に見たジブリール・バグダーディーは、カイロ等の大都市に行くことなく亡くなっている。それゆえこれらの人物は、カイロを中心とするマムルーク朝の知識人社会においては、知名度の低い人物であった。言い換えるなら、彼らはカイロを頂点とするマムルーク朝知識人のヒエラルキーの外側、あるいは周縁部にいたということになるだろう。

そうであれば、彼らはローカルな知識人に過ぎなかったのだろうか。それも否である。これらの師匠たちのキャリアをよく見てみれば、彼らは必ずしもアインタープの出身ではなく、バグダード、イラン高原のカズヴィーン、ジョージアのスルマーラーなど東方の出身者が多かったことがわかる。また、これらの知識人たちは、一二名中六名がハナフィー法学派に属しており、それ以外の法学派は確認できない。ハナフィー派とはスンナ派の四大法学派の一つに数えられ、とくに東方イスラーム世界で人気があった法学派である。つまりアイニーはアインタープにおいて、東方出身のハナフィー派知識人たちのネットワークに触れたのである。

二一歳で郷里を離れ遊学の旅に出たアイニーは、自らこの東方ハナフィー派ネットワークに加わって新たな師匠たちのもとを渡り歩いた。彼がアナトリア南東部からシリア北部の各都市で師事したのは、やはりいずれもハナフィー派の知識人たちであった。そしてエルサレムでハナフィー派の長老サイラーミーに見いだされ、彼に付き従ってカイロに上った。エジプトではシャーフィイー法学派がもっとも多くの信徒を獲得していたものの、マムルーク朝政権は四大法学派それぞれに対等な地位を認めており、ハナフィー派は二番目の勢力として一大派閥をなしていた。アイニーはこうしたネットワークを利用しつつ、最終的にハナフィー派大法官の地位にまで上り詰めるのであった。

たしかにアインタープは、当時のマムルーク朝社会の知識人ヒエラルキーにおいては末端部に位置していた。しかしそれと同時に、東方ハナフィー派ネットワークとの結節点でもあったと考えられる。アイニーはここでも、アインタープの境界としての利点を生かすことができたのである。そしてこの東方ネットワークの中心には、アイニーがアインターブを「小さなブハラ」となぞらえたセリフに見られる、中央アジアのブハラが想定されるのである。

スーフィー教団との関わり

当時のアナトリアの独特の現象として、「アヒー」と呼ばれるリーダーに率いられた、スーフィー教団の「若者集団（フィトヤーン）」の存在がある。上述のイブン・バットゥータの『大旅行記』にも、彼がアナトリア旅行中にアヒーに出会ったとする記述がたびたび登場する。彼はアナトリア旅行中に、言葉は通じないながらも各地でアヒーらから温かいもてなしを受け、「料理と果物を惜しみなく」ふるまってくれたことに感動したという。(17)

アイニーの時代のアインターブにもアヒーと呼ばれる人物がいたことが確認できる。アヒー・マフムード・アインタービーは、アイニーが直接師事したわけではないが、その年代記にこの人物の伝記が収録されている。

> 彼は公正で寛大な人物であり、道場（ザーウィヤ）［での活動］と任侠（フトゥッワ）の道を実践した。道場では、自らの手で稼ぎ額に汗して得たものを、毎晩百名を超す貧しい者たちに食べさせていた。アインターブの町のタシュラーミー浴場のそばに、自らの財で美しい道場を建て、所有するブドウ畑、果樹園、農地から多くの寄進（ワクフ）を行った。神が彼に報いますよう。毎週金曜の夜には彼の道場で集まり（イジュラース）を催し、そこには知識人や学識者、貧者や公正な者たちが、称名（ズィクル）をし、クルアーンを読み、知識を探求し、伝承を語った。その後、様々な料理と肉の［出る］盛大な宴席となり、さらにその後、果物の日には果物が［ふるまわれた］。このアヒー・マフムードは料理や肉を手ずからつかみ取り、満腹になっても無理矢理皆に食べさせるのであった。(18)

ここではアヒーが自らの道場で催す「集まり（イジュラース）」が、称名（ズィクル）やクルアーン朗唱、ハディース伝達などイスラーム的知識の伝達が行われる場として描かれると同時に、慈善目的の宴席として描かれている。そこでは出席者に無理矢理料理を食べさせるという、現在の「食の都」ガズィアンテプを彷彿とさせるようなエピソードも含まれている。

アイニーとスーフィズムの関わりについてはもう一人、彼と弟アフマドの共通の師であったナースィル・アッディーン・アガについても触れたい。この人物はアイニーがカイロで師事した学者であるが、シリア北部ラッカ近郊の町アバーティーン出身のトルコ系の人物であった。アイニーはこの人物について、「彼こそは私に称名の指導をし、スーフィーの流儀にのっとって外衣（ヒルカ）を着せてくれた人であった」と伝えている。(19) 称名の指導、外衣の授受は、ともにスーフィズム、とくにアナトリアのアヒーたちの間で行われていた儀礼である。アイニーが明言するとおり、このナースィル・アッディーンはスーフィーの師匠だったのであろう。またこの人物の師匠として「ハルワティー」を名乗る人物の名も伝えられており、このことから彼らがアナトリアで盛んであったハルワティー教団の一員であったこともうかがえる。(20) アイニーとその弟はマムルーク朝の領域に入って以降も、アナトリアのスーフィー教団との関係を保っていたのである。

図5　カイロのバドリーヤ学院（筆者撮影）
1411年にアイニーが建立した学院（マドラサ）で、今もアズハル・モスクのそばに現存する。

アイニー兄弟の境界性

郷里においては似通った言語的・宗教的バックグラウンドを有していたアイニー兄弟であるが、その後の人生は実に対照的である。兄マフムードが高い学識で知られる知識エリートとなったのに対し、弟アフマドが知識人として名を知られることは一切なかった。そして、二人の日常的な宗教実践においても、極めて対照的な態度が見られるようになった。以下に、それぞれの特徴的なエピソードを紹介しよう。

兄マフムードはカイロで、有名なアズハル・モスクのすぐそばに居住していた（**図5**）。しかし、彼は礼拝の際にアズハル・モスクに赴くことはなかったと伝えられる。その理由は、そもそもアズハル・モスクを建設したのはカイロのシーア派王朝、ファーティマ朝（九〇九―一一七一年）の君主であり、マフムードはシーア派への嫌悪からアズハルをも嫌っていたというのである。(21)

彼のこのようなシーア派嫌悪は、スンナ派政権であるマムルーク朝知識人の間でも珍しいものであったようだが、そればかりでなく、それまでの彼の宗教的バックグラウンドからしても奇妙に感じられる。というのも、アイニーが親しんできたアナトリアのアヒーたちは一般に、アリー家あるいはシーア派への親近感を強く持つと言われているからである。実際に、アイニー兄弟がスーフィズムの師であるナースィル・アッディーン・アガから授かった外衣は、アリーから代々弟子を通じて継承されてきたものといわれていたほどである。

想像をたくましくすれば、マフムードはスンナ派世界でのエリート文化の担い手としての道を歩むにあたって、ある時点で自分の中の境界性を否定する必要に迫られたのかもしれない。それが度を超したシーア派嫌いとなって現れていたのではないだろうか。とはいえ、その一方で彼は、マムルークとの良好な関係を取り結ぶために、郷里で培われたであろうトルコ語能力をフル活用していたことも忘れてはならない。

他方、弟アフマドは、ダマスクスに居を定めて、地域的な名士としての振る舞いを続けていた。一四一七年の出来事として、弟アフマドが書き記したエピソードがある。

私の大きな家を道場として、高貴な知識を聞かせるために友人や同郷人を集め、彼らに歴史や征服譚、預言者伝を、神のため、信徒への忠告として語った。その晩、私は彼らへ施しとして自分の財産から、胡椒飯と甘い飯、ザクロの粒、そして最後はスイカをふるまった。彼らは心ゆくまで食し、中には料理や飯を家に持ち帰る者までいた。私は彼らのために三ヶ月間説教をした。その後夏が来ると、彼らは夜には眠くて座っていられなくなり、私が読誦しているのに彼らは眠ってろくに聞いていなかったが、私は放っておいた。(22)

ここに描かれている、自宅を道場としてイスラーム的知識の伝達を行ったという点は、アインタープのアヒーのもとで行われていた「集まり」と共通するところがある。またこの行為の受け手が「友人や同郷人」であるのも、アフマドが故郷で行われていた「集まり」をダマスクスにおいて再現していたことをうかがわせる。そして、このような集まりの締めくくりには、ふんだんにふるまわれる料理が欠かせなかった。決して高い地位に就くことはなかったアフマドであるが、アインタープでの宗教実践を守り通すことで、ローカルな知識人としての評判を得ることには成功していたのではないだろうか。

おわりに

一五世紀までのアインタープは、国家間、宗教間、言語間、その他文化間の境界上に位置する町であった。マムルーク朝時代のアインターブに生まれたアイニー兄弟の足跡を見ると、政府の要職に就いた知識人としてエリート文化を担っていた兄と、官職には就かずむしろ民衆文化に接していたであろう弟とで差異はあるものの、いずれもアインターブの持つ境界性を文化的な資本としてマムルーク朝社会で活躍する人物像が浮かび上がる。

　オスマン帝国の支配下に入ったアインターブは、マムルーク朝の滅亡後にシリア州の一部に組み入れられたが、一五二二年にはマルアシュ（現カフラマンマラシュ）を中心とするズルカドル州に編入され、さらにその後一八一八年にはアレッポ州へと再編入された。[23] このように、多民族帝国の内部にあっても、アインターブは何らかの境界としての地位に置かれていた。そして冒頭で見たとおり、第一次大戦末期に生じたフランスとの国境争いを経て、トルコ共和国の一地方都市ガズィアンテプとなったのである。

　現代は、国境を越えた人の動きが活発化するグローバリゼーションの時代である。そのような中、二〇一一年に始まったシリア内戦により、多数のシリア難民が国境を越えてトルコへと逃げ延びてきた。ガズィアンテプは、シリア難民の最大の受け入れ国トルコの中で、難民受け入れの拠点となっている。この町が歴史的に有する境界性に、再び注目が集まっていると言えるだろう。

注

(1)　本稿の内容は、中町信孝「マムルーク朝時代のアインターブ――アイニー兄弟の『自己語り』を通して」『都市文明の本質――古代西アジアにおける都市の発生と変容の学際研究 研究成果報告』第二号、二〇二〇年、二一三―二三四頁がもとになっているが、一部改変し、大幅に付け加えた部分もある。

(2)　以下、アインターブの歴史概略はM. Canard, "ʿAYNTĀB," *Encyclopaedia of Islam*, new ed. および Darkot and Dağlıoğlu, "AYINTAB," *İslam Ansiklopedisi* 参照。

(3)　境域についてより詳しくは、太田敬子『ジハードの町タルスース――イスラーム世界とキリスト教世界の狭間』（刀水書房、二〇〇九年）を参照のこと。

(4)　Yāqūt al-Ḥamawī, *Muʿjam al-buldān*, Beirut: Dār al-ṣādir, 1993, Vol. 4, p. 176.

(5)　Ibn Shaddād, *al-Aʿlāq al-khaṭīra fī dhikr umarāʾ al-shām wa'l-jazīra*, Damascus: Manshūrāt wizārat thaqāfa, 1991, Vol. 2, pp. 109–113.

(6)　Abū al-Fidāʾ, *Taqwīm al-buldān* (*Géographie d'Aboulféda*), M. Reinard and Mac Guckin de Slane (eds.), Paris, 1840, pp. 268–269.

(7)　家島彦一「アナトリア世界のトルコ・イスラーム化」（『イブン・バットゥータと境域への旅――『大旅行記』をめぐる新研究』名古屋大学出版会、二〇一七年）二四九―二七四頁。

(8)　イブン・バットゥータ（イブン・ジュザイイ編、家島彦一訳注）『大旅行記』（平凡社、一九九六―二〇〇二年）第三巻、三一五―三一六頁。

（9）　アイニーの経歴については中町信孝「バドルッディーン・アイニーの学問的キャリア――マムルーク朝ウラマーの一事例」（『甲南大学紀要』文学編一五九号、二〇〇九年）五一―七一頁、および、同「バドルッディーン・アイニーの職業的キャリア――マムルーク朝ウラマーの一事例（二）」（『甲南大学紀要』文学編一六四号、二〇一四年）二三七―二四八頁参照。またアイニーの弟アフマドの経歴については、同「マムルーク朝期の非著名知識人のライフコース――アフマド・アイニーに関する事例研究」（『東洋史研究』第七〇巻第四号、二〇一二年）三二―六七頁参照。

（10）　Al-ʿAynī, *ʿIqd al-jumān fī tārīkh ahl al-zamān*, MS Ahmet III（Topkapı Sarayı Müzesi Kütüphanesi）, 2911/a1, fol. 71a.

（11）　Al-ʿAynī, *ʿIqd al-jumān*, fol. 71a.

（12）　アイニーの父祖たちの経歴については、中町「学問的キャリア」五七―六〇頁参照。

（13）　弟アフマドの邸宅については中町「非著名知識人」四三頁を参照。

（14）　中町「学問的キャリア」五六―五七頁。ただし、引用文中に角括弧で示した「とトルコ」という表現は、弟アフマドが『満月の歴史』を要約して執筆した歴史書『流星の歴史』の中にのみ見られる表現である。Aḥmad al-ʿAynī, *al-Tārīkh al- shihābī wa'l-qamar al-munīr fī awṣāf ahl al-ʿaṣr wa'l-zamān*, MS Selim Aga 837, fol. 141b.

（15）　中町「職業的キャリア」二四二―二四三頁。

（16）　アイニーの師匠たちについては中町「学問的キャリア」六〇―六四頁参照。

（17）　アヒーについては、家島「アナトリア世界」二六二―二七四頁参照。

（18）　Al-ʿAynī, *Tārīkh al-badr fī awṣāf al-ahl al-ʿaṣr*, MS Arabe 1544（Bibliotheque nationale de France）, fol. 13a; Aḥmad al-ʿAynī, *al-Tārīkh al- shihābī*, fols. 146b–147a.

（19）　Al-ʿAynī, *Tārīkh al-badr*, fols. 50b–51a.

（20）　ハルワティー教団については、B.G. Martin, "A short history of the Khalwati order of dervishes," in Nikki R Keddie（ed.）, *Scholars, saints, and Sufis; Muslim religious institutions in the Middle East since 1500*, Berkeley, University of California Press, 1972, pp. 275-305参照。

（21）　Al-Sakhāwī, *Al-Ḍaw al-lāmiʿ li-ahl al-qarn al-tāsiʿ*, Beirut: Dār al-ṣādir, 1992, Vol. 10, p. 133.

（22）　弟アフマドによる宗教実践のエピソードについては、中町「非著名知識人」五三―五五頁参照。

（23）　Hulya Canbakal, *Society and politics in an Ottoman town: Ayntab in the 17th century*, Leiden and London: Brill, 2006, p. 48.

［コラム・港市②］

船乗りたちが集う町アデン

栗山保之

くりやま・やすゆき——大東文化大学東洋研究所教授。専門はイエメン・南アラビア史、インド洋海域世界の歴史。主な著書・論文に『海と共にある歴史——イエメン海上交流史の研究』（中央大学出版部、二〇二二年）、「ルーズナーマの史料的価値の分析——アラブの航海活動研究の予備的考察」（『東洋研究』二一七号、二〇二〇年）などがある。

はじめに

一〇世紀のアラブの地理学者ムカッダスィーは、アラビア半島南西端に位置するアデンを訪れたときのことを、つぎのように記している。

…そしてわたしは、その海で生まれ育った長老たち、たとえば沿岸航海者、輸送船の船頭、海防監視員、貿易代理人兼代理店長や大商人とも知り合いになった。その結果としてわたしは、彼らが人びとのなかでも、この海のこと、海の寄港地、海の風やその島々について、最も精通していることを知った。そこでわたしは、彼らに島々のことやこの海の諸条件、海の最果ての地について質問した。またわたしは、彼らがいつもその海に関わる複数の航海記録ノートを所持していて、その内容を相互に詳しく検討し、それによって彼らが根拠や拠りどころとしていることを知ったのである。(1)

アデンは、イエメン地方のアラビア海に面する港町である。右の記事には、この港町で出会った沿岸航海者や船頭といった船乗りたちに、ムカッダスィーが関心のおもむくまま、海のことを尋ねている様子が描かれていて、おもしろい。

そこで本稿では、船乗りたちの視点で、このアデンの町を点描してみたい。

一　アデンの自然地理と環境

アラビア海や紅海をはるばる航行してきた船乗りたちがアデンへ近づいたことを知るのは、その目印であるシャムサーン山を沖合にて視認したときであった。シャムサーン山は標高五五〇メートルほどの休火山で、アデンはその噴火口北東側の大きくえぐれた部分の底に形成され

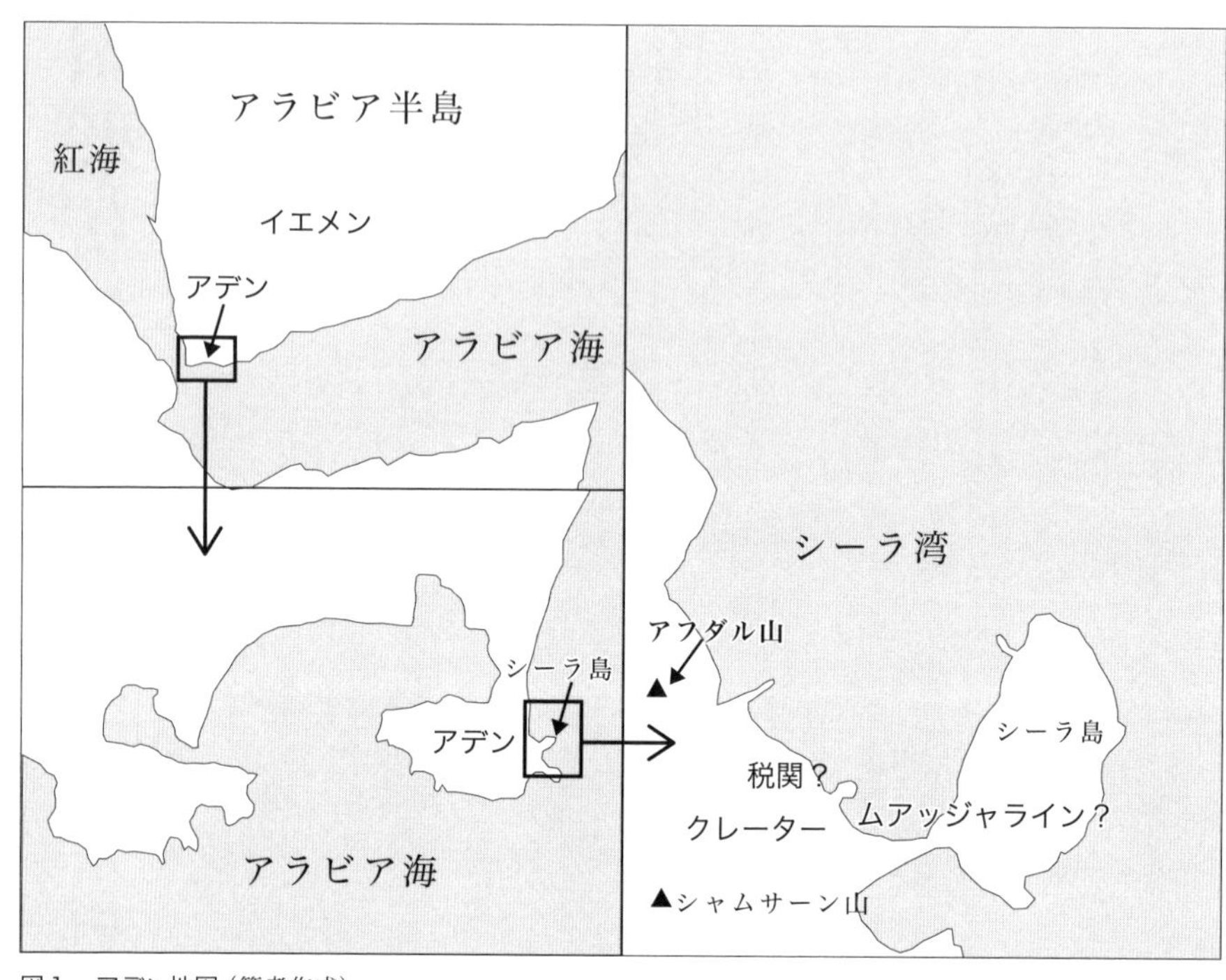

図１　アデン地図（筆者作成）

た町であり、今日では、クレーターと呼ばれる地区にあたる。

三方をシャムサーン山に囲まれたアデンは、南西方面から吹き付けてくる夏季の強烈な南西季節風を避け、また遅くとも一六世紀ごろにはすでに設置されていた防波堤によって、冬季に吹く北東季節風がうみだす波浪を弱めることができたため、ほぼ一年を通じて外洋の影響をほとんど受けない穏やかな湾に面する港町であった。

かつて「エウダイモーン・アラビアー（幸福なアラビア）」と称され、西暦七〇年ごろにはすでにアデンと呼ばれていたこの港町は遠い昔、小舟で内陸部と連絡する火山島であった。しかし、イラン地方から移住してきたペルシア人たちが一一〇〇年ごろにアデンと内陸部との間に橋を建設したため、双方が自由に往来できるようになったと一三世紀の南アラビア地誌には伝えられている。

火山島にあるアデンは恒常的な水不足

に悩まされていた。シャムサーン山中や町はずれには雨水を集める貯水槽が設置されていたものの、町中の井戸からは飲用に不適な塩辛い水しか得られなかった。そのため飲用水は永らく、内陸部の都市アブヤンから陸送されるか、あるいは紅海を挟んで対岸のアフリカ側の港ザイラウからの水船によって供給されていた。しかしながら、一二世紀後半にイエメンを支配したアイユーブ朝（一一七三―一二二八年）はアデンを大規模に開発し、その郊外にはいくつもの新しい井戸が掘削されたという。

二　アデンへの入港

アデンを目指してアラビア海を渡ってきた船は、アデン近郊に位置する丘のような低山アフダルの頂に設けられた監視施設において、その到来が確認された。ラスール朝時代（一二二八―一四五四年）、来航船の接近を認めた監視員はふもとのアデンの町まで駆け下りて来航船ありと報告し、この知らせを受けた港湾係官たちはただちに数艘の艀で来航船の臨検へと急行した。来航船の乗員・乗客や積載物に関わることなどを聴取して臨検を終えると、来航船入港の可否がアデン総督を中心とする会議で検討された。入港が許可された場合、来航船はようやく湾内へと進み、湾内にあるシーラ島の船着き場に停泊することになるが、乗員や乗客たちは密輸防止のためさらに厳格な上陸検査をうけなければ、船から一歩もおりることができなかった。

三　アデン港の税関

一三世紀のアデンには、東アフリカや西アジア、あるいはインド西岸といった諸地域において生産・製造された織物類、香料・薬種類、穀物・豆類、木材など、じつに四〇〇余品目を数えるさまざまな物産がぞくぞくと運び込まれていた。たとえば、もっとも品目の多い織物類では、エジプトから高級亜麻布やクース製ターバン、イラクやイランよりバグダード製白色絹布、キーシュ島製縞紋外套、イスファハーン製絹衣服、インドからはマアバル製腰布やカンバーヤ製標準クッションなどが持ち込まれた。また香料・薬種類では、中国産竜脳やジャワ産沈香、エジプト産明礬やイラク製バラ水などがみられ、そのほかにも、中国製鼎磁器壺、マラバール産檳榔、エジプト産銅、イラク製紙などといった、じつに多種多様な物産がアデンの港にはあふれていた。

船乗りたちのなかには、自らが所有する船を操り、自身の裁量で商業を営むナーフザー（原義はペルシア語で船主）と呼ばれる人びとが多数存在していたが、彼らが取り扱っていた商品に対しては、貿易品としてアデン港税関で輸出入通関手続きがとられ、関税をはじめとする諸税が賦課・徴収された。ラスール朝時代における税関はこの港町の海側に設けられ、計量用秤、中庭、倉庫、波止場などからなる複合的な施設であった。周壁によって取り囲まれた税関は町と完全に分離され、周壁には海側の海の門と町側の陸の門があり、門衛は毎朝アデン総督宅に保管された鍵でこの二つの門を解錠し、毎夕の業務終了後に施錠して鍵を総督宅に返却していた。(2)

四　アデンの人びと

一三世紀の南アラビア地誌によると、アデンには当時、アレクサンドリア、エジプト、リーフ（上エジプトや紅海沿岸の地方都市・田舎）からのアラブ人たち、非アラブの人びとや、ペルシア人、ハドラマウト人、モガディシュー人、イエメン山岳部の人びと、ザブハーン（イエメン南部高原）の人びと、ザイラゥ（東アフリカの港町）の人びと、エチオピアの人びとなどが居住していたという。アデンに到来・居住していた人びとの生業は商人や職人などさまざまであったが、冒頭で引用したムカッダスィーの記述にもみえるように、アデンには多数の船乗りたちもまた集まっていた。一六世紀の船乗りスライマーン・アルマフリーが著したインド洋航海技術書には、アラブやインド、あるいは東アフリカ出身の「ムアッリム（アラビア語で教師、ひいては航海技術者）」と称される経験と知識の豊富な熟練の航海者たちがアラビア海を航海圏としていたとある。アデンは彼らの航海圏のなかに含まれる港町であったため、多数のムアッリムたちがここに頻繁に寄港

図２　「アデン絵図」
① الفرضة al-furḍa 税関　② 周壁　③ ميزان mīzān 秤　④ مدينة عدن アデンの町
（出典：拙著『海と共にある歴史』中央大学出版部、2012年、128頁）

していたことは想像に難くない。このことを傍証する記録として先の一三世紀の南アラビア地誌には、アデンに居住する男たちの重要な手仕事のひとつがキンバールの製造であったとある。キンバールとはココヤシの実の繊維から作る細紐のことであり、船乗りたちが駆使していた木造帆走船の建造・整備、さらには航海にとって欠かすことのできない船具であった。これをアデンの男たちが日常的に製造していたことは、アデンが多くの船乗りたちの集散する港町であったことを如実に示しているのである。

五　航海に関わる不思議

アデンには、港町ならではの不思議がみられた。船の来航時期を迎えてもなおその到来が遅れていると、アデンの人びとは七頭の牛をシーラ島の中腹まで連れてゆき、夜半に一頭を残して六頭の牛とともに島を出る。明朝、島中に残しておいた牛を屠ると、船がつぎつぎと来航するようになったという。また、シーラ島付近と考えられるムアッジャラインには貯水槽が設置されていたが、冬季にこの貯水槽の水が冷たいと海は波高く荒れて航海が困難になり、逆にぬるいとその年の航海は容易かつ良好になると伝えられていた。おそらく水温変化の度合により、冬の冷え込みと北東季節風の程度とを推し量っていたのだと思われる。いずれにせよ、船乗りたちの町だからこそみいだされる不思議であることは確かだろう。

むすびにかえて――出航、そして来航

さて、南西季節風が吹くころになると、アデンの町のあちこちには茜が積み上げられる。赤色染料の原材料である茜はインド地方へ輸出されるイエメンの商品作物であり、アデンはその積出港であった。商人たちは税関で輸出通関手続きを済ませた茜を船に積み込むと、船乗りたちは茜を満載した船の帆に風をはらませ、インド地方へ向けてアデンから出港してゆく。そして、このインド地方へ出立する船と同じ南西季節風によって東アフリカ地方からアラビア海を航行してきた船は、洋上でシャムサーン山を視認すると、アデンへの無事到着を喜ぶのである。

こうしてアデンには今日も、船乗りたちが集うのである。

注

(1) ムカッダスィーの記事の出典については、拙稿「インド洋船旅の風」(『地中海世界の旅人』長谷部史彦編著、慶應義塾大学言語文化研究所、二〇一五年)二八五―三一〇頁を参照のこと。

(2) アデン港税関についてはとくに、拙著『海と共にある歴史――イエメン海上交流史の研究』(中央大学出版部、二〇一二年)を参照されたい。

［Ⅲ　都市を活かす――政治的・経済的機能］

フランク人支配下の都市エルサレム

――観光産業都市への発展

櫻井康人

さくらい・やすと――東北学院大学文学部歴史学科教授。専門は十字軍史・十字軍国家史。主な著書に『十字軍国家の研究――エルサレム王国の構造』（名古屋大学出版会、二〇二〇年）、『図説　十字軍』（ふくろうの本／ヨーロッパの歴史）』（河出書房新社、二〇一九年）、翻訳にロドニー・スターク『十字軍とイスラーム世界――神の名のもとに戦った人々』（新教出版社、二〇一六年）などがある。

現在の都市エルサレムの姿は、第一回十字軍の結果に成立したエルサレム王国期（一〇九九―一一八七年）に形成されたとされる。建国当初は人口不足に苦しんだ都市エルサレムであったが、一一二〇年代よりようやく町としての姿を取り戻し始めた。そして、第二回十字軍後の一一五〇年代より、国際的な観光産業都市として歩み始めていった。

はじめに

都市エルサレム。ユダヤ教、キリスト教、イスラーム教の三大一神教にとっての聖地としても有名なこの町の起源は、紀元前三〇世紀頃にまで遡ることができる。しかし、現在に残る町の形は、第一回十字軍の結果、一〇九九―一一八七年に支配したフランク人（ヨーロッパから到来したキリスト教徒の総称）のもとで完成されたと言われている。[1]当然のことながら、その後にこの町を支配したアイユーブ朝（一一六九―一二六〇年）、マムルーク朝（一二五〇―一五一七年）やオスマン朝（一三〇〇頃―一九二二年）といったムスリム王朝が、フランク人たちの遺構をほとんどそのままに維持・継承したことも忘れてはならないが、ここで目を向けることになるのは、主に一二世紀のわずか約八〇年の間に都市エルサレムが実際にはどのように変化していったのか、という点である。

また、概してフランク人による聖地の占領は異教徒間の対立という側面が強調されるが、果たして本当にそうであったのか。本小文では、この点についても考えていきたい。

一　町の復興(一〇九九年—一一一〇年代：ゴドフロワ—ボードゥアン一世統治期)

人口減少の食い止め

約四キロメートルの城壁に囲まれた八六ヘクタール(八六万平方メートル)の空間を有する都市エルサレムの人口は、ファーティマ朝支配期(九六九—一〇七三年、一〇九八—九九年)では約二万人であった。そして、一〇九九年七月一五日、一五〇〇人の騎士、二万人の歩兵、一万八〇〇〇人の従者による三週間の包囲の末、町は下ロレーヌ公ゴドフロワ・ド・ブイヨン(在位一〇九九—一一〇〇年)を中心とするフランク人たちによって占領された。しかし、制圧後に十字軍士の多くは帰郷し、残留したのはわずか三〇〇人の騎士と二〇〇〇人の歩兵であった。自らを「聖墳墓の守護者」と称して町をエルサレム総大司教に献上したが、ゴドフロワは実質的な統治者であった。彼がまず行ったのは、聖墳墓教会に新しい鐘を設置して、静寂に包まれた町に音をもたらすことであった。(2)そして彼は、エルサレム市内の人口減少をおさえるために、随所にある空き家に一年と一日居住した者にその所有権を認めることで、できるだけ多くの人を引き留めようとし、また、誘引しようとした。(3)

総大司教区の形成

翌一一〇〇年に死去したゴドフロワの後を継いだボードゥアン一世(在位一一〇〇—一一八年)は、国王位と町の支配権を要求し、総大司教ダインベルトゥスと対立した。最終的には教皇特使のとりなしにより、ボードゥアンの国王戴冠は認められ、聖墳墓教会を含む市内北西の四分の一は「総大司教区」として認められることで、事態は収束した。このようにして、最終的には四つとなる市壁内の区画のうち、第一の区画が形成された(**図1**)。その後の一一〇四年、それまでは防衛上においても町の要であったダヴィデ塔(**図2**)に置かれていた王宮が、ソロモン神殿(**図3**)に移転された。この背景には、ある程度の人口増加、とりわけ、総大司教区に留まる聖地巡礼者が増加したことがあったと考えられる。そして、同区内に貯水槽が造営されたのも、この頃であった。

貯水槽とパン屋

エルサレムの町はシロエの泉しか水の供給源を持たず、それを補うために雨水を貯めるための貯水槽が町中に設けられたが、その多くはフランク人支配期に造られた。(4)製粉や、オリーブやブドウの圧搾のために水力を利用する、というヨーロッパからもたらされた文化ゆえであった。例えば、聖墳墓教会の近くにあった製粉機の置かれた家屋をシリア人キリス

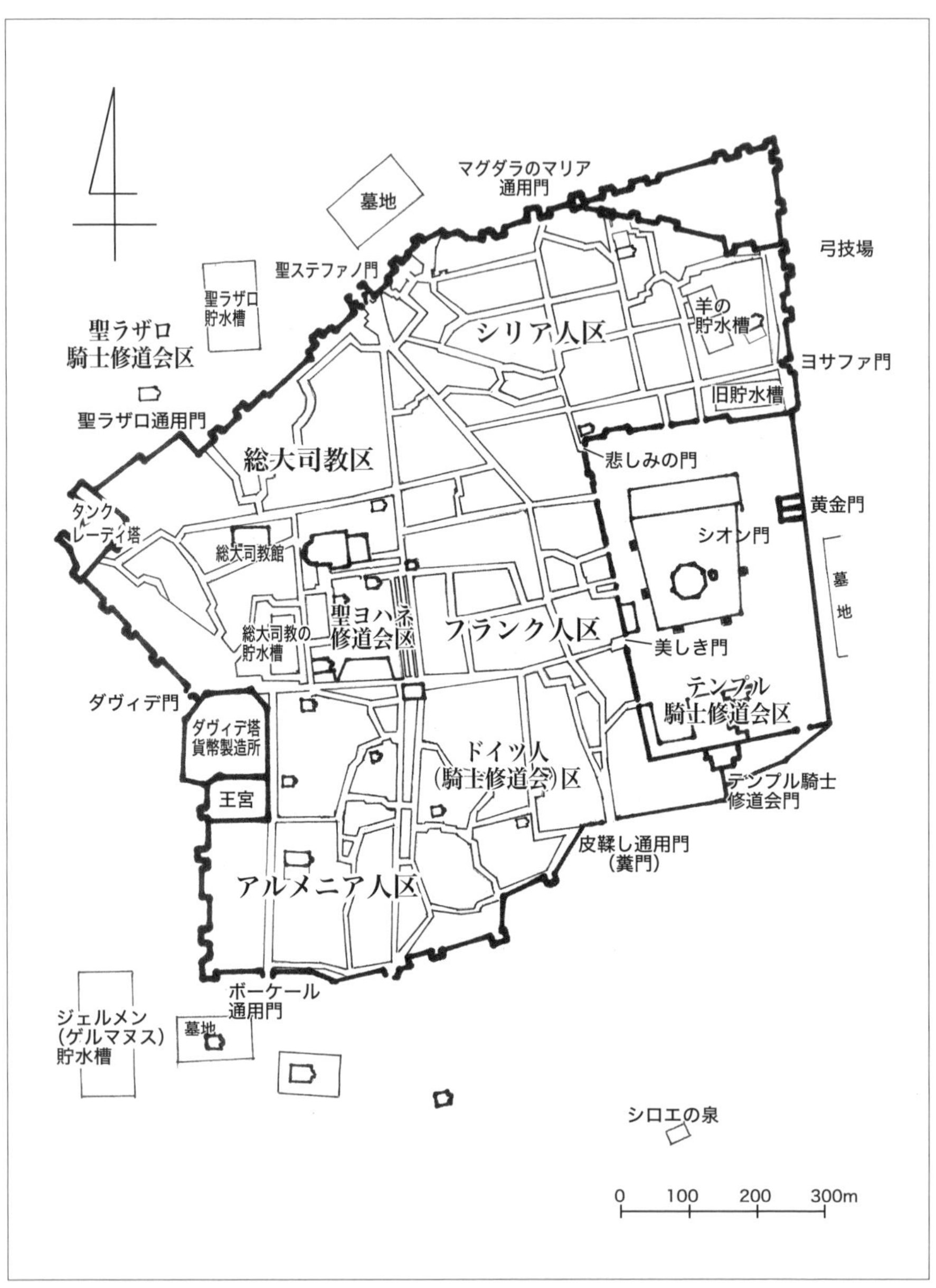

図1　十字軍支配下の都市エルサレム（門・塔・公共的建物および街区）

ト教徒から購入した同教会の聖堂参事会は、それを動かすための水道管を設置して総大司教の貯水槽から水を引く、という改良を加えた。この家屋の隣には倉庫やパン焼き釜の設置された家屋もあり(5)、これが市民たちの胃袋をも満たすパン屋の一般的な姿だったと考えられる。

一一六五年頃には市内のパン屋は二七店を数えたが、そのうちの二五店を聖墳墓教会が所有・経営しており、場所としては総大司教区に集中していた(6)。元来、製粉機使用権・水利権・パン焼き釜使用権は、領主の持つ特権の一つであった。

図2　市内側から見たダヴィデ塔（提供：森田安一氏）

しかし、エルサレム王国では、建国当初期より、領主である国王から様々な教会にそれらの権利が譲渡・寄進された(7)。その中でも、聖墳墓教会がパン屋の経営においてほぼ独占状態を築くことのできた理由は、製粉機の動力源となる貯水槽を抱えていたことと、総大司教区でいち早く人口増加の兆しが見られたことに求められる。

図3　ソロモン神殿（現アル＝アクサー・モスク）（提供：森田安一氏）

巡礼者のもてなし

実際にどれぐらいの数の聖地巡礼者が、都市エルサレムに留まったのかは不明である。しかし、都市領主であるエルサレム国王が、聖地巡礼者に便宜を図っていたことは確かである。一一〇七年に聖地巡礼を行ったキエフ出身の修道士ダニエルは、ダヴィデ塔の裏手にある聖サバス教会で通訳兼ガイドをあてがわれたおかげで、円滑な巡礼の旅を満喫できた。(8)そして、聖墳墓教会の前で、図らずとも出会ったボードゥアン一世について、次のように記している。

同じ金曜日の一時課［午前六―九時］、下賤の身でありながらも私は、ボードゥアン侯（エルサレム国王ボードゥアン一世）の面前に出でて、彼に深々とお辞儀をした。それを見た彼は、親しげな目線を送って言った。「ロシア人の修道士よ、お前は何がしたいのか?」と。（中略）私は彼に答えた。「侯さま、神の愛のために、そしてロシア人の諸侯たちのために、全ロシア人の諸国の名の下に、聖墳墓の上にランプを置くことを私にお許し下さい」と。格別の優しさと配慮でもって、彼は私に許しを与え、［イエスの］復活の地の管理人や聖墳墓の鍵の管理者のところに行けるように、彼の重臣の一人を私に付けて下さった。［そしてダニエルは、翌日もボードゥアンとミサなどの宗教儀礼をともにする機会を得た。(9)］

ダニエル自身はその後に帰郷したが、間違いなく彼はボードゥアン一世に魅了された一人であった。巡礼者という「お客さん」を大切にしようとする国王のパーソナリティーも、人口増加の一助となったのかもしれない。

一一一五年の移住政策

ただし、町の人口が本格的に増加するには、もう少し時間がかかった。都市エルサレムにおいても、少なくとも一一一二年までは、極度の人口不足の問題を解消するために、市内に残留したムスリムも重宝された。しかし一一一五年、ボードゥアン一世は、異教徒（ユダヤ教徒とムスリム）の市内居住を禁止するとともに、ヨルダン川方面からヤコブ派を中心とするシリア人キリスト教徒を市内に集団移住させる政策をとった。(10)これによって、旧「ユダヤ教徒区」は「シリア人区」に変えられ、フランク人支配下の都市エルサレムに第二の区画が設けられることとなった。この移住政策は、一般的には宗教的不寛容の政策であり、フランク人支配下のエルサレムには異教徒がまったくいなかったと考えられる根拠となっている。しかし後述するように、実際にはその後も一部の異教徒たちは市内に居住し続けた。

そもそも、町の再建には現地の技術とまとまった数の現地人賦役労働者を必要とした。都市エルサレムの城壁（市壁）は占領時に一部破損し、一一一三―一一五年の地震によってさらに一部が崩落したが、フランク人たちが城壁を修復することができたのは、移住政策の翌年である一一一六年のことであった。このことはすなわち、シリア人をはじめとする現地人の労働者の存在があって初めて、城壁の修復工事が可能であったことを示していよう。

また同年、エルサレム総大司教の愛人の一人がムスリムであり、子どもも設けたとの嫌疑が教皇庁に持ち込まれた。[11] 最終的に教皇庁は事実無根として嫌疑を退けたが、ここで重要なのは、そのような嫌疑が嫌疑として成立しえたということである。そして、一一一八年のボードゥアン一世の葬儀の際には、いわゆる「泣き屋」の中にムスリムもいたことが、フーシェ・ド・シャルトル（一一二七年頃没）の記述からわかる。[12] これらの事例は、あくまでも移住政策はそれまで市壁内に暮らしていた異教徒から市民権、すなわち自治権を剥奪するにとどまったものであり、従者・使用人・家内奴隷・賦役労働者などの形で少なからぬムスリムは居住し続けたことを示してくれる。

二　町の復活（一一二〇年代―四〇年代前半：ボードゥアン二世―フルク統治期）

一一二〇年のナーブルス会議と通行税の撤廃

一一二〇年、エルサレム北方に位置する王領都市ナーブルスにおいて、国王ボードゥアン二世（在位一一一八―三一年）とエルサレム総大司教グァルムンドゥスの共催による会議が持たれた。イナゴやネズミの大量発生に起因する飢餓状態、ムスリム勢力の侵入の激化、巡礼者や市民たちの殺害といった様々な困難に直面しているにもかかわらず、「享楽・肉欲」に耽る罪深き「民たち」を矯正する必要があったからである。会議の決議の第四―七条では姦通、第八―一一条ではソドミー、第一二―一五条ではムスリムとの性交、第一七―一九条では多妻について規定されている。[13] 特に後者二つの案件は、エルサレム市内にも使用人や家内奴隷としてムスリムが存在したことを示唆している。

その一方で、同年にボードゥアン二世は、エルサレムの市壁内で売るために持ち込まれる豆類や麦類などにかかる税を撤廃した。[14] 税免除の対象にはムスリム商人も含まれ、これにより、永住せずとも一時的に都市内に逗留するムスリムの数は増加したと考えられる。

ブルジョワ層の形成

そして一一二〇年代半ばより、エルサレムではブルジョワ層が形成されていく。[15]「ブルジョワ」とは「ブルガージュを有する者たち」を意味した。ブルガージュは市内や郊外の家屋・土地であることが多く、その所有に対する軍事奉仕義務はなく、課されるのは「サンス」という領主への賃借料の支払いのみであった。ただし、事実上その多くは自由財産として扱われた。[16]一一二四年のティール（現スール）占領や、一一二九年に執り行われたボードゥアン二世の娘メリザンドとアンジュー伯フルク五世との結婚、そして、一一二八年にテンプル騎士修道会が教皇によって正式認可されたことなどを受けて、ヨーロッパからの移住者が増加し、この新たな移住者たちがブルジョワ層を形成していったのである。

経済的・政治的に有力となったブルジョワの一部はブルジョワ・エリートとして、都市行政の主体である国王やその代理人である副伯をサポートする形で、市政に関与していくこととなる。我々は、証書史料より彼らの職種を垣間見ることができる。一一二〇年代からは、「両替商」・「鍛冶職人」・「ダヴィデ塔門番」、三〇年代からは「料理人」・「山羊商人」・「金銀細工師」・「皮革職人」・「大理石工」・「車大工」、四〇年代からは「為替業者」・「（雌）牛商人」・「通訳官」といった職種にある者たちが市政の場で活躍していったが、これに歩調を合わせる形で両替所や市場も徐々に整備されていったと考えられる（図4）。

騎士修道会層とドイツ人区の形成

先述のとおり、一一二八年にテンプル騎士修道会が正式に認可された。「祈る人」である修道士と「戦う人」である騎士という対極的な二つの役割を融合した、新奇な修道会の誕生に刺激される形で、聖ヨハネ修道会や聖ラザロ修道会も騎士修道会へと転身した。[17]聖ラザロ修道会は市壁外に位置していたが、市内に本部を持つテンプル騎士修道会や聖ヨハネ修道会は、市内人口の増加に寄与したばかりでなく、それを背景として都市行政にも大きく関与していった。その結果、一一三〇年代半ばには、教会人層と俗人層の間に位置する騎士修道会層が、一つの社会層として明瞭な形を持って現れてくる。一一六五年にエルサレムを訪れたドイツ出身の聖職者ヨハン・フォン・ヴュルツブルクや、同じころに訪れたイベリア半島出身のユダヤ人、ベンヤミン・デ・トゥデラ（一一七三年没）の記述によると、聖ヨハネ修道会は市内に四〇〇人の騎士を有し、テンプル騎士修道会も三〇〇人の騎士を有していた。なお、テンプル騎士修道会の厩舎には二〇〇〇頭の馬と一五〇〇頭の駱駝がいた。[18]

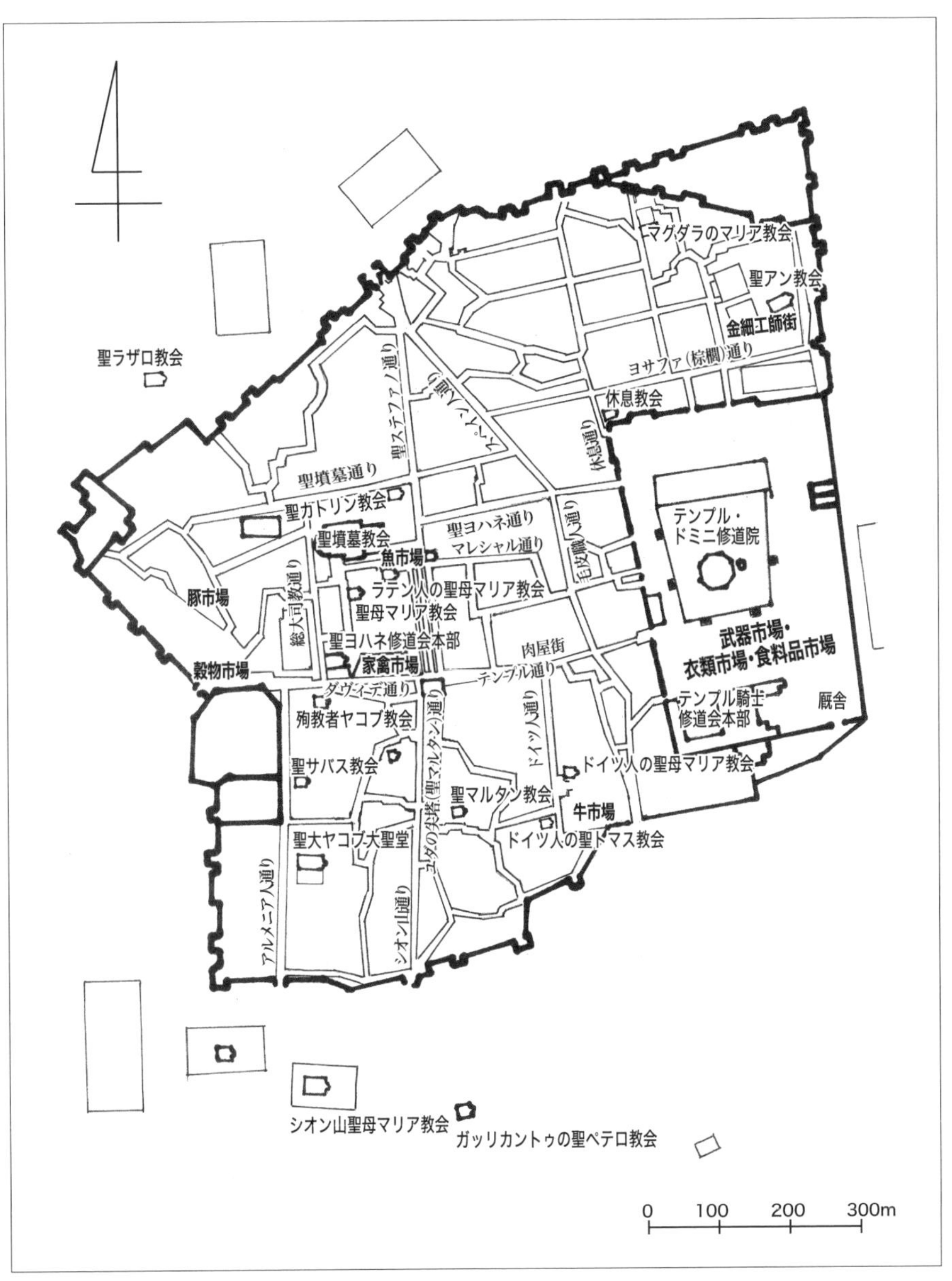

図4　十字軍支配下の都市エルサレム（通り・教会・市場など）

騎士修道会に関連してもう一つ加えておくべきことは、後のドイツ騎士修道会の前身組織となる聖母マリア施療院が、一一四三年に市内の南部に建立されたことである。[19] そしてそれを核として、第三の区画となる「ドイツ人区」が形成された。エルサレムのフランク人たちはフランス語を日常言語としていたが、ドイツ人区の形成は一一四〇年前後にゲルマン語圏からの移住者が大きく増加したことを端的に物語っている。このようにして、一一四〇年代前半には町の人口は約二万人までに回復した。

図5　現在のヴィア・ドロローサの道標（提供：森田安一氏）

巡礼の保全

言うまでもなく、キリスト教にとっての最大の聖地であるエルサレムでは、大規模な宗教儀礼が行われた。イースター（復活祭）では、巡礼者を含むキリスト教徒たちはエルサレム南東のベタニアから行進を開始し、ヨサファ門から市内に入って「悲しみの道（ヴィア・ドロローサ）」（**図5**）を通って聖墳墓教会に至り、そこで聖火の儀礼を行った。黄金門は通常は閉ざされていたが、棕櫚の主日（エルサレム入場の日、復活祭の一週間前の日曜日）と十字架挙栄祭（九月二七日、正教会・東方教会のみの儀礼）の日などに開門された。[20]

エルサレムを訪れた巡礼者たちのほとんどは、市内のすべての教会を巡った。しかし、彼らが訪れたのは都市エルサレムのみではない。ベツレヘムやナザレといった近隣の聖所は言うまでもないが、余力のある者は、第一留であるエジプトのピラメセスを出発点とし、第四二留であるモアブ平原を終着点とする「聖なる行脚」まで行った。これに関する記述が一一三七年に聖地巡礼を行った作者不明の巡礼記以降に登場することから、[21] この頃には広範囲に及ぶ巡礼路の整備がな

された、巡礼者の安全がある程度確保されていたと思われる。(22)

エルサレム国王たちの墓参り

以上のような宗教儀礼は、あらゆる宗派のキリスト教徒に共通して重要なものであったが、征服者であるフランク人ならではの宗教儀礼もあった。一一三七年の巡礼記で初めて記されることとなるが、ヨーロッパ＝カトリック世界からやって来た巡礼者たちは、聖墳墓教会の中に置かれたゴドフロワ・ド・ブイヨンや、ボードゥアン一世などの歴代エルサレム国王の墓を参詣するようになった。彼らが目の当たりにしたゴドフロワの墓碑の表面には、次のような銘が刻まれていた。

> 驚嘆すべき星、ここにゴドフロワ公が眠る。エジプトにとっての脅威、アラブ人を逃亡へと追い込みし者、ペルシア人たちを四散させし者。国王に選ばれしも国王の称号を望まず、冠も抱かず。ただ彼は、キリストの僕であった。彼こそがシオンに光を回復せし者であり、カトリック信徒として、正しさと平等という聖なる教理に追随し、すべての分離派［カトリック以外のアタナシウス派キリスト教会］を退け、正しさを胸に抱きし者である。ゆえに、聖人たちと並んで、彼は月桂樹の冠に値するのである。武人の鑑、人々を支える力、教会人たちを支える綱。(23)

そしてその縁には、「祝福されしマリアがその栄光なる息子を抱いてから一一〇〇年［一〇九九年］の七月一五日、フランク人によってエルサレムが勝ち取られた」と刻まれていた。(24)

なお、ボードゥアン一世の墓碑銘は、次のとおりである。

> ここに、第二のユダス・マッカベウス（ユダ・マカバイ）であるボードゥアンが眠る。彼こそが、国［エルサレム王国］の希望であり、教会の誇りと強さである。傲慢なケダルとエジプト、ダンとダマスクスは、彼の力を恐れ、恭しく贈り物と税を彼に差し出した。ああ悲しいかな。彼はこのみすぼらしい碑の下で眠っているのである。(25)

娯楽

これらの大規模イベントとは別に、日常的な娯楽もあった。フランク人たちの代表的な娯楽はボードゲームであり、店先などが遊技場となっていた。一一三二年、ダイス遊びをしていたヤッファ伯ユーグ二世デュ・ピュイゼ（一一三四年没）がブルトン人の騎士に襲われるという事件が起こったが、バックギャモンのようなダイス遊びや、チェスは初期から楽しまれていたようである。そして、ドイツ人区の形成に伴って、「製粉所ゲーム（Mühlespiel）」がドイツ語名のままで広まっていった。なお、製粉所ゲームはナインメンズモリスのような遊技である。(26)

三　町の成長（一一四〇年代後半―六〇年代前半：ボードゥアン三世統治期）

第二回十字軍の結果としてのさらなる人口増加

一一四四／四六年のエデッサ伯国の滅亡と、その回復を目指した一一四八年の第二回十字軍の失敗は、旧エデッサ伯領内に居住していたフランク人やアルメニア人からなる難民のエルサレム王国領内への流入をもたらし、都市エルサレムもその例外ではなかった。また、第二回十字軍に従軍した十字軍士たちの中には、例えばルノー・ド・シャティヨン（一一八七年没）のように十字軍国家領内に留まる者も少なくなかった。さらに、第二回十字軍以降には、ヨーロッパ世界からの聖地巡礼者の数も増加傾向を見せ、後に見るように、都市エルサレム内における観光産業の発展を促進した。

この頃に市内の教会も飽和状態を迎えた。約六〇にまで及んだ教会や礼拝堂は、建築資材の不足から基本的には以前にあった物を修復する形で活用され、様々な様式の入り交じったものとなった。一一六〇年頃にアルメニア使徒教会の総主教座教会として再建された聖大ヤコブ大聖堂は、その一例として挙げられる。(27) 過密となりつつあった空間に新たな教会施設が造営される際には、トラブルが生じることもあった。例えば、一一五四年、聖ヨハネ修道会は聖墳墓教会の門の前に、より高くより豪華な病院の建設を開始した。そこに多くの鐘を付けて四六時中打ち鳴らし、建設に苦情を呈した総大司教によるミサを妨害までした。(28)

以上のような、教会をはじめとする建物の建築・修復ラッシュが一一五〇年代の特徴であったことは、同時期に「石工」や「生垣（もしくは庭）職人」が市政に参加していった痕跡を残していることが傍証してくれる。

「新村（nova villa）」の建設

一一五〇年代には都市エルサレム周辺の農村の人口も飽和状態になったため、新たな村落が建設され、そこにフランク人が入植していった。(29) この時期に建設された村落は、パルウァ・マフメリア（現クバイバ）、マグナ・マフメリア（現ビーラ）、ヒルバト・アル＝ブルジ（現クルム）の三つであり、いずれも市の西方一二―一五キロメートルに位置した。なお、ヒルバト・アル＝ブルジでは、フランク人の造営したワイン製造所の跡が発掘されている。(30)

金貨の製造

日常生活を支える上で、貨幣が必要であったことは言うまでもない。一二世紀のエルサレム王国では国王のみが貨幣製造（打造）権を有し、王都のエルサレム、アッコン、ティールに製造所があった。エルサレムの貨幣製造所はダヴィデ塔内に置かれた。[31]貨幣はエルサレム王国の建国当初から製造されたが、一一五〇年代までは銀貨（デナリウス／ドゥニエ銀貨）・銅貨（フォリス銅貨）・ビロン貨（銀と銅の合金硬貨）・オボール貨（デナリウス銀貨の二分の一の価値の硬貨）に限定されていた。金貨は製造されず、ムスリム政権下で製造されたディーナール金貨や、ビザンツ帝国で製造されたヒュペルピュロン金貨などが流用された。

しかし一一六〇年代前半より、独自の金貨であるベザント金貨が製造され始めた。カトリック世界における初めての金貨である。ベザント金貨には、ラテン語が打刻されたものと、アラビア語が打刻された「サラセン・ベザント」との二種類があった。[32]このことは、エルサレム国王がキリスト教世界とイスラーム教世界双方との経済活動を視野に入れていたことを物語っている。このような独自の金貨の製造を可能にした背景には、次に見るように、一一五〇年代の大きな経済的発展があった。

目抜き通りの整備

一一五二年、ボードゥアン三世（在位一一四三―六三年）の母メリザンドによって、シリア人両替所とフランク人両替所の間に、三本の通りが敷設された[33]（図6）。一番西の「ハーブ通り」では、魚・卵・家禽・チーズ・香辛料・ハーブ・果実などの食材が売られた。真ん中の「軽食通り」では調理肉が売られ、通りの北には「理髪師／（見習）医師」が店を構えていた。巡礼者や商人といった一時的逗留者に便宜を図ってのことであろう。実際に、調理肉は巡礼者たちにとっての人気商品であり、腹を満たした後に彼らは洗髪して長旅の疲れを癒したのであった。そして、一番東側の「舗装道路通り」では、主として卵が商品として扱われた。これらの通り沿いには二階建ての建物が設けられ、上階は商人・職人の住居や倉庫として使用された。[34]

三本の新設通り沿いの建物の上部には、アーケードも設けられた。店長はフランク人とシリア人の雑居状態であったが、経営者は主として修道院や騎士修道会であった。店の経営権は、国王から寄進されたものであった。

貨幣封を支えた商業

ラテン語で「フンダ」、フランス語で「フォンド」と呼ばれる市場やバーザールは、都市エルサレムにおいては、総大司教区内にある豚市場を除いて、そもそもは国王の所有物であった。個別の店の経営権は、上記のとおり教会・修道院などに寄進されたほかには、貨幣封として家臣である騎士たちや、ヴェネツィアやジェノヴァといった地中海沿岸の商業都市に下封された。(35) 貨幣封に立脚する封建制はエルサレム王国をはじめとする十字軍国家に特徴的なものであり、安定した貨幣経済を前提とするシステムであった。(36) 従って、目抜き通りの整備は、軍事力の安定化も射程に収めてのことであった。

図6　十字軍支配下のエルサレム（中心部）

医療体制の充実

さて、軽食通りの北端に医者が店を構えていたことについては上で触れたが、都市エルサレムの医療体制が整備されて充実していくのも、一一五〇―六〇年代のことであった。周知のとおり、聖ヨハネ修道会や、ドイツ騎士修道会の前身組織が病人や負傷者の看護に当たったが、このような組織に加えて、シリア人区にはメルキト派（ギリシア正教会に属するが、アラビア語で典礼を行う宗派）の医者集団が存在した。例えば、幼少よりハンセン病に冒されていたボードゥアン四世（在位一一七四―八五年）の主治医であったアブー・スライマーン・ダウードとその息子ムハドダーブは、メルキト派の医師であった。

軽食通りの医者はフランク人であったが、シリア人の医者のほうが重宝されたようであり、彼らの居住空間はシリア人区に限定されなかった。例えば、シリア人の医師ブルファラゲ（アブル・ファラジ）は、ドイツ人区内の聖マルタン区に、聖墳墓教会聖堂参事会から家屋を賃借して居住していた。彼のような医者は、ボードゥアン三世の毒殺後に導入されたライセンス制に基づいて、医者である証として青マントを着用していた。(37)

四　町の成熟（一一六〇年代後半—八〇年代：アモーリー—ギー・ド・リュジニャン統治期）

『ジャン・ディブランの書』に見る騎士数・従者数

ヤッファ伯ジャン・ディブラン（一二六六年没）が晩年に作成した法書『ジャン・ディブランの書』には、エルサレム王国領内で各自が負担すべき騎士数や従者数が記されている。(38)都市エルサレムに関わるところで見ると、国王の封建家臣である騎士の数は四一人であった。ここに、先述の騎士修道会士の数を合わせると、一一六五年頃においては、町の人口の約四パーセントが騎士であったということになる。

一方、総大司教が提供すべき従者数は五〇〇人、同じく聖墳墓教会聖堂参事会も五〇〇人、ヨサファ谷聖母マリア修道院とシオン山修道院は各一五〇人、オリーブ山修道院、テンプル・ドミニ修道院、ラティーナ修道院は各五〇人、そして、都市エルサレムは五〇〇人であった。従って、人口の約一〇パーセント（騎士修道会も合わせると約一三パーセント）が都市エルサレムの抱える軍事力であった、ということになる。

一一六三年に即位してから五度にわたるエジプト遠征を敢行したことで知られるエルサレム国王アモーリー（在位一一六三—七四年）であるが、彼と古参の世俗諸侯たちとの対立は深刻な問題であった。軍事力を増強させるために彼がとった方策は、新たにヨーロッパから到来した、いわば新参者を重用することと、騎士修道会組織との関係を、従来以上に密接なものにすることであった。(39)その結果、その統治下では都市エルサレムの軍事力も最高潮に達した。

征服の記念日

アモーリーの統治下で征服の記念日とその前夜祭（七月一四日・一五日）、およびゴドフロワの死去した七月一九日がゴドフロワを偲ぶ日として、設定された。言うまでもなく、これは巡礼で訪れた者を含めて、フランク人たちを鼓舞するためであった。

征服の記念日では、まず聖墳墓教会において次のような祈りの文言が詠まれた。

その驚嘆すべき有徳さにより、異教徒の手からあなたの町エルサレムをお救いになり、キリスト教徒へとお戻しになられた全能にして永遠なる神よ。願わくば、毎年この聖なる日を献身的に維持する我らが、我らの主を通じて、天上のエルサレムの喜びをともにするに値するか見定めてもらうために、我らとともにここにあり、我らをお救い下さい。（中略）おお、主よ。願わくば、我らが恭しくあなたに捧げるこの申し出を、寛容にお受け取り下さい。そして、その人知を超えたお力で、エルサレムが異教徒の手から救われたこの聖なる日を維持している我らが、最後の審判の日に、我らの主を通じて、天上にあるエルサレムの住民になるのに値するようになることを、叶えて下さい。（以下略）

その後、総大司教を先頭とした人々が聖墳墓教会を出発してテンプル・ドミニ（主神殿、現岩のドーム）を参詣し、黄金門から市街に出た後に、かつてゴドフロワが侵入した北門（マグダラのマリア通用門）から市内に再入場したのであった。(40)なお、アモーリーの後を継いだボードゥアン四世の国王戴冠式は、征服の記念日に挙行された。(41)

観光産業の発展

しかし、アモーリーの統治下での都市エルサレムが、閉鎖的であり、軍事に特化した町へと変貌を遂げた、というわけではなかった。そもそも、貨幣封を維持するには、経済の活性化を促す必要があった。そしてむしろ、アモーリーによるエジプト遠征の結果として、より多くの、より様々な人々がエルサレムにアクセスできるようになり、一一六〇年代後半以降、聖都エルサレムは観光都市としての姿をより一層明瞭にしていく。一一六五年に聖地巡礼を行ったヨハン・フォン・ヴュルツブルクは、エルサレムに集った人々について、次のように記している。

私は、様々な人種・民族・言語の人々によってエルサレム内に保持されている礼拝堂や小さな教会の多くについては、割愛してきた。というのも、そこにはギリシア人、ブルガリア人、ラテン人、ドイツ人、ハンガリー人、スコットランド人、ナバラ人、ブルトン人、イングランド人、フランス人、ルテニア人、ボヘミア人、ジョージア人、アルメニア人、ヤコブ派、シリア人、ネストリウス派、インド人、エジプト人、コプト派、トルコ人、マロン派や、あまりにも長くなるのでここでは記しきれない非常に多くの他の人種・民族がいるからである。(42)

また、巡礼を許されたムスリムやユダヤ教徒の姿も数多く記述が現れるようになるのもこの頃からであり(43)（**図7**）、一一七五年頃に作成された作者不詳のラテン語の聖地巡礼記も、

「美しき門」で多くのムスリムが神を崇めている姿を目の当たりにしている。(44)

宗教や宗派の別を問わず、聖地巡礼者という「お客様」のさらなる増加は、観光産業のさらなる発展を促した。宗教儀礼用品を中心とした金銀細工・蝋燭・オリーブ油から作る石鹸などが、土産品として売られた。高額な商品には手の出ない巡礼者たちのために、シリア人の経営する金銀細工店では、エルサレム巡礼を行った証とされる棕櫚の葉も売られ、巡礼者たちは皆それを購入した。(45)

図7　ユダヤ教徒にとっての最大の祈りの場である「嘆きの壁」(提供：森田安一氏)

輸出産品

都市エルサレムの産業・商業を支えたのは、当然のことながら市内での消費のみではなかった。一一七〇年代からは、シリア、エジプト、アラビア半島のムスリム政権下にある諸都市との交易がさらに発展していくこととなった。都市エルサレム自体は商業都市としての魅力に欠けていたが、幾つかの代表的な輸出産品を有していた。陶器や金属加工品の製造は主としてフランク人によって担われたが、多くの産業とその技術は現地の人々によって支えられていた。従って、厳密に言えば、フランク人支配下において産業が発展したのではなく、フランク人による占領によって一時的に中断していた産業が一一七〇年代になってようやく復活した、ということになる。

具体的には、キビ砂糖、オリーブ油、セサミ油といった農産品のほかに、織物業とそれに付随する染色業が盛んであった。織物業は、より北方のアンティオキアやトリポリなどではビザンツ帝国の絹織物の伝統が受け継がれたが、エルサレムではより廉価な綿織物や毛織物を中心としていた。ヨルダン川のインディゴ、死海の瀝青（れきせい）、イェリコのバルサムといった染料に立脚する染色業は、ユダヤ教徒の独占産業であった。[46] 染色業を営む四人のユダヤ教徒がダヴィデ塔の近くのアルメニア人区内に居住していたことが、ベンヤミン・デ・トゥデラの旅行記より明らかとなっている。[47] すなわち、いったんは追い出されたはずの「異教徒たち」もまた、市壁内に暮らし、エルサレムの産業の一翼を担っていたのである。

アルメニア人区の形成と王宮の移転

聖地巡礼者や十字軍士としてやって来た人々の一部が永住を決意した結果、一一七〇年代には町の人口は約三万人にまで膨張した。この頃になって、ようやく第四の区画である「アルメニア人区」がダヴィデ塔の南に形成された。世俗諸侯との関係があまり良好ではなかった国王アモーリーが、アルメニア人から構成されるトゥルコポーレース（短弓騎兵）を重用したからであると考えられる。[48]

このアルメニア人区の形成に伴う形で、ダヴィデ塔の南隣接地に王宮が建設された。征服から七〇年を経て、ようやく国王のための宮殿が建造されたのである。

一一六〇年代後半以降に台頭してきたブルジョワたち

上で触れてきたように、市政に参入するブルジョワ・エリートとして活動する者たちの肩書きは、世相を反映している。一一六〇年代後半以降は、「肉商人」・「市場の商人」・「倉庫長」・「轆轤（ろくろ）職人（陶器職人）」・「見習医／理髪師」、といった肩書きを持つ者が、新たに台頭してくることとなった。いずれも観光産業の発展の中で経済力を蓄え、市政面における力を得ていったものと考えられる。

そして、「被洗礼者（トゥルコポーレース長）」が台頭してきたのもこの頃である。上にあるように、アルメニア人のトゥルコポーレースたちはキリスト教徒であったためにアルメニア人区に居住することができた。しかし、トゥルコポーレースを構成したのは、彼らだけではない。主として農村部に居住するムスリムたちも、その重要な構成員の一部であった。そして、それを束ねる者たちは、キリスト教に改宗した上で市内に居住したばかりでなく、市政にも関与することができるようになったのである。

都市の過密化と日雇い労働者

一一七七年、一一一六年以来二度目となる大規模な市壁の修復がなされた。その背景には、劣化による崩落や、一一七〇年の地震による一部倒壊があったことに加えて、人口過剰の状態に対処するために市内空間を拡張する必要があったからである。そもそも、先に見た一一五〇年代に見られたフランク人による農村への入植は、都市内の人口が飽和状態にあった結果のことでもあったが、市内人口のさらなる増加は多くの日雇い労働者を生み出すこととなった。その状況を垣間見させてくれるのが、ジェルメン（ゲルマヌス）貯水槽の建造の模様についての年代記の記述である。

一一八四年、都市エルサレムは降雨に恵まれず、極度の水不足に苦しんだ。唯一の水源であるシロエの泉も枯渇した。この窮状に立ち上がったのが、ブルジョワのジェルメンであった。シロエの泉の近くに埋もれた井戸を偶然に発見したジェルメンは、私財を投じて用水路と貯水槽を造った。年代記が強調するのはジェルメンの自己犠牲の素晴らしさであるが、彼が日雇い労働者を募るために日々両替商街に足を運んだことも教えてくれる。[49] 日雇い労働者の存在は、町の発展と人口増加がもたらした負の側面であると言えよう。

おわりに

フランク人支配下の都市エルサレムは、完全に異教徒を遠ざけていたわけではなく、必要・現実に応じて異教徒との関係を構築しつつ、一一五〇年代頃になってようやく町としての完成形を見た。その町の姿とは、観光産業を中心とする産業・商業都市であった。

しかし、それからわずか二〇―三〇年の後に、都市エルサレムはフランク人の手から離れることとなる。エルサレム国王ギー・ド・リュジニャン（在位一一八六―九二年）が捕虜とされたハッティーン（ヒッティーン）の戦いから約二ヶ月後の一一八七年九月二〇日、サラーフッディーン（在位一一六九―九三年）がエルサレムに現れ、戦うことなくして一〇月二日に町は降伏した。そして、一一月一〇日までに保釈金を払った者の撤退が完了したが、その数は他所からの避難民を含む約六万人にまで上った。その後、一二二九―三九年、および一二四一―四四年に、都市エルサレムは一時的にフランク人の支配下に置かれたが、その間の町の状況の詳細はわかっていない。[50]

注

（1）本稿においては、主として次のものを基本文献として用いた。Benvenisti, M., *The Crusaders in the Holy Land*, New York/Jerusalem, 1970; Boas, A. J., *Jerusalem in the Time of the Crusades: Society, Landscape and Art in the Holy City under Frankish Rule*, London/New York, 2001; Zacour, N. and Hazard, H. (eds.), *A History of the Crusades*, 5, 6, Wisconsin, 1985, 1989.

（2）Albertus Aqiensis, "Historia Hierosolymitana," *Recueil des historiens des croisades occidentaux*, 4, Paris, 1879, Lib. 4, Cap. 4. 都市エルサレムと「音」の関係については、Shagrir, I., "Urban Soundscope: Defining Space and Community in the Twelfth-Century of Jerusalem," Id., Kedar, B. and Balard, M. (eds.), *Communicating the Middle Ages: Essays in Honour of Sophia Menache*, London/New York, 2018, pp. 103-120を参照。

（3） Willermus Tyrensis Archiepiscopus, "Historia rerum in partibus transmarinis gestarum," *Recueil des historiens des croisades occidentaux*, 1-1, 1-2, Paris, 1844, Lib. 9, Cap. 19.

（4） このことについては、キエフ出身の修道士ダニエルや一一三七年の巡礼者、ドイツ出身の修道士テオドリヒなど幾人かの聖地巡礼記作者が記している。Khitorowo, B.（tr.）, *Itinéraires russes en orient*, Paris, 1889, p. 25; Macpherson, J.（ed. and trans.）, "Fetellus（Circa 1130 A.D.）," *Palestine Pilgrims' Text Society*, 5, London, 1896, p. 5; De Sandoli, S.（ed.）, *Itinera Hierosolymitana crucesignatorum*（*saec. XII-XIII*）, 2, Jerusalem, 1980, pp. 316-317. なお、前後の期間も含むエルサレム巡礼や巡礼記については、櫻井康人「四―一三世紀の聖地巡礼記に見るイスラーム・ムスリム観の変遷」（『ヨーロッパ文化史研究』九号、二〇〇八年）四七―八八頁を参照。

（5） Bresc-Bautier, G.（éd.）, *La cartulaire de l'église du Saint-Sépulcre de Jérusalem*, Paris, 1984, No. 111.

（6） Bresc-Bautier（1984）, *La cartulaire de l'église*, No. 169.

（7） 記録上の初例は、エルサレム占領から一ヶ月後の一〇九九年八月に、ゴドフロワが聖ヨハネ施療院（聖ヨハネ修道会の前身組織）に与えたものとなる。Mayer, H.（ed.）, *Die Urkunden der lateinischen Könige von Jerusalem*, Vol. 1, Hannover, 2010, No. 3.

（8） Khitorowo, *Itinéraires russes en orient*, p. 5.

（9） Khitorowo, *Itinéraires russes en orient*, pp. 75-78.

（10） Willermus, Lib. 11, Cap. 27.

（11） Migne, J.-P.（ed.）, *Patrologiae crusus completes, series latina*, 163, Paris, 1855, col. 410.

（12） フーシェ・ド・シャルトル「エルサレムへの巡礼者の物語」レーモン・ダジール／フーシェ・ド・シャルトル（丑田弘忍訳）『フランク人の事績――第1回十字軍年代記』（鳥影社、二〇〇八年）三九三頁。

（13） Mansi, J.（ed.）, *Sacrorum Conciliorum Nova et Amplissima Collectio*, 21, Padova, 1748-1767, *rep.* Graz, 1960-1961, cols. 261-266.

（14） Bresc-Bautier, No. 27; Willermus, Lib. 12, Cap. 15.

（15） ブルジョワ層の形成と発展、および以下に登場するブルジョワの職種については、櫻井『十字軍国家の研究――エルサレム王国の構造』（名古屋大学出版会、二〇二〇年）、第九章およびそれに関連する附表を参照。

（16） Prawer, J., *Crusader Institutions*, Oxford, 1980, p. 151.

（17） 聖ヨハネ修道会の騎士修道会化、および騎士修道会層の形成過程については、櫻井（二〇二〇）『十字軍国家』第五章を参照。

（18） *Itinera*, 2, p. 244 f.; Adler, M.（ed.）, *The Itinerary of Benjamin of Tudela*, London, 1907, p. 22.

（19） Hiestand, R.（ed.）, *Papsturkunden für Kirchen im Heiligen Lande*, Göttingen, 1985, No. 51.

（20） *Itinera*, 2, pp. 244-245, pp. 346-349.

（21） Fetellus, *Palestine Pilgrims*, pp. 14-22.

（22） ただし、多くの巡礼記作者が記しているように、巡礼者たちは随所でムスリムの盗賊たちの恐怖と戦わねばならなかった。櫻井（二〇〇八）「聖地巡礼記」六四―六八頁。

（23） Fetellus, *Palestine Pilgrims*, p. 53.

（24） *Itinera*, 2, pp. 262-263.

（25） *Itinera*, 2, pp. 330-331.

(26) Rozenberg, S. (ed.), *Knights of the Holy Land: The Crusader Kingdom of Jerusalem*, Jerusalem, 1999, pp. 287-291.

(27) Riley-Smith, J. (ed.), *The Oxford Illustrated History of the Crusades*, New York/Oxford, 1995, p. 162.

(28) Willermus, Lib. 18, Cap. 2-3.

(29) 十字軍国家の「新村」については、櫻井（二〇二〇）『十字軍国家』第一三章を参照。

(30) Rozenberg (1999), *Knights*, p. 251.

(31) エルサレム王国をはじめとする十字軍国家の貨幣全般については、Berman, A. G. (ed.), *Coins of the Crusader States 1098-1291*, New York, 1994; Metcalf, D. M., *Coinage of the Crusades and the Latin East in the Aschmolean Museum Oxford*, London, 1995, を参照。

(32) 櫻井「「ベザント」考」（『フェネストラ：京大西洋史学報』第五号、二〇二一年）一—一二頁。

(33) Bresc-Bautier, No. 36.

(34) Mas Latrie, M. L. (ed.), *Chronique d'Ernoul et de Bernard le Trésorier*, Paris, 1871, p. 196.

(35) 貨幣封とは、封主から封臣に、土地の代わりに金銭で授けられた封のことである。商業都市と貨幣封との関係については、櫻井（二〇二〇）『十字軍国家』第一二章を参照。

(36) Prawer, J. *The Latin Kingdom of Jerusalem*, Jerusalem, 1972, rep., *The Crusaders' Kingdom: European Colonialism in the Middle Ages*, London, 2001, pp. 407-413; Murray, A., "The Origin of Money-Fiefs in the Latin Kingdom of Jerusalem," France, J. (ed.), *Mercenaries and Paid Men: The Mercenary Identity in the Middle Ages*, Brill, 2008, pp. 275-286.

(37) 十字軍国家の医師、および医療体制については、櫻井（二〇二〇）『十字軍国家』第一一章を参照。

(38) 詳細は、櫻井（二〇二〇）『十字軍国家』第四章を参照。

(39) 櫻井（二〇二〇）『十字軍国家』第二章、第五章などを参照。

(40) *Itinera*, 2, pp. 290-293.

(41) エルサレム国王の国王戴冠については、櫻井（二〇二〇）『十字軍国家』第二章を参照。

(42) *Itinera*, 2, pp. 290-291.

(43) *Itinera*, 2, pp. 236-237; *The Itinerary of Benjamin*, p. 23.

(44) *Itinera*, 3, pp. 92-93.

(45) *Chronique d'Ernoul*, p. 193.

(46) Prawer (2001), *Crusaders'*, pp. 393-395.

(47) *The Itinerary of Benjamin*, p. 22. なお、「四人」という数字について、写本によっては「二〇〇人」と記しているものもある。M・アドラーも示しているように、この混乱は、ヘブライ語の数字の「四」を表す「ד(ダレット)」と、「二〇〇」を表す「ר(レーシュ)」が似通っていることに起因するのであろう。概して前者の数字がより信憑性の高いものとして受け入れられているが、後者の数字の可能性も排除できないと筆者は考えている。

(48) 十字軍国家におけるトゥルコポーレースについては、櫻井（二〇二〇）『十字軍国家』第八章を参照。

(49) *Chronique d'Ernoul*, pp. 120-123; Edbury, P. (ed.), *The Conquest of Jerusalem and the Third Crusade*, Aldershot, 1996, p. 16.

(50) ただし、ブルジョワの活動は再開されたようである。櫻井（二〇二〇）『十字軍国家』第一〇章。

山城から平城へ――近世クルディスタンにおける都市機能の変容

山口昭彦

やまぐち・あきひこ――上智大学総合グローバル学部教授。専門はイラン近世・近代史。主な著書に『クルド人を知るための五五章』(編著、明石書店、二〇一九年)、論文に"The Kurdish frontier under the Safavids," in R. Matthee, ed. *Safavid World*, Abingdon and New York: Routledge, 2021 などがある。

イラン西部、イラクとの国境近くの山間の盆地にサナンダジュという町がある。一七世紀前半にこのあたりを治めていたクルド系領主が建てた町である。本稿では、この領主一族が本来拠点としていた山城ハサンアーバードを捨てて新たにサナンダジュを造営した経緯を明らかにし、こうした山城から平城への転換により在地社会内部の権力構造や在地社会と国家権力との関係がどのように変化したのかを解き明かす。

一　クルディスタンと「山岳の民」クルド人

クルド人の町サナンダジュ

イラン西端、イラクとの国境に近い山間にサナンダジュという町がある(図1参照)。この辺り一帯に暮らすクルド人たちが一七世紀半ばにつくった町である。本特集で紹介される西アジア諸都市のなかで、おそらくもっともなじみのない町の一つだろう。華麗なる栄光を宿す王朝の都であったわけでもなく、美しいイスラーム建築で観光客を魅了するような町でもない。遠隔地から商人たちが訪れる強力な経済的磁場をもつ土地柄でもない。町の周囲を縁取る山並みなど自然は豊かだが、一見したところ、山間の盆地に開けた何の変哲もない平凡な地方都市である。さりながら、いったん歴史をひもとけば、その建設や発展は、西アジア地域が近世(およそ一六世紀から一八世紀頃)に経験した大きな政治的・社会的変動と深く結びついており、この町の成り立ちを考えることで、この地域における都市的集落のもつ特質やその変容の一端を示すことができるに違いない。これが本稿の目指すところである。

クルディスタンという土地

町の成り立ちをたどる前に、まずはサナンダジュを含むクルディスタンの地理的環境を確認しておこう。[1] クルディスタンとは文字どおりにいえば「クルド人の土地」、つまりクルド人が多く暮らす地域を大まかに指す呼称である。ちょうどトルコ、シリア、イラク、イランの四つの国の国境線が交差するあたりに相当する。明確な境界もなければ、そもそも地図に記されることさえまれだが、しかしおよそ一三世紀頃からはクルド人の居住地域がそのように呼び習わされて、徐々に一つのまとまりをもつ地域として認識されるようになった。[2] その地理的特徴をつかむために、まずは、西アジアの地形を示した**図2**をご覧いただきたい。北アフリカやアラビア半島からシリアやイラクにかけては一部をのぞき白っぽい平坦な大地に一面覆われているのがわかるだろう。古代文明を生み出したナイル川やティグリス・ユーフラテス川など大河川の周辺

図1　現在のサナンダジュ（筆者撮影）

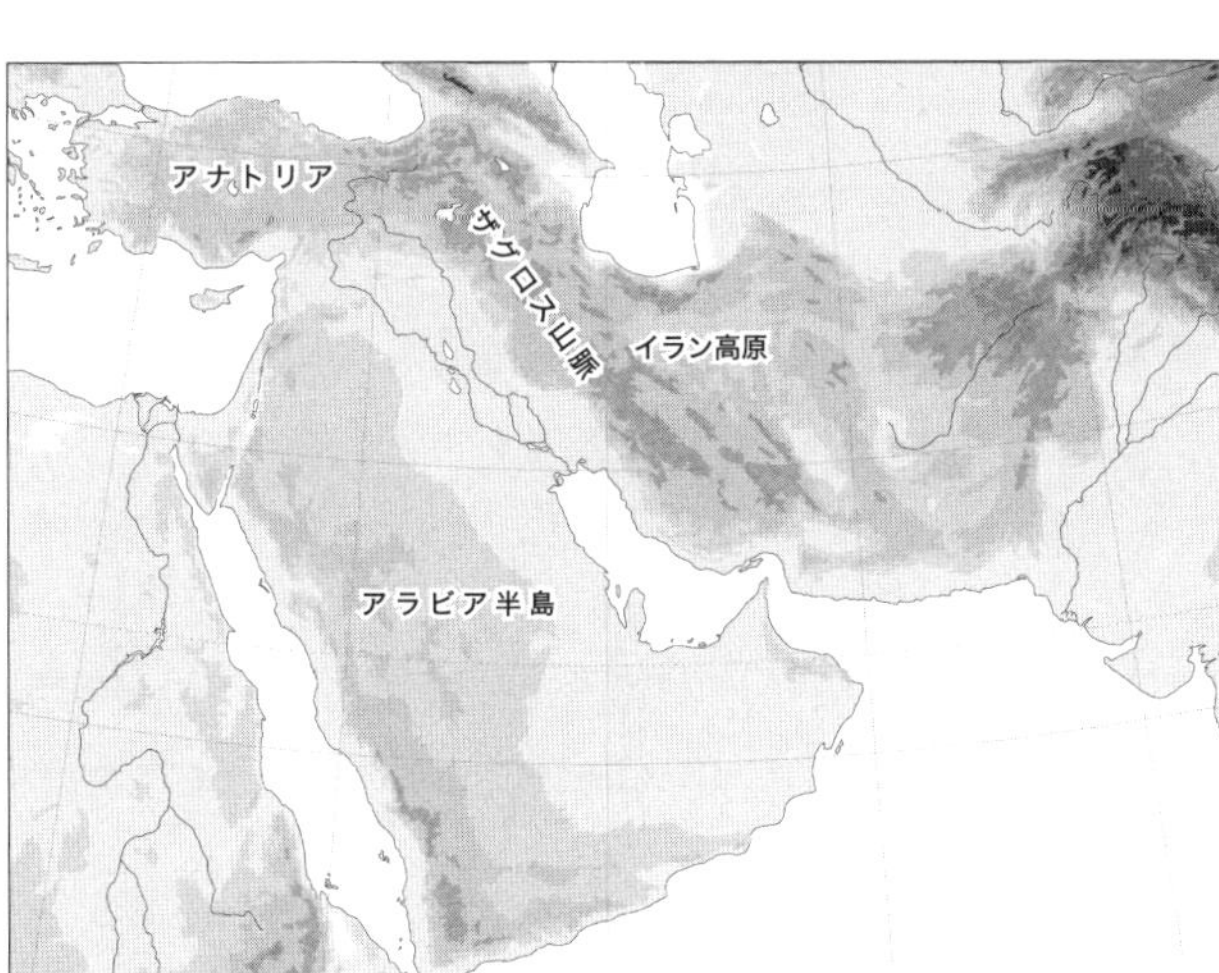

図2　ザグロス山脈

や地中海沿岸など一部の地域を除けば、その多くが沙漠である。ところが、その北や西に位置するアナトリアやイラン高原に目を転じるや、緑の混じる褶曲山脈へと一気に移り変わる。南からアラビア・プレートが衝突することで隆起したこの険しい山脈地帯、なかでもザグロス山脈とその周辺こそが、ほかならぬクルド人の故郷である。時にクルド人が「山岳民」と呼ばれるのは、このゆえである。

　このように、クルディスタンはイラン高原とメソポタミア平原とを分かつ巨大な壁のように屹立するザグロス山脈にそってのびるが、他方で、この壁を形づくる山々の間にできた渓谷などを縫うように何本もの通路が形成され、そのうちのいくつかは、東西ふたつの世界を結ぶ交易ルートとして遠く紀元前の昔から利用されてきた。すなわち、クルディスタンは一見、よそ者を寄せ付けぬ峻険な山岳地帯にありながら、中央アジアや中国からアナトリアや地中海方面へと連なる東西交渉の重要な通過地点としての役割も担ってきた。そして、これら交易路を扼する地点に戦略的に都市が築かれ、政治的・軍事的拠点として、あるいは経済的な中継地となってきたのである。

山城に拠るクルド系諸侯

　前近代のクルディスタンには、各地にアミールと呼ばれる君侯を戴く遊牧部族連合の小王朝が点在していた。ここでは彼らのことをクルド系諸侯あるいはクルド系領主と呼ぼう。彼らはおのおのザグロス山脈やその周辺の特定部分をみずからの所領＝縄張りとして牛耳り、勇猛果敢な部族民を率いて世襲の所領を維持・拡大しようとした一種の封建領主であった。日本史における大名のような存在と考えてもらえばいいかもしれない。当時のクルディスタン各地には、これら大小さまざまな遊牧部族集団が互いにしのぎを削り、外部の巨大な王朝権力に時にあらがいながら、あるいは服属しつつ、割拠していたのである。

　彼らは多かれ少なかれ、何らかの都市的集落をつくって農民や遊牧民などからなる領民を治めるための根城とした。そうした都市は通常、要塞を中心に形成されたが、クルディスタンにおいて特徴的なのは、この地域特有の複雑な地形をうまく利用しながら堅固な城塞を築いていたことである。つまり、険しい山脈地帯の谷間を縫うように走る細い交易路を見下ろす形で山頂に要塞が築かれ、眼下を通るヒト、モノ、情報を厳格に管理しようとしたのである。

　ところが、一七世紀に入った頃から、こうした山城を背景にした領域支配に大きな変化が見え始める。というのも、少なくともクルディスタンの一部（とりわけ現在、イランに含まれるクルド地域）では山城に代わり、要塞を内部に備えた「平城」が平野部に発達するようになってくるからである。

ここで、同時期の日本に目を転じると、かつて戦国時代に難攻不落の山城を築いて各地に割拠していた大名たちが、織豊政権以降、天下統一が進むにつれて山城を捨てて領内の統治に適した平地に城郭を建てるようになっていた。さらに、このことは、単に城郭の形態上あるいは立地上の変化に留まらず、この時代における全国的な集権的政治秩序の構築、すなわち幕藩体制の成立という巨大な政治的変化を体現するものであり、また、江戸時代を通じての各地の城下町の発展という社会的・経済的変化へとつながっていくものでもあった。

歴史的背景や地理的条件の違いはあるが、クルディスタンにおける都市形態の変容もまた、日本近世史に見られた山城から平城への移行という現象と共通する性格をもっていたのではないだろうか。こうした仮説を念頭に置きながら、本稿では、クルディスタンにおける都市の相貌を一変させる事態がなぜこの時期に起きたのかを具体的な事例を取り上げながら紹介してみたい。

二　クルド系有力諸侯アルダラーン家
サファヴィー朝とオスマン朝の狭間で

物語の主人公は、当時クルディスタンきっての有力クルド系諸侯として、現在のイラン＝イラク国境にまたがる広大な領地を代々治めていたアルダラーン一族である。伝承によれば、一四世紀頃には有力諸侯としてすでに現在のイラク北部に姿を現したこの一族が史料のなかにはっきりと登場するのは、一六世紀初めである。当時、この地域には誕生間もないサファヴィー朝（一五〇一—一七三六年）が支配を及ぼし始めており、他方、サファヴィー朝の拡大を牽制すべく西からはオスマン朝（一三〇〇頃—一九二二年）もまたクルディスタンの支配に強い関心をもつようになっていた。つまり、サファヴィー朝とオスマン朝という当時の二大強国の対立の狭間で、アルダラーン家を含むクルド系諸侯はいかにして生き延びるかを問われるようになっていたのである(3)。

結論を先取りすれば、この一族は、みずからの所領の各地に山城を築いてそれらを足掛かりにできるかぎりの自立性を保持しようとしたが、結局、一七世紀になりサファヴィー朝への服従を鮮明にするなかで、それまでの山城を捨て、近くの盆地に新たにサナンダジュを建設するにいたるのである。

草原の民と山岳の民

歴史上、遊牧民といえば、ユーラシア大陸を股にかけて移動し、王朝を築き上げたトルコ系やモンゴル系の騎馬遊牧民が最もよく知られていよう。彼らの間にいったん有能な指導者が現れると、その周りに多数の部族集団が団結して一気に大きな塊をなし、草原地帯を縦横に駆けめぐりながら各地を征服して巨大な帝国を築いた。突厥やモンゴル帝国などがその代表例だが、これらトルコ系・モンゴル系の遊牧民は中央アジアから西アジアへと流入し、一一世紀以降、イラン高原を中心にセルジューク朝（一〇三八—一一九四年）やイルハン朝（一二五六—一三三六年以降）などの王朝を建設していった。

トルコ系遊牧民がもっぱら「草原の民」であったのに対し、同じ遊牧民でもクルド系の人々は明らかに「山岳の民」であった。クルド系遊牧民たちもまた特定の有力家系を一種君侯として戴き、その周りに軍事集団としての部族連合体が形成された。しかし、おそらくはクルディスタンの地形的特徴、すなわちそびえ立つ山岳や切り立った渓谷のために各地域が分断された自然環境とあいまって、クルド系遊牧民の大半をまとめ上げるような大きな王朝が建設されることはなく、相対的に小規模の部族連合体が限定された地域を縄張りとして支配するにとどまった。草原の遊牧民がユーラシア大陸という大きな舞台で長距離の移動や移住をいとわなかったのに対し、クルド系遊牧民たちはおのずと長年住み慣れた土地にこだわる傾向が強かった。地域や時代によって異なるが、概ね、これら君侯たちは、外部から大きな政治権力が支配を及ぼしてくると、これに臣従することによって先祖伝来の土地を守ることを何よりも優先した。

ザグロス山脈から東アナトリアなど山岳地帯を居住地とするクルド系領主たちは、この地域の地理的な立地条件を最大限に活用する形で各地に山城を築いた。当時の史料には、この地域を征服しようとした歴代の王朝が、要害堅固の城塞をたのんで果敢に抵抗するクルド系諸侯の制圧にてこずる場面が何度も出てくる。

アルダラーン一族の台頭

アルダラーン家は、一四世紀半ば頃までにシャフラズール地方[4]、つまり現在のイラク北西部の都市スライマーニーヤ付近一帯の支配者として台頭した（**図3**参照）。ディヤーラー川（バグダードの南でティグリス川に合流）の上流にあたるこの地域は、イスラーム以前から、サーサーン朝（二二四—六五一年）の都クテシフォンとゾロアスター教の神殿のあるタフテ・ソレイマーンとを結ぶルートの中間地点として認識され、イスラーム期になってもイラン高原とメソポタミア平原をつ

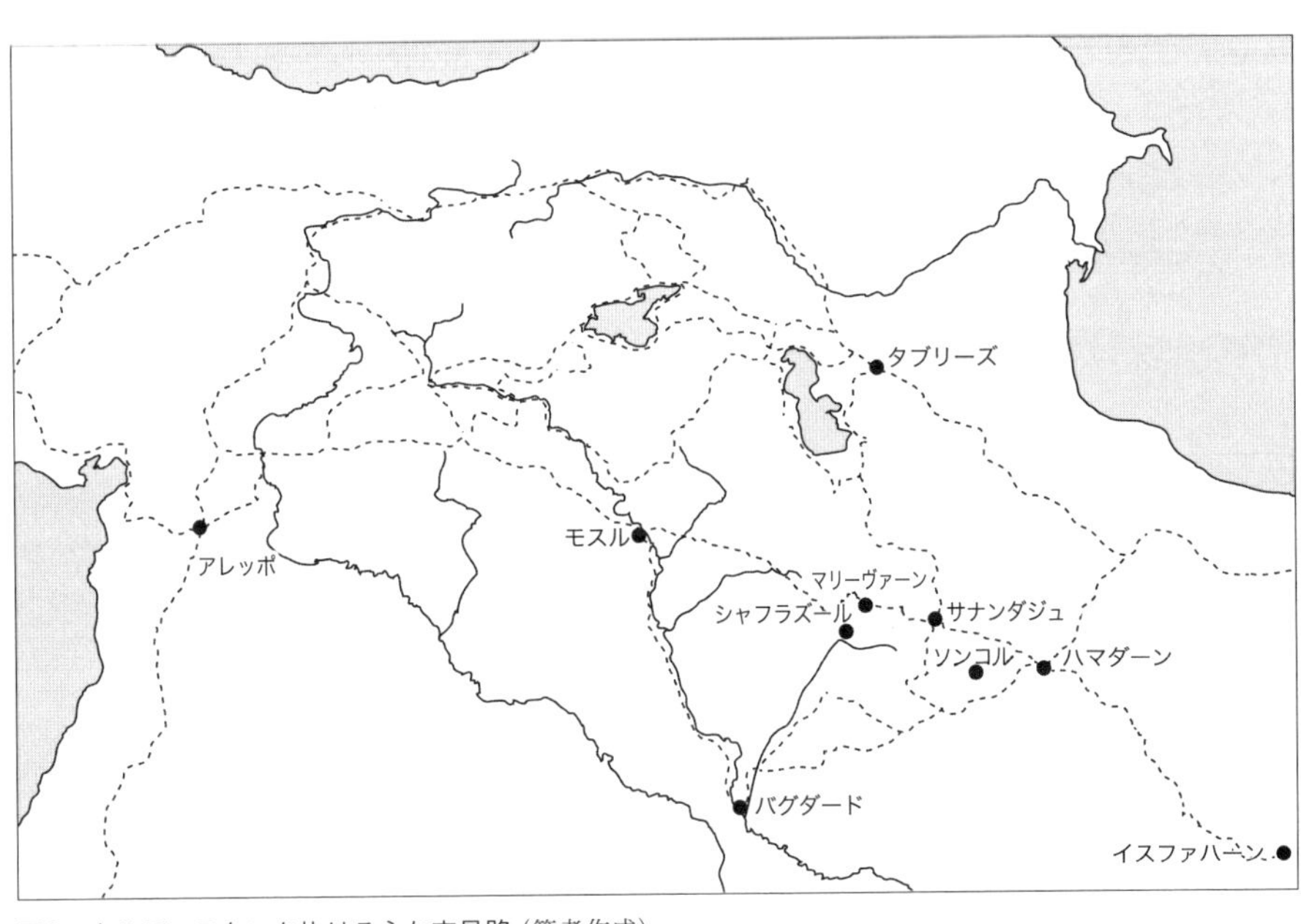

図3　クルディスタンを抜ける主な交易路（筆者作成）

など交通の要衝であった。ザグロス山脈西麓のこの地域には平原も広がり、おそらくディヤーラー川の水系を利用した豊かな農業生産が営まれていたことだろう。アルダラーン家は山頂など高台に堅固な要塞を築いて周辺に広がる平原地帯に点在する村々を支配していたに違いない。

とはいえ、一六世紀より前については、アルダラーン一族の動向はほとんどわからない。当時西アジア各地を支配していた主要な王朝ともあまり関わりをもたなかったのか、史料のなかでこの一族に触れた記述はまったくみあたらないのである。

一族の動向がはっきりと史料に残されるようになるのは一六世紀になってからである。先にも触れたように、このころ、クルディスタンは、イラン高原を掌中に収めたサファヴィー朝とその西方への拡大を押さえ込もうとするオスマン朝とが対峙する角逐の場となっていた。シャフラズールに拠点を置くアルダラーン家が紛争に巻き込まれるのも時間の問題だった。オスマン朝のスレイマン大帝（在位一五二〇―六六年）が一五三〇年代から五〇年代にかけて三度にわたってイラン遠征を試みた際に、ようやくアルダラーン家は史料に現れる。一五三三年、オスマン軍の先遣隊がシリアのアレッポに到着すると、アルダラーン家頭領ビーゲ・ベグは使者を立てて服

従の姿勢を見せている。圧倒的な軍事力を誇るオスマン軍が間近に迫るなか先手を打ったのである。(5)

ところが、その後、アルダラーン家内部の家督争いがオスマン＝サファヴィー紛争と密接に絡み合うようになった。兄ビーゲ・ベグがオスマン朝への服従を選んだのに対して、弟ソフラーブ・ベグは兄への対抗心もあってサファヴィー朝に仕えることを選んだ。こうして兄弟の間に大国の代理戦争とも言える武力衝突が繰り返され、最終的に親サファヴィー朝派のソフラーブが勝利することで決着した。(6) 一五五五年にオスマン朝とサファヴィー朝が長年の紛争に終止符を打って講和を結ぶと、アルダラーン家はその後およそ二〇年にわたってサファヴィー朝の支配に服した。

三　アルダラーン家の居城ハサンアーバード

要塞ハサンアーバード

この間、アルダラーン一族は徐々に東方へと所領を拡大していった。それまではもっぱらシャフラズール周辺にいくつもの要塞を構えていたアルダラーン家が、一六世紀末頃までには、現在のサナンダジュあたりまで支配地域を広げていたことがうかがえる。というのも、このころから史料のなかでアルダラーン家の当主が「ハサンアーバードの知事」と呼ばれるようになるからである。(7) ハサンアーバードとは、現在のサナンダジュの南西五キロほどのところに位置した要塞である。シャフラズールからは、直線距離にしても東に一〇〇キロ以上離れている。アルダラーン家の東方への移動の背景には、一六世紀半ば以降、オスマン朝がシャフラズール地方を支配下において、中央から知事を派遣するようになったこととおそらく関係していよう。(8) つまり、もともと縄張りであったシャフラズールに及んできたオスマン朝の支配から距離を置くように、アルダラーン家は徐々に東方へと領国支配の重心を移していき、こうして、一六世紀後半にはハサンアーバードは、アルダラーン家にとってもっとも重要な拠点の一つとなっていたのである。

ここで**図4**をご覧いただきたい。これは、一九三七年にアメリカの考古学者エーリヒ・F・シュミットらがイランで撮影した遺跡の航空写真の一つである。(9) シュミットは、この写真のキャプションの中では城塞の名称は不詳としているが、「サナンダジュに近い山の頂にある城塞」との説明から、ハサンアーバードであることは間違いない。城壁が山の尾根に沿って菱形状にくっきりと浮かび上がり、内部には長方形の建物の跡もうっすら映っている。

ハサンアーバード城が難攻不落であったことは、サファヴィー朝中興の祖アッバース一世（在位一五八七―一六二九年）がその制圧に手を焼いたことからもうかがえる。一六世紀末、サファヴィー朝では、半世紀に及んだ第二代タフマースプ（在位一五二四―七六年）の治世が終わると一気に王権が弱体化し、一〇年以上にわたって政治は乱れた。しかも、王朝の混乱に乗じて一五七〇年代末からオスマン朝が西から侵攻し、イラン西部一帯を占領していた。このため、アルダラーン家をはじめ、かつてサファヴィー朝に臣従していたクルド系諸侯は一部を除いて軒並みオスマン朝の支配を受け入れていった。こうしたなか、王朝の立て直しと巻き返しを図ったアッバース一世は、一六〇三年からオスマン朝に対する反撃と領土奪還に着手する。この過程でアルダラーン家もまた制圧の対象となったのである。ところが、サファヴィー朝軍は何度もハサンアーバード要塞の攻略を企てるが、攻めあぐね、結局、懐柔政策によってようやくアルダラーン家頭領ハルー・ハーンを屈服させた。(10)

図4　ハサンアーバード要塞の航空写真（Erich F. Schmidt, *Flights over ancient cities of Iran*, Chicago: University of Chicago Press, 1940）

　このときアッバース一世は、ハルー・ハーンの息子で、当時一〇歳ぐらいであったハーン・アフマド・ハーンをサファヴィー朝宮廷に差し出すことを求めている。一種の人質政策であったが、王の宮廷で教育を授け、王朝文化になじませ、王やその一族、あるいは廷臣たちと交わることで、王朝の支配層の一員としての意識を若いころから植え付けることを狙ったのである。その後、イスファハーンで青年期の一〇年以上を過ごし、アッバース王の姉妹の一人を妻として与えられたハーン・アフマド・ハーンは、王の忠実な家臣として対オスマン紛争でも活躍することになるのである。

図5　ハサンアーバード要塞址から見たハサンアーバードの町（筆者撮影）

2013年夏、サナンダジュを訪れた私は、城塞のある山頂まで上ろうと、タクシーを雇ってハサンアーバードの町に向かった。町はずれで車を降り、上を見上げると、遠くに石垣のようなものがかすかに見える。勾配のきつい砂利道を歩き始めるが、数十メートル進んだだけで息が上がる。夏の日差しがじりじりと照りつけるが、はげ山に日陰はない。ときどき立ち止まっては、息を整える。後ろを振り返り、周りを眺める。少しずつ視野が開けてくる。上を見ると城壁も近づいている。ところどころに明らかに人為的におかれたと思われる大きな石が転がっている。城壁の名残に違いない。こんなところにこれだけ大きな石をよくも運んできたものだとつくづく思った。

山城と城下町

当時のハサンアーバードについてもっとも生き生きと伝えているのは、オスマン朝の文人キャーティブ・チェレビー（一六五七年没）による証言である。一六三〇年のオスマン朝によるイラン遠征の際、従軍していたキャーティブ・チェレビーはハサンアーバードについて以下のように書き記している。[11]

> 上記の場所は、両側がなだらかな斜面になっていて、「キャウトハーネの谷」のように見事な一筋の谷である。その中央を小さな川が流れ、「世界の園」という名の宮殿が塔のようにそびえ、四角形に建てられていた。その前は庭園で、大きなポプラや木々が陰をつくり、大きな池があり、水が一方から入ってきて、もう一方へ流れる。上記の宮殿の両側は開いていて、イーワーンの天井は金の小片で飾られ、地階の真ん中に六角形の部屋、角にはそれぞれ四角い部屋があり、上階にも多くの部屋がある。これらの部屋のいくつかでは、白大理石と石灰と卵を調合した一種の見事な紙のような漆喰が塗られていて、他所では見られないものである。

ここでキャウトハーネというのは、オスマン朝の都イスタンブルの金角湾の奥に位置する風光明媚な丘陵地帯のことだが、[12]そびえ立つ山の頂上につくられたハサンアーバードの要塞は、この描写にはあてはまらない。そもそも川は流れていたはずはない。おそらくキャーティブ・チェレビーが紹介しているのは、要塞それ自体ではなく、その麓に位置するハサンアーバードの町の方だろう（**図5**参照）。

この推測を傍証するものとして、図6を見ていただきたい。これは、一五三〇年代初頭のスレイマン大帝のイラン・イラク遠征の際に通過した各地の城塞などを詳細に記録した史料に挿入されたものである。(13)絵に描かれているのは、クルディスタンの東端（サナンダジュの南東一〇〇キロほど）に位置するソンコル周辺の二つの町である。かなりデフォルメされた絵であるが、いずれも山頂に城壁で囲まれた要塞が築かれ、その麓に町が形成されていることがわかる。町自体が市壁で囲まれていないのは、いざというときには、山頂の要塞に立てこもることを想定していたからであろう。ハサンアーバードもおそらくは、これと同様に、山城とその麓の集落があわさって一つの都市として機能していたと思われる。このように考えると、キャーティブ・チェレビーが訪れたのは要塞ではなく、その麓にあった町の方であろう。いわば城下町である。アルダラーン家領主は、普段はおそらく山上の城塞内部に居住していたと思われるが、キャーティブ・チェレビーの証言を信じるならば、城下町にも何らかの邸宅を構えていたのだろう。

図6　ソンコル周辺の二つの山城（Naṣūḥü's-Silāḥī (Maṭrākçī), *Beyān-ı menāzil-i sefer-i ʿIrāḳeyn-i Sulṭān Süleymān Ḫān*, ed.Hüseyin G. Yurdaydın, Ankara: Türk Tarih Kurumu Basımevi, 1976, 41a）。

ところで、キャーティブ・チェレビーの証言のなかでもう一つ注意すべきは、「都市を飾る」という発想がアルダラーン家の人々にも芽生えつつあったことである。すでに述べたように、もともとアルダラーン家は所領各地にいくつもの要塞を有し、ときにそれらの間を移動していたと考えられている。つまり、彼らにとっての「首府」と呼べるようなものは有していなかった。ところが、アルダラーン家が東へと所領を広げて重心を移すにつれて、先にも述べたように史料のなかでアルダラーン家の頭領が「ハサンアーバードの知事」と呼ばれるようになるなど、明らかにこの要塞の中心性は他の要塞に比して高まっていったと思われる。

加えて、アルダラーン家の人々が当時のサファヴィー朝の都イスファハーンなどからの都市文化の影響を受けていたことも間違いない。青年期の多感な時期を雅な宮廷や華やかな都で過ごしたハーン・アフマド・ハーンにとって、イスファハーンが模倣すべき、あこがれの町となっていたことは想像に難くない。キャーティブ・チェレビーがハサンアーバードを訪れたのは、高齢になった父ハルー・ハーンに代わってハーン・アフマド・ハーンがアルダラーン地方の総督に任じられてから間もない頃である。「世界の園」と呼ばれた屋敷には、首都イスファハーンの華やかな都市文化への憧憬が映し出されていたに違いない。

四　新首府サナンダジュ

サナンダジュへの遷都

キャーティブ・チェレビーのハサンアーバード訪問から一〇年足らずで、アルダラーン家は本拠地をハサンアーバードから北へ五キロほどのサナンダジュに遷すことになった。その事情はおよそ以下のとおりである。

直接のきっかけは、一六三〇年代半ばになってハーン・アフマド・ハーンがオスマン朝に寝返ったことにある。アッバース一世の寵愛を受けていたハーン・アフマド・ハーンの突然の謀反について、サファヴィー朝側の史料は、彼の「乱心」によるものとしている。(14) その原因となったのが、当時、サファヴィー朝宮廷で育てられていた彼の息子が、故アッバース一世の後を継いで即位したばかりのサフィー一世（在位一六二九―四二年）によって盲刑に処せられたことである。このころ、サフィー王は王家の血統につながるものを粛清して、自らの地位を脅かす可能性のあるものを排除しようとしていたが、その一環として、母方を通じてサファヴィー家の血を引くハーン・アフマド・ハーンの子もまた犠牲となった。この仕打ちに怒ったハーン・アフマド・ハーンは、おりしもイラク遠征にやってきたオスマン軍のもとに走ったのである。(15)

この事態を受けて、一六三七年、サフィー一世は、アルダラーン家出身で自らのそば近くに仕えていたソレイマーン・ハーンをアルダラーン総督に任じている。彼こそが、サナンダジュという新たな都市を築いて、「アルダラーンの都」と定めた人物である。史料によれば、このとき、サフィー一世の命により、「クルディスタンの知事たちにとって避難や逃亡の場とならぬよう」ソレイマーン・ハーンはハサンアーバードをはじめ所領各地の山城を破壊したという。(16)

サナンダジュの立地条件は、ハサンアーバードとは対照的であった。周囲を山に囲まれる盆地に位置し、町のそばには川（ダッレ・バヤーン川）が流れていた。町はずれに今も残る墓地や墓廟などから、もともとこの場所には何らかの集落が存在したことが知られている。建設当時の町の様子を再現することは難しいが、一九世紀半ばにロシアの調査隊によって書かれた地図（**図7**）によるとサナンダジュの旧市街が市壁によって囲まれているのがわかる。[17] さらに、この市壁の内側の高台に要塞が設けられていた。いずれも、おそらくはソレイマーン・ハーンがこの町を拠点に定めた際に造営されたものと思われる。とはいえ、ハサンアーバードの要塞が接近困難な山頂につくられたのに対して、サナンダジュの要塞が盆地の谷間を流れる川のそばの丘の上につくられたことは、アルダラーン君侯領の政治的・軍事的拠点としての都市の性格が大きく変化したことを示している。

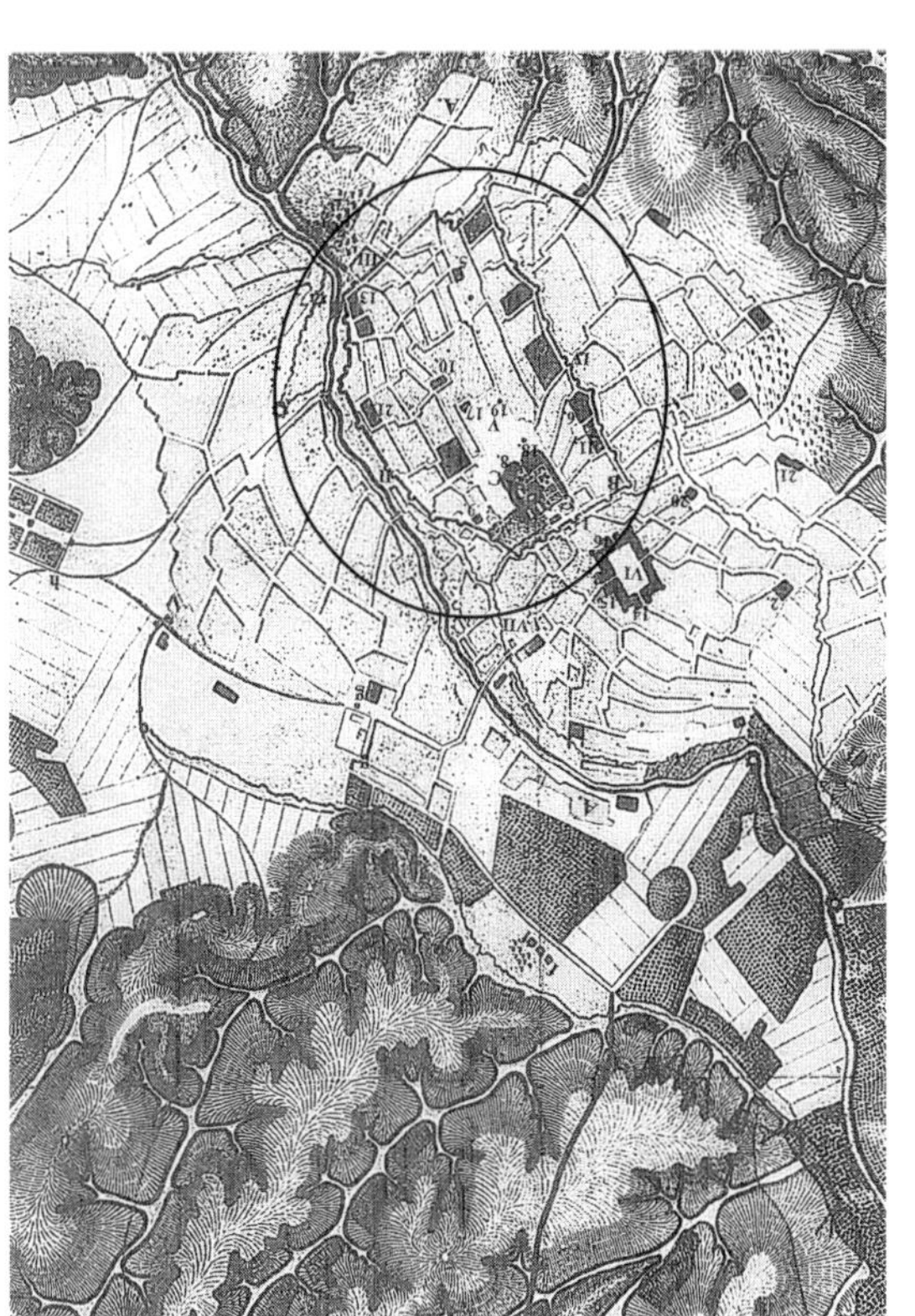

図7　1851年、ロシア調査隊が作成したサナンダジュの町の地図。円内の太線で示されているのが市壁（Mohammad Mehriyār *et al.*, *Asnād-e tasvīrī-ye shahrhā-ye Īrānī-ye dowre-ye Qājār*, Tehran: Dāneshgāh-e Shahīd Beheshtī, 1999, p. 196）。

さらにいえば、先にアルダラーン家の所領全体のなかでハサンアーバードが中心件を獲得していったことを指摘したが、サナンダジュの建設はそうした傾向を一層強めることになった。アルダラーン家の頭領すなわちアルダラーン家総督は、中央政府によって軍事遠征にかり出された場合を除けば常にこの町にあった。そして、この後、一九世紀に至るまで、アルダラーン一族内部で家督をめぐる争いが起こった際には、いずれがサナンダジュを掌握できるかが、常に最も重要な鍵となっていくのである。

アルダラーン家頭領の威信低下

サナンダジュの建設は、各地の山城を拠点に高い独立性を保持してきたアルダラーン家がサファヴィー朝に屈服したことを示す象徴的事件であった。実際、この後、アルダラーン家は、サファヴィー朝に公然と反旗を翻すことはなく、おおむね忠実な家臣として王朝の西部辺境の防衛にもあたっていた。にもかかわらず、サナンダジュの創設者ソレイマーン・ハーン自身を含め、この後の歴代アルダラーン総督のなかにはしばしば中央政府によって解任されてしまう事例が続く。これは、いったいどういうわけであろうか。

あらためて確認するならば、アルダラーン一族は一六世紀半ばにはじめてサファヴィー朝の支配を受け入れ、それと引き換えに世襲の所領に対する統治権を認められた。一種の本領安堵である。たしかに形式上は任命権が中央政府にあったであろうが、しかし、現実にはアルダラーン家内部で頭領として認められたものを中央政府が追認するのが慣例であった。当時のサファヴィー朝としては、アルダラーン家のごとき堅固な要塞をもつ辺境の有力地方豪族からは、形式的な服従を求めるのが精一杯であったからである。

ところが、アッバース一世の時代から、宮廷で養育したハーン・アフマド・ハーンを父に替えてアルダラーン総督に任じたように、あるいは、反旗を翻したハーン・アフマド・ハーンを解任してソレイマーン・ハーンを任じたように、政府によって頻繁に任免が行われるようになった。

とはいえ、これは、必ずしも政府が一方的かつ恣意的にアルダラーン家の相続に介入するようになったということのみを意味するわけではない。このことには、一方では、オスマン朝との関係の安定化にともなうアルダラーン家の頭領の性格の変化と、他方ではサナンダジュという町の成立にともなう在地社会の変化という要因が大きく働いていたからである。

アルダラーン家の頭領は、かつてオスマン朝とサファヴィー朝という二大帝国が対峙する厳しい国際環境のなかで生き残りをかけて戦う軍事指導者としての性格を色濃く有していた。先に挙げたハルー・ハーンは、最終的にはアッバース一世の圧力の前に屈服したとはいえ、まさにそうした指導者の典型であった。

ところが、一六三九年に結ばれたゾハーブ条約で両帝国の関係が安定すると、以後、アルダラーン総督は、ときに中央政府によって軍事活動にかり出されることはあっても、もはや強力な軍事的指導者として振る舞うこともなくなっていった。実際、武将としての能力に疑問符がつくような凡庸な殿様然とした人物が、頭領に就くようにさえなっていくのである。

都市名望家層の台頭――マヴァーリー家

アルダラーン総督の威信が低下するなかでむしろ発言力を高めていったのが、サナンダジュの名士層であった。史料のなかでは「サナンダジュの人々」といった曖昧な表現で登場する彼らは、主に宗教指導者やアルダラーン家に仕える有力部族の族長あるいは官僚層などから構成されていたと考えられる。なかでも、ウラマーと総称される宗教指導者たちの存在は大きかった。イスラーム法の専門家として彼らは社会秩序が安定的に維持される上で不可欠な存在であったからである。裁判官として宗教法に基づいた係争の処理に当たるとともに、日常生活や商業活動において必要とされたさまざまな契約にお墨付きを与えるのも彼らの任務であった。

アルダラーン君侯領においてこうした宗教指導者の存在を確認できるのは、ハーン・アフマド・ハーンの父ハルー・ハーンの時代からである。その助言者として、モッラー・ヤアクーブという人物がそば近くにいたことが知られる。[18]重要なのは、一七世紀も半ばを過ぎたころ、モッラー・ヤアクーブの息子モッラー・モスタファーが、サファヴィー朝宮廷によってアルダラーン領の裁判官職に任命されるようになったことである。そして、その後、マヴァーリー家と呼ばれるようになったこの一族は、代々、中央政府の任命によって同職を世襲的に受け継ぎながら、サナンダジュの有力名家の一つとなっていった。一八世紀の初頭にサファヴィー朝が滅んだのち、同世紀末までイランは内乱に陥るが、その時代にも、この一族は各時代の中央権力によって裁判官など宗教的な要職に任じられていった。[19]

この任免権の問題は、中央政府とサナンダジュを中心とする在地社会との関係においても重要な意味をもっていた。おそらくかつてはアルダラーン総督がこうした任命権をもっていたと思われるが、それを中央の権力が握り、裁判官としての給与も中央政府が決めるようになったことで、マヴァーリー家はアルダラーン総督から相対的に独立した地位を手に入れたことを意味したからである。つまり、総督の近くにあって必要に応じて助言し、サナンダジュの町を代表する名家の一つであるとともに、中央とのパイプも維持するような存在へと変貌したのである。

総督の任免にも彼らは深く関わっていた。というのも、史料を見ると、アルダラーン地方の名士たちがイスファハーンのサファヴィー朝宮廷に赴き、総督による「圧政」を訴えることで、その解任を引き出すという事例がしばしばみられるからである。他方で、一七世紀末、サファヴィー朝が一時的にアルダラーン家から総督職を奪って、中央から外部の者を総督として派遣し、その結果、地域社会に不満がたまった際には、マヴァーリー家出身の当時の裁判官が宮廷に出向き、アルダラーン家に再び総督職を授与してくれるよう願い出て、受け入れられている。宮廷とのコネを生かして、サナンダジュをはじめ、在地社会の利益を代表する動きをしていたことがうかがえる。

こうしたアルダラーン君侯領の中枢における権力関係の変化は、ハサンアーバードの山城が何よりもアルダラーン家の自立性を確保するための軍事的拠点としてつくられていたのに対して、サナンダジュがアルダラーン地方の行政上の中心地としてのみならず、サファヴィー朝国家による地方統治の足掛かりとしても機能することを期待されていたことを反映したものであった。つまり、一七世紀半ば以降、アルダラーン総督が強い指導力をもった武将として振る舞う余地が小さくなるなかで、サファヴィー朝宮廷にもパイプをもつ都市名望家層が台頭してきたのは、この地方における都市機能の変化を象徴するものであったのである。

サナンダジュの発展

最後に、サファヴィー朝が崩壊する一八世紀初頭までの一〇〇年足らずの間に「アルダラーンの都」サナンダジュがどのように発展したのかを、いくつかの史料をもとに確認しておこう。

一六四四年にイランを訪れたフランス人商人ジャン＝バプティスト・タヴェルニエ（一六八九年没）は、隊商とともにオスマン朝治下イラク北部のモスルからそのまま東に進んでサファヴィー朝領内、つまりはアルダラーン一族の支配地域に入り、おそらくはマリーヴァーンで迎えられた後に、サナンダジュに立ち寄りソレイマーン・ハーンのもとに滞在している（図3参照）。すでにゾハーブ条約が締結され、オスマン朝とサファヴィー朝との間で和平が実現し、国境地帯が永続的な安定を迎えた時代である。タヴェルニエは、モスルからサナンダジュを経てイスファハーンにいたるこのルートについて、「ペルシアに向かう通常のルートではないが、ペルシアの側でかかる関税が少なく、しかも、道は短く、隊商はアレッポからイスファハーンに向かうのに五八日しかかからない」と述べている。[20] サナンダジュが、オスマン朝とサファヴィー朝を結ぶ交易路の通過地点の一つとなっていたことがわかる。

さらに、ソレイマーン・ハーンの歓待を受けたタヴェルニエは、こう伝える。

彼の住む屋敷は、ペルシアで最も美しいもののひとつである。庭に面した歩廊に彼はいた。その床は金と絹の絨毯で覆われ、同じ材質の大きなクッションが壁に沿って並べられていた。(21)

ハーン・アフマド・ハーン同様、ソレイマーン・ハーンもサファヴィー朝宮廷で過ごしており、そのことがサナンダジュの造営にも反映しているであろうことが想像される。

その後一〇年ほどたった一六五五年には、オスマン朝の大旅行家エヴリヤ・チェレビー（一六八二年没）がイラン西部を旅行し、サナンダジュについての描写を残している。

周囲六〇〇〇歩の大きさの、日干し煉瓦で造られた美しい城であり、強固な堀があり、二つの門がある。キブラ方面［メッカの方角］にバグダード門、北にモスル門がある。城壁のなかには六〇〇の家がある。なかでもとくに豊かに飾られているのが、スルターン［総督］の宮廷である。…金曜モスク、隊商宿、公衆浴場、少ないが十分な数の店舗がある。(22)

エヴリヤ・チェレビーのイラン旅行については、その経路が理屈に合わないために、実際に旅行したのかどうかさえ、疑問が呈されてきた。(23)とはいえ、旅行記の中で言及されていること自体、この町が当時、イラン西部の主要都市の一つとなっていたことの証しと言えよう。

一七二二年、サファヴィー朝が事実上崩壊したのに乗じて、オスマン朝は再度、イランに侵攻する。このときオスマン朝は占領地において検地を実施し、都市や村、遊牧民について詳細な記録を残している。それによると、サナンダジュの町には、担税義務のある男子として一四二五人（うちキリスト教徒五二人、ユダヤ教徒二三〇人）が登録されており、おそらくは数千人規模の人口を有する町に成長していたものと思わ

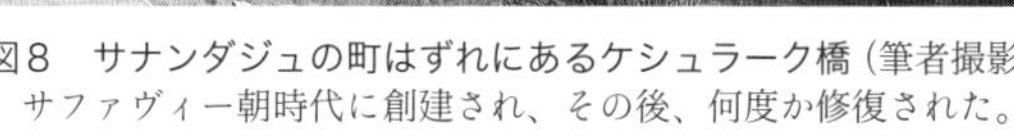

図8　サナンダジュの町はずれにあるケシュラーク橋（筆者撮影）
サファヴィー朝時代に創建され、その後、何度か修復された。

れる。税目を見ると、町を往来する商人たちが滞在するための隊商宿が建てられていたことやこれら商人たちから通行税が徴収されていたことがわかり、タヴェルニエの証言にもあるような商業機能を果たしていたことがわかる。また、西アジアの都市によく見られた染色場、屠殺場、皮なめし場、蝋燭工場などもあって、これら伝統的な手工業に携わる職人たちがサナンダジュにもいたことがうかがえる。(24)

台帳によると、一四二五人の納税者のうち、城壁(市壁)内に住んでいたのは二三九人、つまり六分の一ほどだった。もちろん、建設当初から交易部門に携わるものたちが暮らしたカータルチヤーン地区は城壁の外、つまり川を挟んで城壁の反対側に広がっていた。一八世紀初頭になって急に居住区が城壁の外に拡大したというわけではない。(25)ようするに、もともとすべての住民が城壁内に住んでいたわけではないが、それでも建設から一〇〇年近く経って、町の居住地域が城壁の外側のあちらこちらに広がっていたのは明らかである。

サファヴィー朝の崩壊後も、サナンダジュはアルダラーン君侯領の都であり続けた。王朝崩壊から半世紀、イランは戦乱の時代にあったが、それでもアルダラーン一族が再び山城に戻ることはなかった。平城への移行は不可逆的であったと言える。一八世紀末にイランを統一したカージャール朝(一七九六―一九二五年)のもとで近代化の一環として集権化が進むと、アルダラーン家は数百年にわたって握ってきた総督職を失う。一種の廃藩置県である。それでも、サナンダジュの町は、コルデスターン州(アルダラーン家の支配地域は、サファヴィー朝期から徐々にこのように呼ばれるようになった)の州都として、今日まで政治的・経済的・文化的な中心としての地位を保ち続けてきたのである。

注

(1) クルディスタンの地理をはじめ、クルド人については、山口昭彦編『クルド人を知るための五五章』(明石書店、二〇一九年)参照。

(2) 井谷鋼造「Nuzhat al-Qulūbに見えるアゼルバイジャン周辺の諸地方」(『東洋文化学科年報』四号、一九八九年)七八―八〇頁。

(3) 一六世紀前半、オスマン＝サファヴィー紛争に翻弄されるクルド系諸侯を描いたものとして、永田雄三・羽田正『成熟のイスラーム社会』(中央公論社、一九九八年)三二九―三四四頁。また、アルダラーン一族については、拙稿「周縁から見るイランの輪郭形成と越境」(山根聡・長縄宣博編『越境者たちのユーラシア』ミネルヴァ書房、二〇一五年)参照。

(4) Minorsky, V. and Bosworth, C.E., "Shahrazur," in: *Encyclopaedia of Islam, Second Edition.*

(5) İsmet Parmaksızoğlu, "Kuzey Irak'ta Osmanlı hâkimiyetinin kuruluşu ve Memun Bey'in hatıraları," *Belleten* 37, no.146, 1973, pp.

199-200.

（6） 拙稿「シャー・タフマースブの対クルド政策」（『上智アジア学』二五号、二〇〇七年）九二―三頁。

（7） Eskander Beg Monshī, *Tārīkh-e ʿālam ārā-ye ʿAbbāsī*, ed. Īraj Afshār, 2 vols, Tehran: Amīr Kabīr, 1971, p. 926.

（8） Ahmet Gündüz, "Şehrizor," *Türkiye Diyanet Vakfi İslâm Ansiklopedisi*.

（9） Erich F. Schmidt, *Flights over ancient cities of Iran*, Chicago: University of Chicago Press, 1940.

（10） 拙稿「周縁から見るイランの輪郭形成と越境」、八五頁。

（11） Kâtib Çelebi, *Fezleke, Osmanli Tarihi(1000-1065/1591-1656)*, ed. Zenep Aycibin, Istanbul: Çamlica, 2016, Vol.2, pp. 693-694.

（12） M. Münir Aktepe, "Kağıthane," *Türkiye Diyanet Vakfi İslâm Ansiklopedisi*.

（13） Naṣūḥü'ṣ-Silāḥī（Maṭrāḳçī）, *Beyān-ı menāzil-i sefer-i ʿIrāḳeyn-i Sulṭān Süleymān Ḫān*, ed. Hüseyin G. Yurdaydın, Ankara: Türk Tarih Kurumu Basimevi, 1976, 41a.

（14） Mohammad Tāher Hoseyn Vahīd Qazvīnī, *Tārīkh-e jahān-ārā-ye ʿAbbāsī*, ed. Saʿīd Mīr Mohammad Sādeq, Tehran: Pazhūheshgāh-e ʿOlūm-e Ensānī va Motāleʿāt-e Farhangī, 2005, p. 278.

（15） Mihemed Ibrahîm Erdelanî, *Mêju-i Erdelan*, ed. Enwer Sultanî, Falköping: Nawroz, 1997, p. 74.

（16） 拙稿「周縁から見るイランの輪郭形成と越境」、八七頁。

（17） Mohammad Mehriyār *et al.*, *Asnād-e tasvīrī-ye shahrhā-ye Īrānī-ye dowre-ye Qājār*, Tehran: Dāneshgāh-e Shahīd Beheshtī, 1999, p. 196.

（18） Husrav ibn Muhammad Bani Ardalan,. *Khronika*（*Istoriya Kurdskogo Knyazheskogo Doma Bani Ardalan*）, ed. and trans. by E. I. Vasil'eva. Moscow: Nauka, 1984, 22b–23a.

（19） Sheerin Ardalan, *Les Kurdes Ardalān entre la Perse et l'Empire ottoman*, Paris: Geuthner, pp. 201-202.

（20） Tavernier, Jean-Baptiste, *Les six voyages de Turquie et de Perse*, I, Paris, 1981, p. 258.

（21） Tavernier, *Les six voyages*, p. 268.

（22） Evliyâ Çelebi, *Evliyâ Çelebi Seyahatnâmesi*, ed. Seyit Ali Kahraman, Istanbul: Yapı Kredi, 2011, Vol. 4, pp. 224-225; Evliya Çelebi, *Travels in Iran and the Caucasus in 1647 & 1654*, trans. Hasan Javadi & Willem Floor, Washington: Mage, 2010, pp. 224-225.

（23） Martin van Bruinessen, *Evliya Çelebi in Diyarbekir: the relevant section of the seyahatname*, Leiden; New York: E. J. Brill, 1988, p. 5.

（24） Devlet Arşivleri Başkanlığı, Osmanlı Arşivi（BOA）, TT1066; 拙稿「オスマン検地帳に見る一八世紀初頭イランの地方社会（1）――イラン西部アルダラーン地方の農村と遊牧民社会」（『東洋文化研究所紀要』第一四〇冊、二〇〇〇年）二二四―五頁。

（25） この地区については、Hooshmand Alizadeh and Kayoumars Irandoost, "Investigating the process of traditional design principles formation in the Iranian-Kurdish urban quarters," *Urban Design International* 22, no.3, 2017, pp. 197-218.

【III 都市を活かす——政治的・経済的機能】

スンナ派学の牙城ブハラ

木村 暁

きむら・さとる——東京外国語大学大学院総合国際学研究院講師。専門は中央アジア近世・近代史。主な論文に「中央アジアとイラン——史料に見る地域認識」（宇山智彦編『地域認識論——多民族空間の構造と表象』講座スラブ・ユーラシア学2、講談社、二〇〇八年）、"Sunni-Shi'i Relations in the Russian Protectorate of Bukhara, As Perceived by the Local 'Ulama," in Tomohiko Uyama (ed.), *Asiatic Russia: Imperial Power in Regional and International Contexts*, London and New York: Routledge, 2011,「マンギト朝政権の対シーア派聖戦とメルヴ住民の強制移住」（守川知子編『移動と交流の近世アジア史』北海道大学出版会、二〇一六年）などがある。

西アジアと中央アジアの垣根は曖昧である。ブハラはいわば両者の境域に位置し、イスラーム王権の首府およびスンナ派学の中心として歴史的に栄えた。一九世紀前半、ブハラ・アミールの名で知られたマンギト朝君主は、宗教指導者としてマドラサの学事を管理しながら統治を行うことで、学問都市「聖なるブハラ」の権威を支配の正統性の強化に利用した。

はじめに

ブハラは、サマルカンドとならんでマーワラーアンナフル(1)を代表する古都であり、イスラーム王権の首府としての長い歴史をもつ。今でこそウズベキスタン共和国（一九九一年にソ連から独立）の地方都市(2)であるが、古くはサーマーン朝（八七三—九九九年）のイスマーイール(3)（在位八九二—九〇七年）がここに遷都し、その後もシャイバーン朝（一五〇〇—九九年）、アシュタルハーン朝（一五九九—一七四七年）、マンギト朝（一七五六—一九二〇年）の時代に首府が置かれた(4)。ブハラはなぜこのように長きにわたって王都たりえたのだろうか。

ブハラは、学問の都としてもつとに知られていた。一三世紀の歴史家ジュヴァイニーは、『世界征服者の歴史』のなかで、ブハラについて次のように記している。

古来、またいずれの世紀においても、［ブハラは］当代のあらゆる宗教の、錚々たる学者たちの集う場所となってきた。ブハラの語源は、ゾロアスター教徒の言葉［ソグド語ないし中世ペルシア語」で、学知の集う場所を意味する「ブハール」である。[5]

ソグド語ないし中世ペルシア語の「学知の集う場所（ブハール）」やサンスクリット語で「仏教の僧院」を意味する「ヴィハーラ」など、ブハラの語源には諸説あるが、少なくともこの一節からは、すでに（一三世紀）当時ブハラを学者や学知と歴史的に結びつけるような認識があったことを読みとれる。じっさい、イスラーム化した後のブハラと学問との結びつきは、預言者ムハンマドの言行録であるハディース集を編纂した学者ブハーリー（八一〇―八七〇年）の偉業によってある程度裏づけられる。[6] いやそれ以上に注目すべきは、ブハラに早くに根づいたハナフィー法学派[7]がマートゥリーディー神学派[8]と親和的に結びつきながら、サーマーン朝以来の政治権力による公認と保護を享受したことであろう。その学問的成果は、一二―一四世紀にブハラ在住の学者の名家、ブルハーン家とマフブービー家が相次いで推進したハナフィー派法学書編纂事業のうちに結実した。[9] ここにブハラを中核都市とする、ハナフィー・マートゥリーディー主義に特徴づけられるスンナ派学の確固たる地域的伝統が生まれるのである。[10]

スンナ派学の一大中心としての地位は、ブハラが王都として政治的機能をはたすうえでも重要な意味をもったはずである。以下では、一七五六年に樹立されたマンギト朝の前期から中期にかけての時代をとりあげ、政治権力と都市および学問の関係を見てみよう。

一　「聖なるブハラ」の創成

マンギト朝の貨幣改革

一八世紀前半にアシュタルハーン朝支配下のマーワラーアンナフルは内憂外患に見舞われ、都市社会は大きな混乱と荒廃を経験した。こうした状況下で成立したマンギト朝では、第三代君主シャームラード（在位一七八五―一八〇〇年）の諸改革[11]により、ブハラをはじめとする諸都市の復興がようやく本格化することになる。

シャームラードが改革の旗印としたのが、シャリーア（イスラーム法）の遵守であった。彼はシャリーアの諸規定を公共の空間にあまねく適用させようと努め、それはとりわけ貨幣改革のなかで具現化された。彼の統治初年以来、シャリーアの定める重量比（金：銀＝一〇：七）に則って貨幣が鍛造されるようになったのである。じつにこれは歴代のブハラ王権が長らく実施しえなかった造幣基準であった。

さらに、このときから金貨と銀貨に「聖なるブハラの鍛造」の銘が刻印されはじめたことは特筆に値する。管見のかぎり、これは文献史料上における「聖なるブハラ」（ブハーラーイ・シャリーフ）[12]という呼称の初出である。ブハラの語を修飾している「シャリーフ」の語は一般に、イスラーム教の二大聖都（メッカとメディナ）やクルアーン、さらにシャリーアを修飾する形容辞として、アラビア語やその語彙を借用する諸言語においてしばしば用いられる。このようなイスラーム信仰の根幹を称える文脈での「シャリーフ」という語の用例からは、この語に与えられた、聖性を強調する役割がよくうかがえる。「聖なるブハラ」はその一種の模倣例といえるだろう。

純度と重量の両面で遵法精神の託されたブハラ発行の金貨と銀貨は、たちまちのうちにマーワラーアンナフル一円に流通した。この新造硬貨の造幣基準が近隣のヒヴァやコーカンドの新興王朝でも踏襲されたらしきことは、それが依拠すべき模範たりえたことを物語る。同時に、流通する硬貨はそれ自体が「聖なるブハラ」の呼称を普及させる文字情報媒体であったために、ブハラの神聖なイメージの再生産と増幅に一役買ったはずである。こうして一九世紀前半には、ブハラは「聖なる都」として中央アジア一帯に知れ渡っていたのである。

「聖なるブハラ」

ブハラはなぜ「聖なるブハラ」と呼ばれるのか。一八二〇年にロシア皇帝の使節団の一員としてブハラを訪れた外交官メイエンドルフ（一七九四―一八六三年）による次の記述は示唆的である。

> あまたの学府［マドラサのこと］、学者たるムッラー、その城壁内に埋葬された聖者のために、東方でやがて名を馳せ、尊ばれるようになり、ブハラはムスリムの巡礼地となった。おそらくはこれこそが「シャリーフ」すなわち高貴な、もしくは聖なるという形容辞をブハラにもたらしたのであろう。[13]

端的にいえば、メイエンドルフは「ムスリムの巡礼地」となったことが「聖なるブハラ」と呼ばれる理由だとみなしている。その点で、ブハラの城壁（市壁）内ではないものの、その東郊に位置するバハーウッディーン・ナクシュバンド（一三一八―八九年）の墓廟が、[14]一九世紀になって以降、「聖なる墓廟」（マザーリ・シャリーフ）として名声を博したことを忘れてはなるまい。一八三二年にここを訪れた英国軍人バーンズ（一八〇五―四一年）は、「彼の墓への二度目の巡訪はメッカ巡礼そのものにもひとしいといわれる」と記し、その参詣地としての活況を伝えている（**図1**）。[15]一九世紀に都市ブハラとバハーウッディーン廟はそれぞれ新たな呼称のもとで「聖なる」イメージを強めていくが、そこに一定の相関性をみいだすこともあながち不可能ではあるまい。

先のメイエンドルフの記述にもあるように、宗教教育機関であるマドラサ（学府）と学者（ムッラー）の存在もまた、「聖なるブハラ」の理由たりえた。やや時代がくだるが、そのような理由づけの好例はタタール人ジャーナリスト、アブデュルレシト・イブラヒム（一八五七―一九四四年）の記述にみてとれる。彼は一九〇八年に訪れたブハラについて、旅行記にこう記している。

ここはいにしえより学問の泉であり、「聖なる」という美称にふさわしい国であった。それゆえに「聖なるブハラ」と呼ばれる。[16]

彼はこれに続く箇所で、ブハラが「宗教学者の源泉」と称えられてきたことにも言及する。こうした美称にかこつけてブハラと学問とを結びつける認識は、過去の栄光と現在の衰勢との対比という、現状批判の文脈をともなう場合が多く、二〇世紀初頭のイブラヒムの記述もその例にもれない。すでにここでは、「聖なるブハラ」は理想と現実の落差を際立たせるための表象としてはたらいているといえる。このような逆説的な表象作用の獲得と強化は、ブハラが一八六八年以降ロシア帝国の事実上の保護統治下に入ったという政治状況の変化とも無関係ではない。

いずれにしても、「聖なるブハラ」の呼称がマドラサや学者と結びつけられ、そのような含意を想起させたとすれば、それはいたって自然なことであった。シャームラードの貨幣改革に端を発するこの呼称の普及は、一八世紀末に息を吹き

図1　バハーウッディーン廟と参詣者（2018年筆者撮影）

図2　ミーリ・アラブ・マドラサの外観（2019年筆者撮影）

返したマドラサにおける学究活動ともたしかに関連しあっていた。

スンナ派学の一大中心

マドラサに言及する最初の文献記録は、九三七年のブハラの大火に関する記述である。[17] それだけにブハラのマドラサの歴史はひときわ古い。もっとも、同市に現存する最古のマドラサは、ティムール朝（一三七〇―一五〇〇／〇七年）の王子ウルグベク（在位一四四七―四九年）が創建（一四一七年）したものである。同時にこれは、ブハラの政治権力者による大規模なマドラサ建設のさきがけでもあった。

ところで、中央アジアのハナフィー法学派は、研究活動開花期（一一―一三世紀）を経て、教育・教授活動期（一三―一五世紀）を迎えたといわれる。[18] 教育・教授活動期とは具体的には、マドラサを舞台とするスンナ派教育システムの整備が進んだ時期にあたる。マドラサの大規模化の傾向が現れるのはちょうどこの頃であり、まさにこの傾向のもとで、マドラサ建築が都市の景観に占める比重を増していくことになる。むろんそのためには、ある程度強力な政治権力が経済資本の蓄積と集中投下とを保障する環境が不可欠であった。

一五〇〇年にシャイバーン朝がマーワラーアンナフルのティムール朝を滅ぼしたのち、サマルカンドに代わってブハラが王都の地位を確立するプロセスのなかで、同市では王族や近臣によって大規模なマドラサが次々と建造された。[19] わけても、ウバイドゥッラー・ハン（在位一五三三―四〇年）が師事したスーフィー導師（ミーリ・アラブの尊称で有名）の発意と同ハンの出資で建造（一五三六年）されたミーリ・アラブ・マドラサ（**図2**）、ならびに、アブドゥッラー・ハン（在位一五八三―九八年）の乳兄弟（コカルダシュ）でありその近臣として活躍した軍人クルバーバー・コカルダシュの建造（一五六八／六九年）になるマドラサ（図3）が傑出している。一八四一―四二年にブハラに滞在したロシア人東洋学者ハニコフ（一八一九―七八年）の調査によれば、コカルダシュ・マドラサが一一〇の房室を備

図3　コカルダシュ・マドラサの内観（2013年筆者撮影）

サが一五〇、ミーリ・アラブ・マドラサが一一〇の房室を備え、両者とも潤沢な寄進財を有していた。[20] 両者はその規模と権威においてブハラのマドラサの双璧をなす。[21]

しかし、この二つをはじめ一六―一七世紀に建設された壮麗なマドラサの多くは、一八世紀前半の混乱で荒廃に帰した。これに対してシャームラードが着手した改革の一つの眼目は、マドラサを含む宗教施設の復旧にあった。同時代の歴史家の言を借りれば、「彼［シャームラード］の尽力によりイスラームが活力を得た。マドラサとモスクの旧来の寄進財は衰退期に荒廃したが、彼の努力で運用されだした」。[22] シャームラードはこのように、宗教施設を支えるためのシャリーアにもとづく財政システムを復旧することで、ブハラを宗教都市として再生させたのである。

マンギト朝期には対ロシア貿易の急速な発展にも助けられ、とくにシャームラードの治世以降、国内の経済状況が好転した。こうしたなかで大規模なマドラサの改修のみならず中小規模のマドラサの建設も進んだ。ハニコフによれば、彼の滞在当時のブハラには一〇三のマドラサがあった[23]（図4）。彼は実見した目録にもとづいて、そのうちのおもだった六〇のマドラサの名を挙げるとともに、そこで学ぶ学生の数を九〇〇〇―一万人と見積もっている。[24] また、バーンズは、次のように述べる。

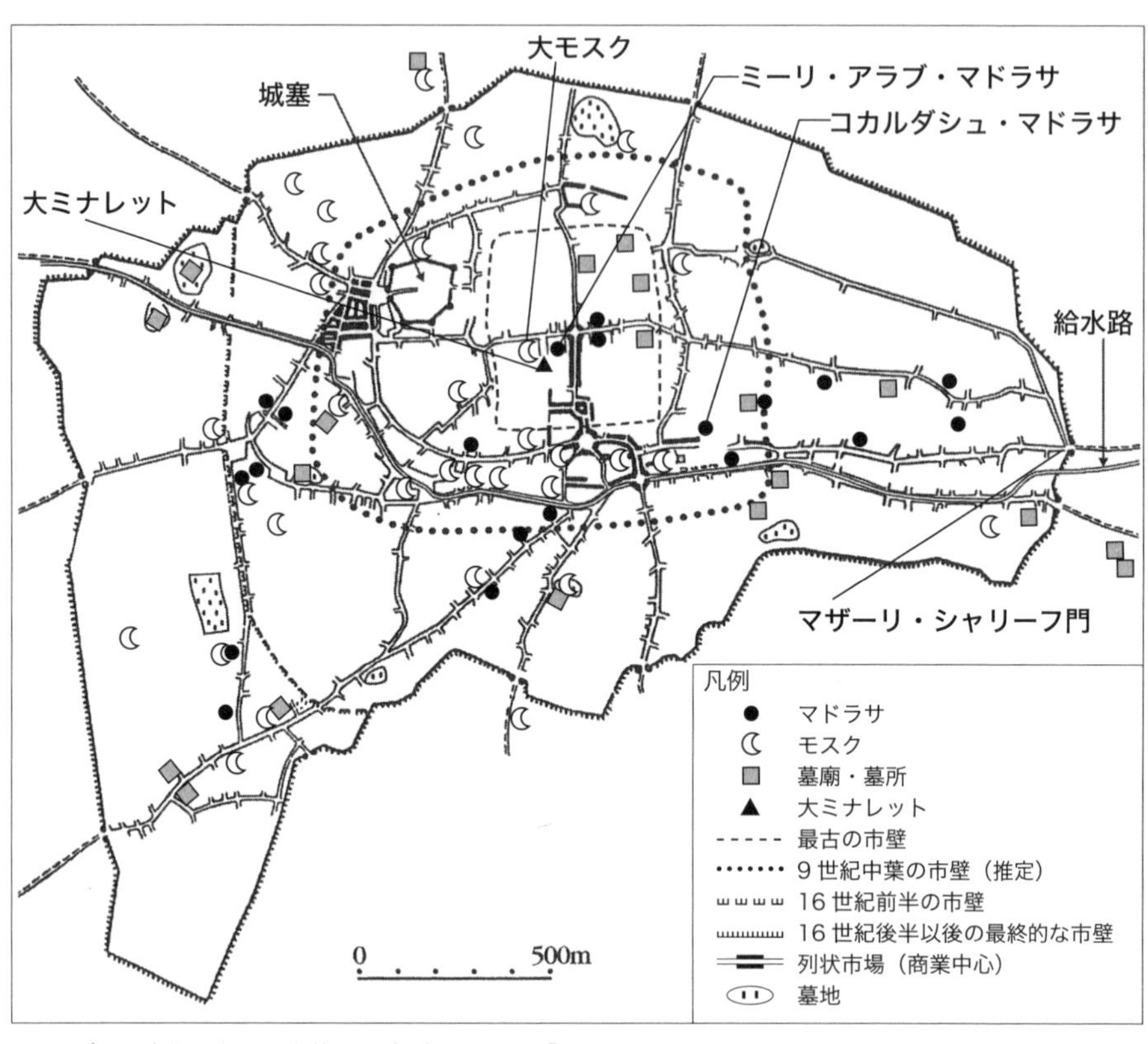

図4　ブハラ市街の主要な宗教施設（小松久男他編『中央ユーラシアを知る事典』平凡社、2005年、457頁所収の地図をもとに筆者作成）

大学［マドラサ］ではペルシア以外のあらゆる隣接地域からの人々がみられる。老若いずれの学生もいる。七、八年学んだのち、彼らは知識と名声を獲得して故郷に帰る。(25)

この記述から、ブハラのマドラサはシーア派地域であるペルシア（イラン）以外の周辺各地から学生を集めていた。その出身地は中央アジア域内のみならず、沿ヴォルガ地方、東トルキスタン、西北インドにも及んでおり、一八世紀末から一九世紀前半にかけてブハラには、これらスンナ派・ハナフィー派圏の諸地域から一種の留学運動が起こっていた。(26)「聖なるブハラ」は名実ともに、スンナ派学の一大中心となっていたのである。

二　マンギト朝と「聖なるブハラ」

「信徒の長」としてのブハラ・アミール

シャイバーン朝とアシュタルハーン朝の君主はハンの称号をとった。これは両王家が系譜上、モンゴル帝国の建国者チンギス・ハン（在位一二〇六―二七年）の血筋を父方で引いたことによる。それはまた、唯一チンギス・ハンの男系子孫（チンギス裔）のみが君主権継承の権利を有するという観念が、現実の政治に反映した結果でもあった。チンギス統原理と呼ばれるこのルールは一三世紀以降、中央ユーラシアの諸地域に持続的に影響力を及ぼした。しかし、一八世紀のマーワラーアンナフルでは、それはすでに規範としての力を弱めていた。そのなかでウズベク[27]のマンギト部族によって打ち立てられたのが、マンギト朝である。

マンギト部族の領袖にして王朝の創始者ムハンマド・ラヒーム（在位一七五六―五九年）は、非チンギス裔でありながらハンの称号を帯びて即位した。彼はこれに先立ち、アシュタルハーン朝最後の君主アブルファイズ・ハン（在位一七一一―四七年）を殺害してもいた。政治的伝統を覆す彼のこうしたふるまいが他のウズベク諸部族から大きな反発を買ったことを受けて、後継者ダーニヤール（在位一七五九―八五年）は傀儡のハンを擁立し、そのアタリク（テュルク語で「師傅」の意。ハンの摂政）として統治にあたった。チンギス統原理は形骸化しながらも、なお根強い拘束力を発揮していたといえる。

ダーニヤールの息子にして後継者のシャームラードは、即位以前から父の補佐役として執政や軍事指揮にあたるようになっていた。正確な時期は不明だが、この父子間での国政上の権限移譲は一七六〇年代前半には部分的に開始され、その後も段階的に進められていったとみられる。[28]重要なことに、一七七四／七五年に製造されたシャームラードの印章の印面には、「アミール権は公正に則らば至高なる神の代理権なり」という、ペルシア語によるモットーが刻まれていた。「アミール権」とは、アミールの称号と結びついた権利のことである。アミールは本来、アラビア語で「命じる者」を意味するが、当時のマーワラーアンナフルでは、政治的には非チンギス裔の諸部族の領袖が将軍として帯びる称号であった。マンギト部族を統率したムハンマド・ラヒーム、ダーニヤール、シャームラードはいずれも「アミール」を称し、そう呼ばれた。[29]

さて、銘文中の「代理権」という言葉は、「カリフ（ハリーファ）」から派生する語で、「カリフ権」と訳すこともできる。「カリフ」という語からここで想起されるのは、第二代正統カリフのウマル（在位六三四―四四年）が「信徒の長（アミール・アルムウミニーン）」を称して以来、預言者ムハンマドの代理人がこの尊称で呼ばれるようになったことである。スンナ派の観点からすれば、預言者ムハンマドがムスリムの共同体（ウンマ）の政治指導者として有した権限は、彼のカリフすなわち代理人に受け継がれた。このように元来カリフの語は預言者の代理人（または後継者）を指したが、やがてアッバース朝期（七五〇―一二五八年）に法学者たちがカリフ権を理論化したことで、カリフ権には神権的権威がともなうようになった。[30] こうして政治分野では、「信徒の長（アミール・アルムウミニーン）」たるカリフは神の代理、あるいは神の影という性格を帯びたのである。アッバース朝の衰退と滅亡、また、現実上のスンナ派イスラーム王権の分立は、政治的および歴史地理的条件に即した地域固有のカリフを併存させる状況を生むことになる。

　中央アジアではカリフ権がチンギス・カンの血統と結びつき、独特の君主権がかたちづくられた。シャイバーン朝の創始者シャイバーニー・ハン（在位一五〇〇―一〇年）は、いわずもがなチンギス裔であったが、自身の発行貨幣において「慈悲深きお方［神］のカリフ」を自称した。[31] また、アシュタルハーン朝では政略結婚の結果として、ナドゥル・ムハンマド・ハン（在位一六四二―四五年）以降の君主は「サイイド（聖裔）」の称号をとった。[32] すなわちこれは、同朝が預言者ムハンマドの血統に連なったことを意味する。[33]

　しかし、非チンギス裔かつ非サイイド家系のマンギト朝は、血統上の権威を根本的に欠き、それが支配の正統性を主張する際の障害となっていた。初代君主ムハンマド・ラヒーム・ハンはその克服のために、チンギス裔にしてサイイドであったアブルファイズ・ハンの娘を娶ったが、この婚姻は子を残さなかった。シャームラードは従兄ムハンマド・ラヒーム・ハンの死後、この寡婦を娶り、一七八〇年にこの婚姻から息子ハイダル（在位一八〇〇―二六年）が誕生した。シャームラードの後継者として即位したハイダルは、一八〇六／〇七年発行の金貨[34]を皮切りに、貨幣さらには印章において「信徒の長」を公称した。これは一つには、生まれながらのサイイドである彼が、預言者ムハンマドのみならずその娘ファーティマの夫、第四代正統カリフのアリー（在位六五六―六六一年）の血をおのずと受け継いだことにも根拠づけられたはずである。同時にハイダルは、チンギス統原理の拘束力におそらく縛られてハンを公称しなかったが、彼の印章銘の一つが示すように、預言者とチンギス・ハンの両血統の継承者たるを誇ることにためらいをもたなかった。[35] このようにハイダルが由緒ある血統に連なったことで、マンギト朝の支配の正統性はたしかなものとなったといえる。

　シャームラードの印章のモットー、「アミール権は公正に則らば至高なる神の代理権なり」は、アミールの神権的権威を大胆に謳うものであり、彼がこれによってアミールの称号に特別な意義を吹き込もうとしたことは疑いを容れない。彼は「ハンたることの名を自身の責務から断ち切り、アミールたるに満足した」(36)だけでなく、その政治的な企図と努力により、「アミール」をマンギト朝の君主号に昇華させたのである。ハイダルによる「信徒の長（アミール・アルムウミニーン）」公称は、この延長線上に実現されたといえる。その後のマンギト朝君主も「信徒の長」を称した。

興味深いことに、ハイダルの息子アミール・ナスルッラー（在位一八二七―六〇年）以降の諸君主は、上記のモットーを各自の印章に刻むと同時に、「公正に則りし統治」という文言を銘にもつ、別の印章を勅令や親書にしばしば捺していた。件のモットーの「公正に則らば」という留保条件は、あたかもこの文言と呼応して満たされるかのようである。ブハラ・アミールは、おそらくはこのような論理で「神の代理権」の行使を自らに負託し、もってカリフを自任したのである。

スンナ派イスラーム世界秩序のなかで

ブハラが学問都市として復興をとげたのは、マンギト朝君主がムスリムの共同体（ウンマ）を統率するカリフ、「信徒の長」の意でアミールを自称しようとする志向をもち、これを君主号とするようになった時期とおおむね重なる。同時代人の観察によれば、シャームラード治世のブハラでは「宗教的知識を向上させたい誰しもが市内の大学［マドラサ］に入学を許され、日々の手当を受給した」といい、学生数は「ある時には三万人を超えた」と誇張まじりに述べられるほどであった。(37)当のブハラ・アミールがブハラを中心・起点とする学問の普及を重視していたことは、シャームラードがカザフの部族連合体の一領袖に宛てた次の書簡（一七八八年）からうかがえる。

> 我らはそなたに、各氏族から二、三名を修学のため当地に派遣するよう勧告する。かりにもそなたの説諭が聞き入れられなければ、各氏族から力尽くで二、三名を連れ出すがよい。扶養は我らが引き受けよう。彼らが学を修め、法に通ずるようになった暁には、信仰の諸規則ならびに礼拝と斎戒の習慣を身に帯して帰郷するだろう。(38)

このようにシャームラードは、同じスンナ派かつハナフィー法学派に属するカザフ・ムスリムに対して、「我らには今や知の源泉がある」と誇りながら、ブハラのマドラサへの留学を熱心に勧奨していた。(39)同書簡の内容からは、このシャームラードによるはたらきかけはカザフに対する支配権の主張とも結びついていたことがわかる。スンナ派学の中心としてのブハラの地位を、時の為政者が明確に意識し、政治的に利用していたのである。

生まれながらのサイイドたるハイダルが「信徒の長」を公称するに至り、ブハラ・アミールにおけるスンナ派イスラーム君主としての宗教的な権威づけは、一応の完成をみたといえる。この点でブハラ・アミールはいかにも宗教指導者らしく、学問の保護奨励のみならず、学者としての資質の誇示にも余念がなかった。メイエンドルフの証言によれば、アミール・ハイダルは三〇〇人の聴衆を前にクルアーン解釈学を講じたという。[40]ハイダルもそうであったように、たしかにマンギト朝の王子たちは幼少から学問的研鑽を期待され、最高位のマドラサ教授を師範として教育を受けるのを常としていた。たとえば、ハイダルの息子ナスルッラーもムハンマド・シャリーフ・ホージャ（一八四五年没）という名の、当代きっての学者からアラビア語文法学と神学を学んでいた。[41]こうした背景も手伝ってか、アミール・ナスルッラーは「シャリーアの研究を手がけ、トルキスタンにおける最も敬虔な人物たる[42]をもって任じた」[43]と、バーンズとブハラ行をともにしたカシミール人、モハン・ラル（一八一二―七七年）は回想している。

一方でアミール・ナスルッラーは、マドラサの学事に露骨な介入を行っていた。彼の治世にブハラに留学したタタール人学者メルジャニー（一八一八―八九年）によれば、ナスルッラーは自分の意に添わないマドラサ教授たちを蟄居に処したほか、マドラサの授業を週休三日から週休二日に変更したり、寄進財からの学生への給金を一律化したりするなど、教授や学生への締めつけを強めた。[44]政治的にみれば、マドラサは宗務官僚の養成機関であるとともに、寄進財を有するがゆえにおのずと利権が絡み、教授・学生間の人的関係の力学しだいでは何らかの勢力ないし運動の温床にもなりかねなかった。ナスルッラーがマドラサやそこでの学問の管理統制に意を注ぎ、強制力の行使をも辞さなかったのは、一つにはそうした政治的な動機によるところが大きいだろう。

学者を自任するとともに学問を統轄するブハラ・アミールの姿は、こと異教のロシア人の目には一種異様に映ったようである。対ブハラ戦争でロシア軍の総司令官を務めたロマノフスキー（在任一八六六―六七年）は、時のアミール、ムザッファル（在位一八六〇―八五年）を「中央アジアにおけるムスリム聖職者の首長」[45]とすら形容した。こうした認識には、スンナ派学の中心としての「聖なるブハラ」のイメージも作用していたにちがいない。

一九世紀前半に中央アジア南部に鼎立したブハラ、ヒヴァ、コーカンドの三政権はたがいに領土を争うだけでなく、対外的にカリフを標榜しはじめていたオスマン朝（一三〇〇年頃―一九二二年）君主から支配権を他に先んじて承認されるべく外交面でも競合した。この点で、とくにブハラのアミール・ハイダルとコーカンドのウマル・ハン（在位一八一〇―二二年）はしのぎを削った。[46] 中央アジアの各君主はオスマン朝君主に臣従を表明したが、これは非チンギス裔である彼らがオスマン朝王家（オグズ・ハンの血統を主張）に対して抱いたとみられる、血筋と家柄をめぐる劣位意識にもよっていた。ブハラ・アミールはすでにこのときカリフを自任していたはずだが、にもかかわらず、さながら臣下の立場からオスマン朝君主をカリフとして敬う態度を示したのである。興味深いことに、このように自他を同時にカリフとみとめる二面的態度は、ブハラ・アミールにかぎったことではなかった。ガージャール朝（一七九六―一九二五年）の歴史家レザーゴリー・ハーン（一八〇〇―七一年）は、中央アジアの諸政権とオスマン朝の関係について次のように述べている。

　ホラーサーンとトルキスタンの人々はおしなべてハナフィー派であり、アブー・ハニーファ・ヌウマーン・イブン・サービト・クーフィーを至大なるイマーム［指導者］とみなし、諸々の問題にあたっては彼［の学説］を遵奉している。コーカンド、ブハラ、ホラズムなどマーワラーアンナフルの支配者やハンたちは自らをカリフ、イスラームブール［イスタンブル］のスルタンをカリフのなかのカリフとみなしている。[47]

レザーゴリー・ハーンは、シーア派イランの側からスンナ派世界（あるいはハナフィー派圏）を対置的にとらえ、オスマン朝を最上位とするその序列構造をたくみに描出している。ここではブハラのみならずコーカンドやホラズム（ヒヴァを含む地域名）の君主の抱くカリフ意識も見逃されてはいない。こうした一人の君主における二方面的カリフ認識が示すように、中央アジア域内政治と対オスマン朝外交のあいだには二重基準がはたらいており、そこにはスンナ派イスラーム世界秩序の理念[48]が実在していた。まさにその階層的な秩序のなかにあって、ブハラ・アミールは自らを中央アジア（あるいはトルキスタン）の頂点に位置づけようとしたのである。

おわりに

以上みてきたように、一八世紀後半に宗教都市として復興したブハラでは、王権の積極的な管理のもとでマドラサ教育が大規模に営まれ、いわばそのスンナ派学の牙城としての地位が確立した。マンギト朝君主は、このような「聖なるブハラ」の権威を支配の正統性の強化に利用したのである。しかし、君主自身が学事をつかさどる体制は弊害をともなわずにはおかなかった。政治権力の強い干渉は、自由かつ批判的、創造的な学問研究の芽をおのずと摘み、マドラサ教育の硬直化と保守化を助長したからである。教育の実際をつぶさに観察したハニコフは、次のように述べている。

かくしてわれわれがみるように、ブハラで行われる学問科目は少なくない。というのも、それは一三七冊以上もの書物から構成されるからであり、そのぶん単調たることもはなはだしく、かてて加えて、それは初等教育の不備をほとんどまったく矯正することはない。なぜなら、何も理解しないまま暗唱するだけの学習により枷をはめられた知性は、教条の諸問題についてのみ円熟するにすぎないからである。(49)

一九世紀のブハラのマドラサでは、旧態依然としたカリキュラムと暗記偏重の単調な教育方式が墨守され、きわめて保守的な学問風土が醸成されていた。「聖なるブハラ」が惹起しうる肯定的なイメージとは裏腹に、こうした学問の実情はまず外部、のちには内部の改革主義者たちからの厳しい批判にさらされることになる。二〇世紀初頭になると、新方式学校の普及をめざす教育改革運動（ジャディード運動）の担い手たちは、とりわけブハラのケースに代表されるマドラサの保守性を主要な攻撃対象とした。

このようなスンナ派学の牙城を本拠とする王権が、スンナ派正統主義のイデオロギーに則って支配を行うのは理の当然であった。しかしそれは、宗派的不寛容と差別の構造を社会に根づかせることになった。マンギト朝期のブハラにおけるシーア派禁制とシーア派信徒（とくにイラン人）の奴隷化は、そのようなイデオロギーの産物にほかならない。スンナ派の学者たちがハナフィー法学派の見地からスンナ派本位の政策や制度を支持したことで、ここに移住・帰化したシーア派イラン人（人口は少なく見積もっても数千人を下らない）は宗旨替えと信仰隠しを余儀なくされ、その法的・社会的権利はいちじるしく侵害されたのである。ロシア帝国保護統治期のブハラでは奴隷制廃止もあって、こうした権利侵害は解消に向かったかにみえたが、この時期にシーア派イラン人が社会的地位を向上させたことはスンナ派・シーア派関係の緊張につながり、その結果一九一〇年には、ブハラ市内で流血の宗派抗争が引き起こされた。(50) このような宗派間の対立が激化する要因の一つは、スンナ派側の保守的な学者や学生たちのシーア派に対する異端視と排撃の主張・煽動であり、その点でマドラサはいわば彼らの根城として重要な役割を果たしていたといえる。

一九二〇年、赤軍の介入したブハラ革命によりマンギト朝は滅亡した。これがブハラにおけるイスラーム王権の終焉である。ソ連時代を迎えると、まもなくブハラはウズベク共和国（一九二四―九一年）内の一地方都市へと転じた。二〇年代後半に本格化した反宗教宣伝のなかで、イスラーム教の各種宗教施設も閉鎖され、ブハラのマドラサ群はいったんその歴史的役目を終えた。こうしてソ連は無神論の立場から宗教的な思想や活動を厳しく取り締まっていく。しかし第二次世界大戦中にソ連共産党は「中央アジア・カザフスタン・ムスリム宗務局」をタシュケントに創設（一九四三年）するなど、

図5　ソ連時代のマドラサ学生（ミーリ・アラブ・マドラサのパンフレットより）

ムスリムの管理を制度化する現実主義的な政策をとった。その一環として一九四五年、例外的にブハラのミーリ・アラブ・マドラサが宗務者を養成する公的教育機関として再開を許可され、世俗的諸科目とならんで、限定的ながらアラビア語やスンナ派学がふたたび講じられるようになった。筆者の手元にある、ソ連時代にアラビア文字表記のウズベク語で出版された同マドラサのパンフレット[51]には、ソ連国内各地から集ったムスリム学生が学問にいそしむ様子（図5）が紹介され、「ここではヨーロッパ人とアゼルバイジャン人、クルグズ人とカザフ人、タジク人とトルクメン人、ウズベク人とタタール人らが学んでいる」と記されている。パンフレットの紹介文は、次のように結ばれている。

　宗務局の絶えることのない配慮のおかげで、ミーリ・アラブ・マドラサはイスラーム思想の普及において重要な啓蒙の務めを果たしている。マドラサ教育を十全に修得した学生たちは、ムスリムたちのあいだでイスラーム思想を平明にわかりやすく説教している。

ここにはムスリムに対する宗教教育の機会の保障を強調するプロパガンダが含まれるが、同時に、パンフレットに記載される情報は、社会主義時代にも旧来の伝統がふまえられ、宗務局管轄下で再開されたこのマドラサがスンナ派学の中心

機関としての役割を失っていなかったことを了解させてくれる。

ミーリ・アラブ・マドラサはソ連解体後、新生のウズベキスタン共和国でも公的な宗教教育機関としての機能を維持し、イスラーム復興の荒波に揉まれるこの世俗国家の宗教政策において一定の特別な役割を与えられている。[52] ブハラ旧市街の中央でその偉容を誇る往年の最高学府は、スンナ派学の牙城の面影を今に伝えている。

注

(1)「川向こうの地」を意味するアラビア語の表現で、地名としてはアム川とシル川とに挟まれた領域をおもに指す。この語はブハラ王権の版図の言い換えとしてもしばしば用いられた。

(2) ブハラ州の州都。人口約二七・七万人（二〇一八年）。

(3) サーマーン朝の最盛期を現出した君主。現代のウズベキスタンとタジキスタンの各国で歴史的英雄とみなされ、とくに後者ではタジク人国家の建国者として顕彰されている。

(4) これら三つの王朝は、ブハラ・ハン国と通称されることもある。後述するように、最後のマンギト朝では一八世紀末以降アミールが君主号とされたことから、同朝をブハラ・アミール国と呼ぶ用語法も一般化している。

(5) *The Ta'ríkh-i-Jahán-Gushá of 'Alá'u 'd-Dín 'Aṭá Malik-i-Juwainí*, Edited by Mírzá Muḥammad ibn 'Abdu'l-Wahháb-i-Qazwíní, Vol. I, Leiden: E. J. Brill, 1912, p. 76.

(6) スンナ派で最高権威を認められるハディース集である『真正集』を編纂したムハンマド・イブン・イスマーイールは、ブハーリー（「ブハラの人」の意）という由来名によって出身地ブハラの名声を高めた。

(7) クーファ出身のアブー・ハニーファ（七六七年没）を学祖とするスンナ派正統四法学派の一つ。

(8) サマルカンド出身のマートゥリーディー（九四四年頃没）を学祖とするスンナ派正統二神学派の一つ。

(9) ハナフィー派の法学者マルギーナーニー（一一九七年没）の著作『ヒダーヤ』（同派最高位の権威書）に寄せられた注釈・提要を核とする法学書群が創出されたことで、法学説の整備と体系化が進み、その影響はハナフィー派圏全般に及んだ。Robert D. McChesney, "Central Asia's Place in the Middle East: Some Historical Considerations," in David Menashri (ed.), *Central Asia Meets the Middle East*, London: Frank Cass, 1998, pp. 25-51.

(10) 中央アジアに根づいたハナフィー・マートゥリーディー主義の学的伝統については、濱田正美『中央アジアのイスラーム』世界史リブレット70（山川出版社、二〇〇八年）を参照。

(11) シャームラードの諸改革の概要については以下を参照。木村暁「マンギト朝政権の対シーア派聖戦とメルヴ住民の強制移住」（守川知子編『移動と交流の近世アジア史』北海道大学出版会、二〇一六年）六二—六三頁。

(12) アラビア語起源の形容詞「シャリーフ」は、第一義的には「高貴な」を意味するが、地名ブハラを修飾するケースにおいては「聖なる」が適訳といえる。これは現地語（タジク語とウズベク語）の詳解辞典に示される語釈（アラビア語起源の形容詞「ムカッダス」（「神聖な」の意）の語義が与えられる）によっても支持される。

(13) Georges de Meyendorff, *Voyage d'Orenbourg à Boukhara*, Paris:

Librairie orientale de Dondey-Dupré père et fils, 1826, p. 166.

（14）ブハラ近郊出身のスーフィーで、ナクシュバンディー教団の名祖。ブハラの守護聖者として尊崇された。ブハラの東一〇キロほどのところにあるその墓廟は現在も多数の参詣者を集めている。彼の墓廟は、一六世紀にシャイバーン朝王族の保護下で建築複合体としてめざましい発展をとげた。

（15）Alexander Burnes, *Travels into Bokhara*, Vol. II, London: John Murray, 1834, p. 271. バーンズが紹介するのと同じ趣旨の言説は、以降の外国人旅行者たちの記録にもみられる。

（16）アブデュルレシト・イブラヒム（小松香織・小松久男訳）『ジャポンヤ――イブラヒムの明治日本探訪記』（岩波書店、二〇一三年）一四頁。

（17）V・V・バルトリド（小松久男監訳）『トルキスタン文化史1』（平凡社、二〇一一年）一三四頁。ナルシャヒーの『ブハラ史』によれば、市内北部のファールジャク・マドラサがこのとき焼失した。

（18）Ashirbek K. Muminov, *Khanafitskii mazkhab v istorii Tsentral'noi Azii*, Almaty: Kazak entsiklopediiasy, 2015, pp. 253-255.

（19）アブドゥッラー・ハンによるブハラ征服（一五五七年）後の一連の公共建設事業については以下を参照。Robert D. McChesney, "Economic and Social Aspects of the Public Architecture of Bukhara in the 1560's and 1570's," *Islamic Art: An Annual Dedicated to the Art and Culture of the Muslim World*, Vol. II, 1987, pp. 217-242.

（20）Nikolai V. Khanykov, *Opisanie Bukharskogo khanstva*, Sanktpeterburg: Tipografiia Imperatorskoi akademii nauk, 1843, pp. 85-86.

（21）両マドラサそれぞれの筆頭教授は、政権によって認められる最高権威の法学者三名のうちの二名を構成した。Aleksandr A. Semenov, *Ocherk ustroistva tsentral'nogo administrativnogo upravleniia Bukharskogo khanstva pozdneishego vremeni*, Stalinabad: Izdatel'stvo Akademii nauk Tadzhikskoi SSR, 1954, p. 41.

（22）Muḥammad Yaʻqūb, *Risāla*, Institut vostochnykh rukopisei Rossiiskoi akademii nauk, MS no. C1934, fol. 5b.

（23）独立した建造物としてのマドラサのほかに、モスクや他の建物において学生が寝泊まりし学問に従事する個々の房室のことをマドラサと呼ぶこともあった。この場合、マドラサの数は当然さらに増えることになる。Ol'ga A. Sukhareva, *Bukhara XIX-nachalo XX v. (Pozdnefeodal'nyi gorod i ego naselenie)*, Moskva: Glavnaia redaktsiia vostochnoi literatury izdatel'stva "Nauka", 1966, pp. 70-74.

（24）Khanykov, *Opisanie*, pp. 85-88.

（25）Burnes, *Bokhara*, Vol. I, p. 306.

（26）小松久男「ブハラとカザン」（護雅夫編『内陸アジア・西アジアの社会と文化』山川出版社、一九八三年）四八一―五〇〇頁。

（27）チンギス・ハンの長子ジョチ・ハン（一二二五年頃没）の家系に属するウズベク・ハン（在位一三一三―四一年）は、ジョチ・ウルス（キプチャク・ハン国）の君主として、晩年にイスラームに改宗した。これを機に、イスラームを受容したジョチ・ウルス構成下のテュルク・モンゴル系遊牧部族連合はウズベクと呼ばれるようになった（赤坂恒明「一四世紀中葉～一六世紀初めにおけるウズベク――イスラーム化後のジュチ・ウルスの総称」（『史学雑誌』一〇九―三、二〇〇〇年、一―三九頁）。ウズベク集団の一部は草原地帯からマーワラーアンナフルに南下し、ティムール朝を滅ぼしてシャイバーン朝を興した。現代のウズベキスタンの基幹民族であるウズベクの名称もこれに由来する。ウズベク語はテュルク系言語の一つである。

(28) 国政の刷新をはかるシャームラードは父ダーニヤールの治世に、ムハンマド・ラヒーム・ハンの旧臣であった宰相と大法官を専横と不法行為のかどで相次いで殺害し、これらの粛清を父に追認させることで自身の権力基盤強化の契機としていた。Charles Schefer, *Histoire de l'Asie centrale par Mir Abdoul Kerim Boukhary*, Amsterdam: Philo Press, 1970 (Réimpression de l'édition Paris 1876), pp. 55-56 (texte persan); Muḥammad Ya'qūb, *Risāla*, fol. 25b.

(29) ただし、即位後のムハンマド・ラヒームは、アミールではなくハンとのみ自称した。

(30) 佐藤次高『イスラームの国家と王権』(岩波書店、二〇〇四年) 三八―三九、一〇九頁。

(31) バルトリド『トルキスタン文化史1』二三五頁。

(32) 王朝創始者バーキー・ムハンマド・ハン(在位一五九九―一六〇五年)の兄ディーン・ムハンマド・ハンが、シャイバーン朝軍の司令官として行ったマシュハド占領(一五八九年)を機に、一二イマーム派第八代イマーム、レザー(リダー)(八一八年没)の子孫にあたる同地の女性を娶ったことによる。ナドゥル・ムハンマドはこの婚姻から生誕し、生まれながらのサイイドとみとめられた。Muḥammad Yūsuf Munshī, *Tadhkira-'i Muqīm-khānī: siyar-i tārīkhī, farhangī va ijtimā'ī-'i Mā varā' al-nahr dar 'ahd-i Shībāniyān va Ashtarkhāniyān (906-1116 HQ)*, Firishta Ṣarrāfān (ed.), Tehran: Mīrāth-i maktūb, 2001, pp. 98-99.

(33) 一般に、サイイドの血統は父系を通じてのみ相伝されるべきものとみなされる傾向が強かったが、例外もあった。少なくともシャイバーン朝期以降のマーワラーアンナフルでは、母系を通じた相伝の事例がめずらしくなく、社会的にもノーマルな事象として認知されていたかにみえる。その理由の一つとして、そもそも血統の経路がその発端においてムハンマドの娘ファーティマを経ていたことが引き合いに出されるだろう。

(34) Roza Z. Burnasheva, "Monety Bukharskogo khanstva pri Mangytakh (sredina XVIII—nachalo XX v.)," *Epigrafika Vostoka*, XVIII, 1967, p. 123 (Tablitsa 2).

(35) Schefer, *Histoire*, p. 67 (texte persan).

(36) Muḥammad Ya'qūb, *Gulshan al-mulūk*, O'zbekiston Respublikasi Fanlar akademiyasi Abu Rayhon Beruniy nomidagi Sharqshunoslik instituti, MS no. 1507/III, fol. 259b.

(37) John Malcolm, *The History of Persia, from the Most Early Period to the Present Time*, Vol. II, London: John Murray, 1829, p. 164.

(38) Aleksei I. Levshin, *Opisanie kirgiz-kazach'ikh, ili kirgiz-kaisatskikh, ord i stepei*, M. K. Kozybaev (ed.), Almaty: Sanat, 1996 (pervoe izdanie: Sanktpeterburg, 1832), p. 271.

(39) 木村「マンギト朝政権の対シーア派聖戦」六三頁。

(40) De Meyendorff, *Voyage*, p. 300.

(41) Nāṣir al-Dīn al-Ḥanafī al-Ḥusaynī al-Bukhārī, *Tuḥfat al-zā'irīn*, Bukhara: Maṭba'a-'i Bukhārā,1910, pp. 97-98.

(42) トルキスタンは「テュルク人の地」を意味するペルシア語の地理名称。時代や使い手の立場によって指し示す範囲は異なるが、ここではマーワラーアンナフルを中核として広がる、中央アジア南部地域をおおまかに指している。一九世紀前半のそこにはブハラ・アミール国、ヒヴァ・ハン国、コーカンド・ハン国が鼎立していた。

(43) Mohan Lal, *Travels in the Panjab, Afghanistan, and Turkistan, to Balk, Bokhara, and Herat; and a Visit to Great Britain and Germany,*

London: Wm. H. Allen, 1846（First Published in Calcutta, 1834）, p. 134.

（44） Shihāb al-Dīn al-Marjānī al-Qazānī, *Mustafād al-akhbār fī aḥvāl Qazān va Bulghār*, Vol. I, Qazan: Maṭbaʻ al-khizāna, 1885, pp. 193-194.

（45） Dmitrii I. Romanovskii, *Zametki po sredne-aziiatskomu voprosu*, Sanktpeterburg: Tipografiia Vtorogo otdeleniia Sobstvennoi E. I. V. kantseliarii, 1868, p. 80.

（46） 小松久男『革命の中央アジア――あるジャディードの肖像』（中東イスラム世界7、東京大学出版会、一九九六年）三〇―三三頁。

（47） Riżā-qulī-khān Hidāyat, *Mulḥaqāt-i tārīkh-i ravżat al-ṣafā-yi Nāṣirī: dar dhikr-i pādshāhān-i davra-'i Ṣafavī-Afshārī-Zandī-Qājārī*, Vol. 9, Tehran: Khayyām, 1960, p. 500.

（48） 小松久男「危機と応戦のイスラーム世界」（『イスラーム世界とアフリカ』岩波講座世界歴史21、岩波書店、一九九八年）五頁。

（49） Khanykov, *Opisanie*, pp. 222-223.

（50） 木村「マンギト朝政権の対シーア派聖戦」六四―八一頁、Satoru Kimura, "Sunni-Shi'i Relations in the Russian Protectorate of Bukhara, As Perceived by the Local 'Ulama," in Tomohiko Uyama (ed.), *Asiatic Russia: Imperial Power in Regional and International Contexts*, London and New York: Routledge, 2011, pp. 190-208.

（51） O'rta Osiyo va Qozog'iston musulmonlari diniy boshqarmasi, *Mir Arab islom madrasasi*, ［Toshkent:］ Vneshtorgizdat（Izd. no. 2092T. VTI. Zak. 782）.

（52） 帯谷知可「宗教と政治――イスラーム復興と世俗主義の調和を求めて」（岩崎一郎・宇山智彦・小松久男編『現代中央アジア論――変貌する政治・経済の深層』日本評論社、二〇〇四年）一一一―一一二頁。

［コラム・港市③］

「民族の交差点」ハイファ
——近代東地中海の国際港湾都市

田中雅人

人々はシネマのように忙しく行き交い、無数の言語が聞こえてくる。フランス語や英語、ドイツ語、ヘブライ語、イディシュ語（東欧ユダヤ人の日用語）などの欧州の諸語、あるいは、アラビア語やトルコ語、そしてペルシア語までもがここにはある。（中略）ハイファはまさに世界の民族の交差点である。[1]

第一次世界大戦下の一九一七年、当時のベイルート州知事の指示で州内各都市を踏破し、地誌を作成したオスマン政府官吏はこうハイファを讃えた。しかし、ハイファが国際色豊かな地域随一の港湾都市となったのは一九世紀末のことであり、その繁栄を考えるにあたっては、周辺農村との関係など面的な広がりからも検討する必要がある。そこで以下では、シリア地域の地中海沿岸部を視野に収めつつ、地方政権のもと各地の港町が併存した時代から、蒸気船や鉄道の登場により港湾機能が特定の都市に集約され、政治や経済の中心となっていく過程を振り返ることで、二〇世紀初頭の東地中海における国際港湾都市ハイファの歴史的位相をたどることにしたい。

たなか・まさと——東京大学大学院人文社会系研究科博士課程、日本学術振興会特別研究員（DC1）。専門は近代レバノン社会経済史、オスマン朝下の地域社会研究。主な論文に「オスマン朝下レバノン山地特別県の宗派別土地調査と地域支配の再編」（『東洋学報』一〇二―四号、二〇二一年三月）などがある。

一　地方勢力の割拠と近代ハイファの礎（一八―一九世紀前半）

近世期における国際商業の活発化は、東地中海沿岸部でも港の利用と周辺地域の開発を本格化させた。オスマン朝（一三〇〇頃―一九二二年）が地方有力者による徴税請負権の世襲を容認し始めた一七世紀末以降、私兵団を従えた各地の有力者は、徴税業務への従事を通じて一次産品の流通を握った。一八世紀後半には、彼らは欧州の貿易商と直接取引することで資力と軍事力を蓄え、港町の開発とその支配を自ら行うようになっていた。

その結果、当時の東地中海沿岸には、農村支配を基盤とする在地有力者のもと、いくつもの港町が栄えた。ガリラヤ平原の覇者ザーヒル（ダーヒル）・ウマルによるアッカーの整備（主要産品：綿花、オリーヴ油）、レバノン山地のドルーズ派家系によるベイルートやサイダーの支配（主要産品：生糸）、アラウィー派勢力によるラタキアの開発（主要産品：タバコ）など、例は枚挙に暇がない。[2] すぐ北に位置するアッカーの機能を補助するものとして、十字軍時代の古ハイファが現在のハイファの位置に移転され、市壁を整備されたのもこの時期のことであり、一七六一年、ザーヒル・ウマルの手によるものだった[3]（**図1**）。

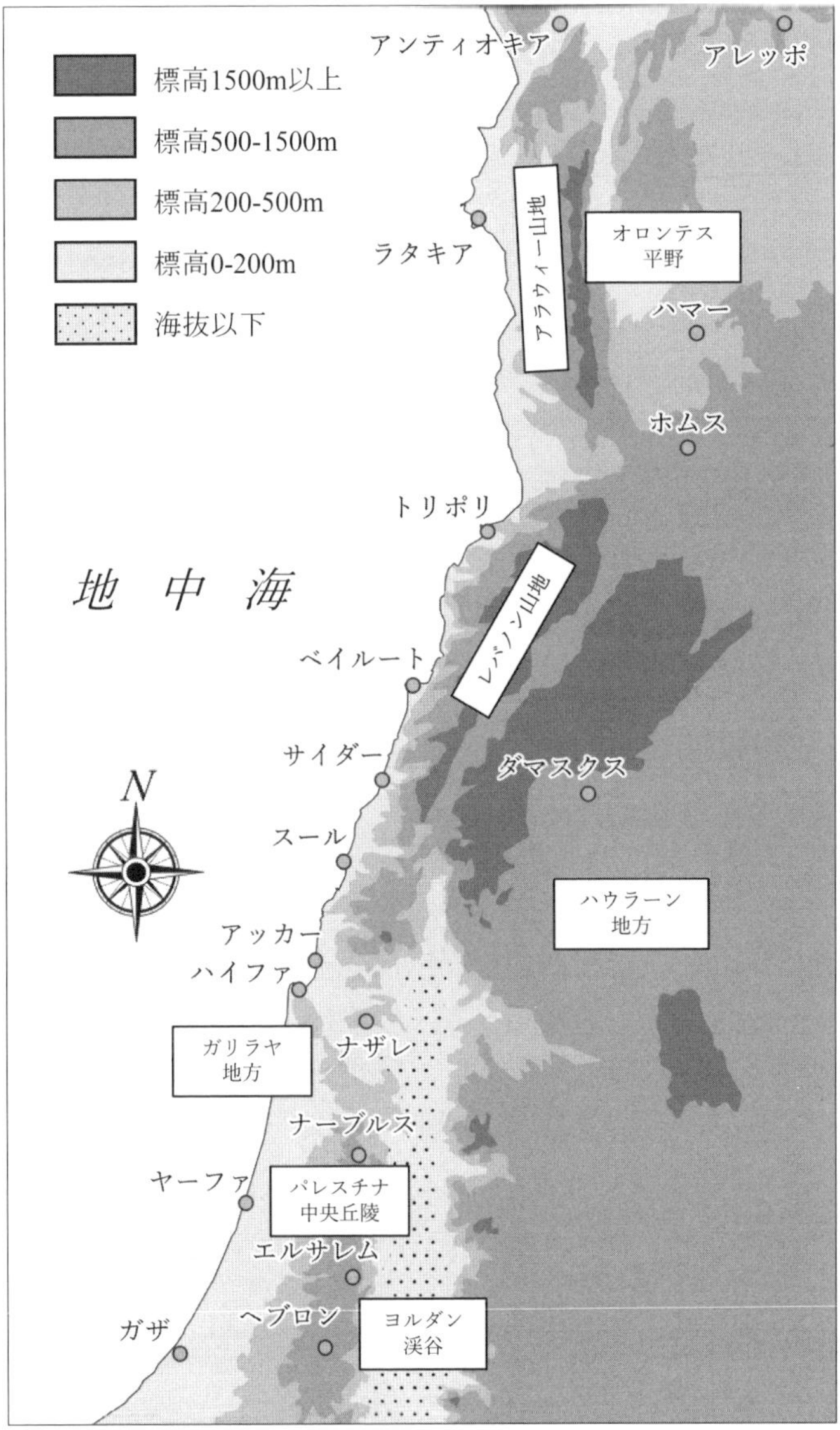

図1　シリア地域地中海沿岸の主要都市（出典：Fabrice Balanche, *Atlas of the Near East: State Formation and the Arab-Israeli Conflict, 1918-2010,* Leiden: Brill, 2017, p. 5を基に筆者作成）

二　オスマン政府の統治網の拡大とベイルート州の創設（一九世紀中葉―後半）

趨勢が大きく変化するのが一九世紀中葉である。ギリシア独立戦争（一八二一―三二年）、エジプト州総督ムハンマド・アリーによるシリア占領（一八三二―四〇年）を機に、オスマン政府は、介入を強める欧州列強とときに協同歩調をとりつつ、地方統治の強化に乗り出した。同時期、領内各地で都市騒乱や武力衝突が

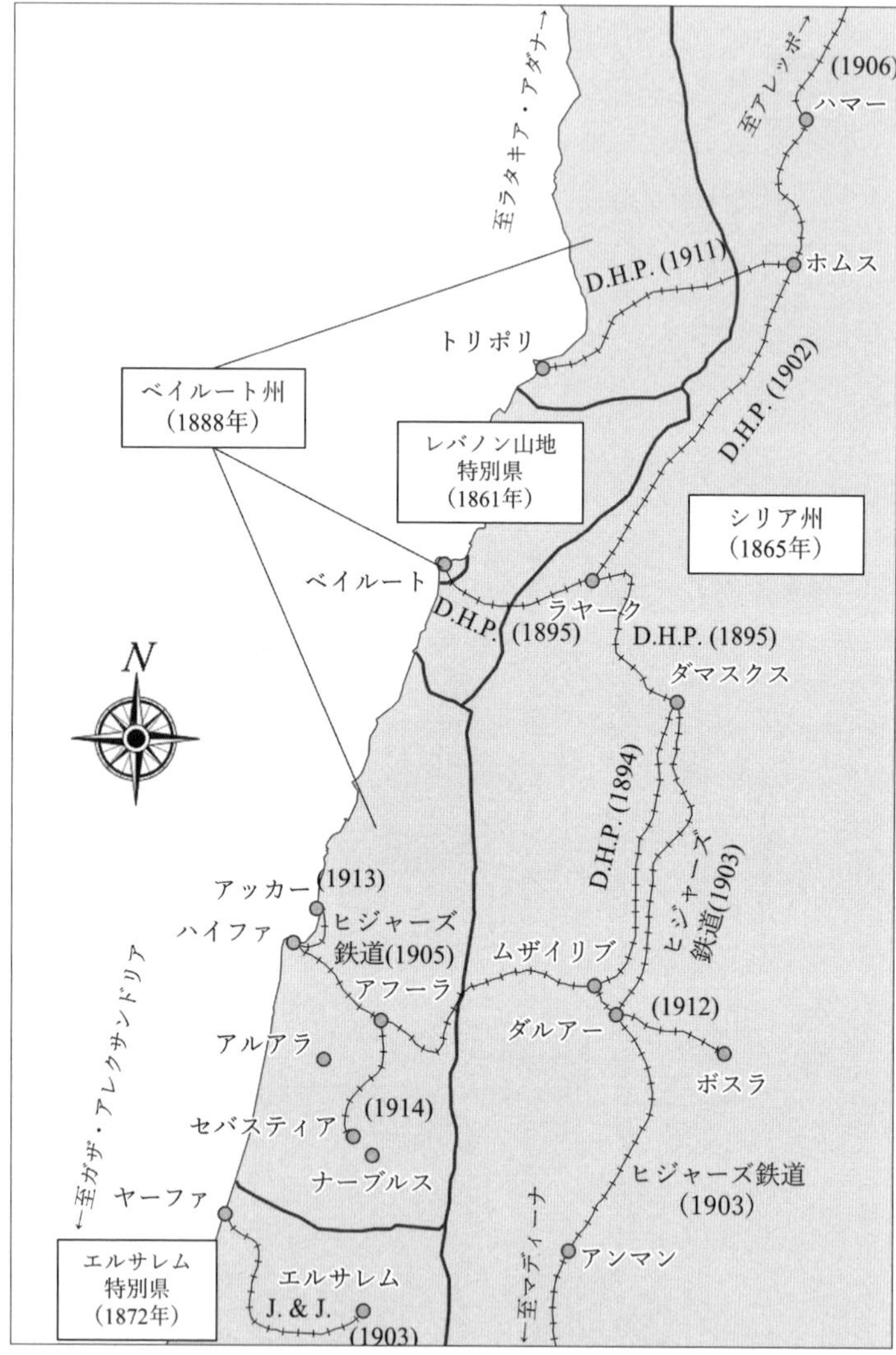

図2　ベイルート州とシリア地域の鉄道路線（1914年頃）（出典：Mcahel E. Bonine, “The Introduction of Railroads in the Eastern Mediterraneann: Economic and Social Imapacts”（*The Syrian Land: Process of Integration and Fragmentation, Bilād al-Shām from the 18th to the 20th Century*, Thomas Philipp and Birgit Schabler (eds.), Stuttgart: Franz Steiner, 1998）, p. 77を基に筆者作成）

注：D.H.P.= Chemin de fer de Damas-Hama et Prolongments（「シリア鉄道」），
J.& J.=Chemin de fer de Jaffa à Jerusalem（ヤーファ＝エルサレム鉄道）。
（　）内の数字は開通年を示す。

相次いだが、一八六〇年のレバノン山地及びダマスクスにおけるキリスト教徒の虐殺とそれに伴う仏軍の進駐は、一つの分水嶺となった。翌六一年、オスマン政府はレバノン山地に中央政府直轄の特別県を設置し、その後はこれを州レヴェルに拡大しながら（六四年ドナウ州設置、六七年州制法全国施行）、全国に中央政府を中心とした地方統治機構を整備していった。[4]

他方、一九世紀中葉、蒸気船の登場により運輸の中心は海運へと移り、一八七〇年代には電信・郵便網も整備された。これにより、港町はモノだけでなく情報も集積される支配の網目の結節点となった。特に東地中海沿岸の臍に位置したベイルートの発展はめざましく、一八八六年に近代埠頭の整備事業会社が仏資本により設立されると、ベイルートのキリスト教徒・ムスリム双方の有力貿易商はその大株主となり、オスマン政府に対し、ベイルートを州都とする新州創設を求めた。[5]この結果、一八八八年に生まれたのがベイルート州である。以降ベイルートの商人や投資家たちは、一方で、イスタンブルのオスマン政府から鉄道敷設など公共事業の勅許を取得しつつ、他方で、ロンドンやパリの金融資本と提携することで、ハイファを含む東地中海沿岸一帯で開発事業を展開したのである[6]（**図2**）。

三　世紀転換期のハイファ
——拡大する都市、後背地化する近郊農村

こうした中、一八四〇年にその名を冠した初の行政区分（郡）が設置されたハイファは、一九世紀中葉の戦乱で荒廃したアッカーからギリシア正教の商人が移住したことで、一八五〇年代には市壁を超えて居住域が広がり始めていた。[7]

やがて一九世紀末には、ベイルートからもキリスト教徒の有力商人がハイファに邸宅を構えるようになるが（**図3**：B2）、この時期ハイファの成長を支えたのが、シリア内陸部の農産品の欧州市場向け輸出であった。ハウラーン地方など内陸部の農耕地帯で生産された穀物や油糧作物は、急峻な山岳によって隔てられたベイルートではなく、平坦路で接続され運搬が容易なハイファをその主要積み出し港としたからである。[8]

またハイファの南から、東のガリラヤ平原、ヨルダン渓谷へと広がる平野は、穀物や柑橘類の灌漑栽培の適地でもあった。そのため、東欧で産声をあげたシオニズムに共鳴するユダヤ人や、ドイツの福音派教会、テンプル教会の信徒たちは、この沃野に商機と聖地としての重要性を見出しつつ、農業入植地を次々と建設した。[9]

彼らは、ハイファを拠点に経済活動に従事し、独自の居留区（コロニー）を市内に形成した。東欧から移住してきた新たなユダヤ人は、旧市街内の古くからのユダヤ人街区とは別の新ユダヤ人居留区をカルメル山の麓に築き（**図3**：D

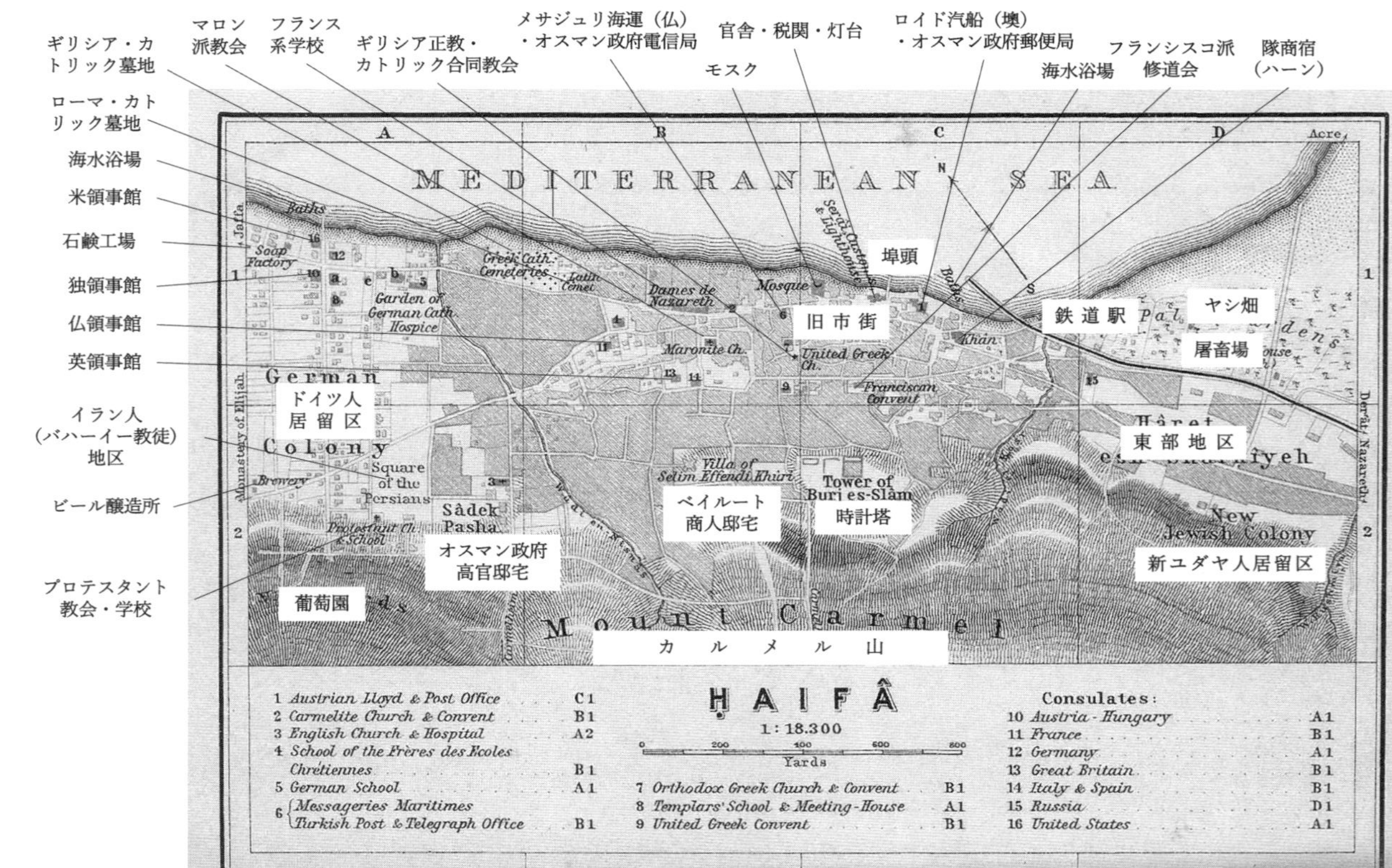

図3　ハイファの街区（1912年）（出典：Karl Baedeker ed., *Palestine and Syria: Handbook for Travellers*, Leipzig: Karl Baedeker, 1912を基に加筆）

2）、テンプル教会信徒たちは、既存の街並みとは異なる格子状に整備されたドイツ人居留区を市西部に造成した（図3：A2、図4）。このハイファの新街区には、ビール醸造所や石鹸工場など、外国人入植者たちが興した産業施設が立ち並んだが、「ユダヤ人たちが経営する石鹸工場や機械式工場は、同宗徒の者しか雇わず、ムスリムやキリスト教徒の地元住民は殆ど雇用されない」と非難されたように、[10]経済活動でも自己完結度の高い社会を志向する入植者たちは、既存の都市社会の住民の間に少なからぬ反発を呼び起こしていた。

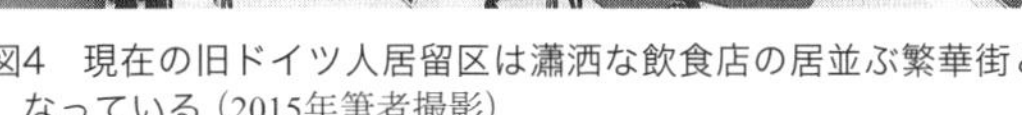

図4　現在の旧ドイツ人居留区は瀟洒な飲食店の居並ぶ繁華街となっている（2015年筆者撮影）

　加えて外国人の間での高い土地需要は、ハイファ周辺の農地への投資の過熱を招き、投資家や有力者が土地を集積した結果、小農の没落や彼らの都市への流入をもたらした。一八八八年にオスマン政府が設立した農業銀行は、こうした帝国内の困窮する小農の救済を目的としたとされる。[11]このオスマン農業銀行のハイファ支店では、一八九四年度から一九一五年度の約二〇年間に約六〇〇件、二七〇万クルシュ近くの融資が行われた。[12]

　当時ハイファ郡に属したアルアラ村に残る文書群には、ハイファ支店の行員と同村の村長との間で融資をめぐる優遇が図られ、村長が村民への貸付を活発に行っていたことを示す書簡や証書が残されている。[13]同じ文書群には、内陸の中核都市ナーブルスの有力者と村長との土地取得をめぐる競合を利用し、有利な条件で借入を行う自営農の戦略的姿をうかがわせるものもあるが、[14]長期貸付を基本とし、土地担保を要した農業銀行の融資は、基本的に有力地主層による利用に留まったといえよう。そのため、零細農の経済状況は大きく改善することはなく、彼らは賃金労働者として都市部へ流入することとなった。一八九〇年代に始まったヒジャーズ鉄道のハイファへの延伸工事は、こうした近郊農村から多くの農民たちを労働者として吸収し、彼らは「仕事の母」と呼ばれたハイファの東部地区に集住することとなった[15]（図3：D2）。

四　「ベイルートの妹」を超えて

　一九〇五年、ヒジャーズ鉄道の支線がハイファで開通すると（図3：D1）、港湾都市ハイファの重要性は一層増した。冒頭のオスマン政府官吏によれば、一九

図5　ハイファに残るアラブ人街区ワーディ・ニスナースのクリスマス、頭上にイスラエル警察が控える（2015年筆者撮影）

図6　現代のハイファ、カルメル山聖母修道院より望む（2016年筆者撮影）

〇〇年代初頭まで五〇—六〇万クルシュ弱であったハイファの関税収入は、鉄道開通後の一九一〇年代、その一〇倍近い五〇〇〇万クルシュに達したとされる。舗装された美しい街路や大邸宅、蒸気式クレーンが立ち並ぶ当時のハイファの様子をこの官吏は「ベイルートの妹」と形容したが、(16) それは二〇世紀初頭の繁栄に至るハイファの道筋を捉えた言葉でもあった。

　しかし同じ頃、著名なシオニストで社会学者であったA・ルピーンは、「ある場所の交通の発達は、その場所を従来の通商上の中心から解放せしめ、自立成長を促す。現にダマスクスやハイファ、ヤーファはもはやベイルートから一部商品を購入せず、欧州の会社と直接取引している」と述べ、急速に発達する各地の交通網を背景に、ベイルートを中心とした東地中海の流通構造が変化しつつあることを見抜いていた。(17) ここにその名が挙がるように、ハイファは既に「妹」としてではなく、自立した「民族の交差点」として歩み始めていたのである。

　その後ハイファはイギリスの委任統治と「ナクバ（大災厄）」（イスラエル建国に伴うアラブ系住民の大規模追放）を経て、現在はイスラエルという「一国」の主要港となり、街路や住民の「ユダヤ化」が進められつつある（図5）。しかし、コスモポリタンな港湾都市としてのハイファの起源が失われたわけではない。アラブ人・ユダヤ人双方の労働運動の中心となり、E・ハビービー（一九二二—九六年）やG・カナファーニー（一九三六—七二年）らのパレスチナ文学のゆりかごともなるなど、(18) 現在に至るまでハイファは多様な文化を育み続けている（図6）。

注

(1) Meḥmed Refīk and Meḥmed Behcet, *Beyrût Vilâyeti*, Vol. 1, Beyrût: Vilâyet Maṭbaʿası, 1917, pp. 257-258.

(2) Thomas Philipp, *Acre: The Rise and Fall of a Palestinian City, 1730-1831*, New York: Columbia University Press, 2001; Dominique Chevallier, *La société du Mont Liban à l'époque de la révolution industrielle en Europe*, Paris: Geuthner, 1971; Stefan Winter, *A History of the ʻAlawis: From Medieval Aleppo to the Turkish Republic*, Priceton: Princeton University Press, 2016, esp. Chap. 4.

(3) Mahmoud Yazbak, *Haifa in the Late Ottoman Period, 1864-1914: A Muslim Town in Transition*, Leiden: Brill, 1998, pp. 14-15.

(4) 特にレバノン山地における徴税請負の廃止過程については、拙稿「レバノン山地特別県における宗派別土地調査と地域支配の再編」(『東洋学報』一〇二―四、二〇二一年)一―三三頁。

(5) Jens Hanssen, *Fin de Siècle Beirut: The Making of An Ottoman Provincial Capital*, Oxford: Oxford University Press, 2005, pp. 36, 44-45, 87-92.

(6) Krsiten Alff, "Levantine Joint-Stock Companies, Trans-Mediterranean Partnerships, and Nineteenth-Century Capitalist Development." *Comparative Studies in Society and History* 60, no. 1, 2018, pp. 150-177.

(7) Yazbak, *Haifa*, p. 112.

(8) *Documents diplomatiques et consulaires relatifs à l'histoire du Liban: Correspondance commerciale*, ed. Adel Ismaïl, Vol. 6, Beyrouth: Édition des œuvres politiques et historiques, 1993, pp. 345-346 (Bertard to Develle, Haifa, 15 Oct. 1893).

(9) Alexander Schölch, *Palestine in Transformation, 1856-1882: Studies in Social, Economic and Political Development*, trans. William C. Young and Michael C. Gerrity, Washington D.C.: Institute for Palestine Studies, 1993, pp. 110-117.

(10) *Al-Muqtabas*, 15 Mar. 1910, pp. 1-2; Yazbak, *Haifa*, p. 222.

(11) 同様の農村社会の変容はアナトリアなど他のオスマン朝領域でも見られた。Donald.Quataert, "Dilemma of Development: The Agricultural Bank and Agricultural Reform in Ottoman Turkey, 1888-1908," *International Journal of Middle East Studies* 6, no. 2, 1975, pp. 210-227.

(12) Zuhayr Ghanāyim, *Liwāʾ ʿAkkā fī ʿAhd al-Tanẓīmāt al-ʿUthmāniyya, 1281-1337 A.H./1864-1918 A.D.*, Bayrūt: Muʾassasat al-Dirāsāt al-Filasṭīniyya,1999, p. 333.

(13) *Wathāʾiq Maḥalliyya min Filasṭīn al-ʿUthmāniyya wa-Dirāsāt Tawthīqiyya*, ed. Muhammad ʿAql, Kufr Qarʿ: Dār al-Hudā, 2005, pp. 109-115, 118-119, 183-185, 193-196.

(14) *Wathāʾiq Maḥalliyya*, pp. 20, 99-100, 109-115.

(15) May Seikaly, *Haifa: Transformation of an Arab Society, 1918-1939*, London: I.B. Tauris, 1995, p. 24.

(16) Refīk and Behcet, *Beyrût Vilâyeti*, Vol. 1, pp. 237, 242-243.

(17) Arthur Ruppin, *Syrien als Wirtschaftsgebiet*, Berlin: Kolonial-Wirlschaftliches Komitee, 1917, p. 254.

(18) E・ハビービー『悲楽観屋サイードの失踪にまつわる奇妙な出来事』(山本薫訳、作品社、二〇〇六年)、G・カナファーニー『ハイファに戻って/太陽の男たち』(黒田寿郎・奴田原睦明訳、河出文庫、二〇一七年)。

イスファハーンは世界の半分？

守川知子

もりかわ・ともこ——東京大学大学院人文社会系研究科准教授。専門は西アジア史。主な著書に『シーア派聖地参詣の研究』（京都大学学術出版会、二〇〇七年）、編著に『移動と交流の近世アジア史』（北海道大学出版会、二〇一六年）などがある。

「世界の半分」と謳われたイスファハーンは、一七世紀、サファヴィー朝の新都として繁栄をきわめた。イスファハーンの隊商宿やバーザールには、国内外の各地から言語や宗教の異なる商人や高価で希少な商品が集まり、王室工房では舶来の品々を加工する職人たちが腕を競い合った。プリント更紗、金細工や銅食器など王室工房で磨かれた製品加工の技術は、その後もイスファハーンの基幹産業を支える伝統工芸に活かされ、今にいたる。

はじめに

——イスファハーンは世界の半分（エスファハーン・ネスフェ・ジャハーン）

ペルシア語のこの言葉は、近世期のイスファハーンを称えたものとして広く知られている。いつごろからこの語が現れたのかはわからないが、サファヴィー朝（一五〇一—一七三六年）の最盛期を現出した王として名高いシャー・アッバース（在位一五八七—一六二九年）の時代に編まれたペルシア語の年代記には、すでに同じような意味の対句が載せられている(1)。

一六世紀の末、シャー・アッバースはサファヴィー朝の新たな都として、イラン高原中央部に位置するイスファハーンを選び、中世期の市街（旧市街）の南西に王宮と広場などからなる新市街を設営した。イスファハーンの「顔」ともいえるこの広場は、俗に「王の広場」（メイダーネ・シャー）（現在のイマーム広場）、正式には「世界の縮図広場」（ナクシェ・ジャハーン）と呼ばれた。「イスファハーンは世界の半分」という語は、この新広場の名にちなむ。

サファヴィー朝期のイスファハーンについては多くの研究がある。ここでは「商人と職人のまち」としてのイスファハーンを見ていこう。

一　国際色豊かなサファヴィー朝の新都

三度の首都移転

サファヴィー朝は、その二世紀あまりの歴史の中で三度も首都を遷している。建国当初は北西イランのタブリーズに都があった。これは、サファヴィー王家の支持基盤がアゼルバイジャン地方や東部アナトリアにあったことに起因する。しかし、サファヴィー朝が一二イマーム・シーア派を標榜したことから、スンナ派の盟主を自認するオスマン朝（一三〇〇頃―一九二二年）と激しく対立する。オスマン朝スルタンのセリム（在位一五一二―二〇年）はアナトリアからイランへ向けて遠征し、一五一四年のチャルディラーンの戦いでサファヴィー軍を打ち負かし、首都タブリーズを占領するにいたった。セリムのあとを継いだスレイマン（在位一五二〇―六六年）もまた、三度にわたってイラン・イラク遠征を行い、そのたびに新生サファヴィー朝の都はオスマン軍に占拠されてしまう。

マムルーク朝（一二五〇―一五一七年）を打ち破り、シリア・エジプトの支配を固めたオスマン朝の優位は揺らがなかったため、サファヴィー朝の第二代君主シャー・タフマースプ（在位一五二四―七六年）は、一六世紀半ばに都をタブリーズからカズヴィーンに遷した。カズヴィーンでは、宮殿・庭園・新広場（メイダーン）・バーザールなど、その後のイスファハーン新都計画に引き継がれる町づくりが行われた[2]。だが、五〇年以上の長きにわたって統治したタフマースプが没すると、軍事エリートの遊牧部族らがそれぞれに王子を擁立し、後宮を巻き込んだ権力闘争に明け暮れた。一〇年間の内訌の末、これらを制して即位したのがシャー・アッバースである。

アッバースはイスファハーンを流れるザーヤンデルード（生命をうみだす川の意）の近くに新都を建設し、そこをサファヴィー朝の都とすべく奔走するのである。

一七世紀の新都イスファハーン

新都イスファハーンは、シャー・アッバースの「作品」といってもよいだろう（**図1**）[3]。彼はまず、旧来の市域よりも南西の郊外にあった平坦な地を軍のキャンプ地とし、ここに広場（メイダーン）を建設する。この広場の西面にはアーリー・カープー（至高の門）宮殿を配し、南側には二〇年近くの歳月をかけた壮麗な王のモスク、東側には王室専用のシャイフ・ルトフッラー・モスク、そして北側に「皇帝市場（カイサリーエ）」を配した。新広場

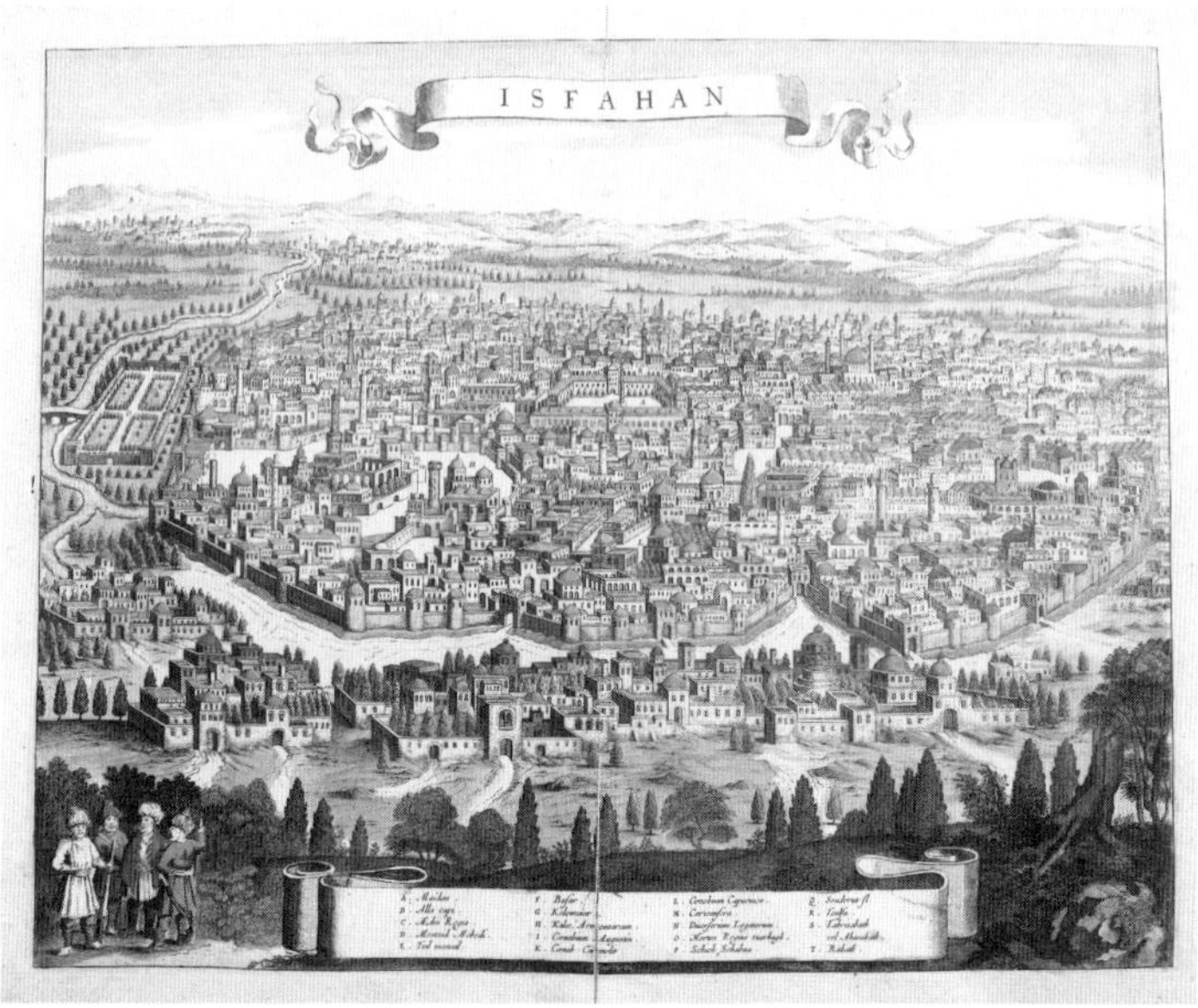

図1　17世紀のイスファハーン
Johannes Janssonius による版画（1657年）。

の西に位置した広大な王宮には、その後の王たちによって、「四〇柱宮（チェヘル・ストゥーン）」や「八楽園宮（ハシュト・ベヘシュト）」といったサファヴィー朝建築の粋をきわめた宮殿が建てられた。

もっとも、イスファハーンの特徴は何も新広場と王宮のすばらしさだけではない。王宮の西端から南北にのびるチャハールバーグ大通りは、イスファハーンを訪れた誰もが絶賛する泉水と緑樹に彩られた大通りであり、その先にはシャー・アッバースの腹心であったジョージア人の軍司令官アッラーヴェルディー・ハーン（一六一三年没）が建設した「三十三橋（スィオセ・ポル）」（全長約三〇〇メートル）がザーヤンデルード川に架かっている。川の南側には、アルメニア人などキリスト教徒（やのちにはゾロアスター教徒も）専用の街区・新ジュルファーがつくられ、一七世紀にはこの街区だけで数万人の人口を擁した。

何よりも、イスファハーン随一のにぎわいを見せたのは、王の広場の北側から旧市街に向かう全長二キロに及ぶバーザールである。ここでは各地からの商人が集まり、イラン国内外からの多種多様な商品が売買された。このバーザールや新広場を軸に、一七世紀のイスファハーンは急速に「国際化」し、人口も飛躍的に増加する。

「大きさはパリに匹敵、だが人口は一〇分の一」

ところで、イスファハーンはそれほどすばらしい都であったのだろうか。一六六〇—七〇年代に数年間イスファハーンに滞在したフランス人商人のJ・シャルダン（一七一三年没）は先の「イスファハーンは世界の半分」という言葉を挙げて、

「ペルシア人はろくに世界を知らない」と言う。[4] 同時期に何度もイランを訪れた別のフランス人商人のJ＝B・タヴェルニエ（一六八九年没）の評価はさらに手厳しい。

> イスファハーンをとても美しい都市として描いた旅行者たちの文章を私は見たことがあるが、彼らがどのような美しいものに注目したのか私には想像もつかない。というのも、国王の宮殿の前にある大メイダーン、すなわち大広場や、ジュルファーに向かう大通りを除き、イスファハーンの残りの部分には不快きわまりないものしかない。今でも覚えているが、ある日、私は友人である一人のフランス人のところに行った。イスファハーンを抜けてジュルファーにある私の宿に戻ったところで、私は彼に、この町をどう思うかと尋ねた。すると彼は非常に驚いて「町なんて通ったとは思わなかった」と答え、「いつイスファハーンに入るのか聞こうと思ってたところだ」と言った。

タヴェルニエはつづけて次のようにも言っている。

> 郊外を含めたイスファハーンの周囲は、パリの周囲と比べてそれほど小さくはない。だが、パリにはイスファハーンの一〇倍の人口がいる。この町がこれほど大きく広がっているにもかかわらず、人口がこれほど少ないとしても驚くには値しない。というのも、各家族は個別に［戸建ての］家を持ち、ほとんどの家は庭付きである。それゆえ、空間がたくさんある。どの方向から町に入っても、最初にモスクの塔が見え、そして家々を取り囲む木々が目に入る。そのため、遠くから見ると、イスファハーンは町というよりは森に見える。

一七世紀のイスファハーンやパリの人口はどちらも五〇—六〇万人とされることが多く、イスファハーンにいたっては一〇〇万人説が唱えられることさえある。一方、タヴェルニエが指摘するようにイスファハーンの人口がパリの一〇分の一であれば、わずか五万人となり、あまりにも少ない。「イスファハーンは、大メイダーン［王の広場］と、商人たちがいるアーチで覆われた通りからなるいくつかのバーザールを除いて、全体的に町というよりはむしろ大きな村のようである」とあるように、タヴェルニエのイスファハーン描写は総じてかなり辛辣である。[5] とはいえ、そのタヴェルニエでさえも、王の広場とバーザールは活気あふれる場所として言及している。そこで次に、新都イスファハーンの「中心」であるそれらの「新都心」を見ていこう。

図2　イスファハーンのイマーム広場（王の広場）（筆者撮影）
左からシャイフ・ルトフッラー・モスク、イマーム・モスク（王のモスク）、アーリー・カープー宮殿。

二　国内外から集まる商人と商品

イスファハーンの商業空間

サファヴィー朝期のイスファハーンの商業空間は三つの「場」からなる。金曜モスクのある古広場と、新広場の王の広場、そしてその両広場を結ぶバーザール街である。(6) 二つの広場を比べると、大きさでも商人の数でも勝るのは王の広場である（図2）。ここでは「世界の縮図（ナクシェ・ジャハーン）」と呼ばれたこの新広場を中心に見ていきたい。

図3　イマーム広場の北辺にある「皇帝市場（カイサリーエ）」（筆者撮影）

王の広場は四方を同じつくりの二階建ての廻廊が取り囲み、階下は店舗が二軒、上階は広場に面した側と反対側にそれぞれ二軒ずつの計四軒の店舗があった。この廻廊では「より上等で高価な」商品が扱われ、同じ品物を扱う商人や店舗はそれぞれがまとまるよう配置された。

広場の王宮側にあたる西面には金細工師や宝石細工師、印章彫り職人らの工房や店舗が立ち並び、アーリー・カープー宮殿の北側には革靴職人の店や刀剣研ぎ師らの店がある。皇帝市場（**図3**）のある北側にはフェルト帽や毛皮の帽子、弓矢、礼服や甲冑をそろえる店や薬種商が軒を連ね、東側のルトフッラー・モスクのある廻廊には、薬種商街につづいて北からリボンや編み紐・絹を扱う絹織物専門の店、古物商街、靴職人街、綿打ち職人街、弓旋盤職人街、鍛冶屋や刃物屋などの鋼職人街が順に配されている。南面の王のモスク（**図4**）のそばには、紙や文房具を扱う製本屋街があり、馬具屋街が南東角につづく。王宮のある南西側に向かうと、指物大工や長持ち職人が店を構え、鏡職人、ニュールンベルクやヴェネツィアからのこまごまとした商品を売る金物商や小間物商らの店にいたる。[7]

図4　イマーム広場の「イマーム・モスク（王のモスク）」（筆者撮影）

以上が新広場の常設の店舗やバーザールの様子である。これらの常設店舗のほかに、新広場のなかでは青空市も開かれ、イスファハーンの市内外の人びとや近郊の農民や村人たちが小さな露店を出した。この青空市では、家畜や南京錠や窓枠やドライフルーツや中古の引き綱など、生活に必要なありとあらゆるものが見つかり、ゴザや絨毯を広げたうえに商品が並べられ、「市場のなかの市場」と呼ばれるほど人や店でごったがえしていた。夕方には香具師や大道芸人、曲芸師たちも広場にやってきて、影絵芝居を演じたり、詩を朗読したり、はては説教師や娼婦たちも店開きをしていたという。[8]

『イスファハーンの隊商宿（キャラバンサライ）案内』

さまざまな店が立ち並ぶイスファハーンの商業空間には、どこから、またどのような商品がもたらされたのであろうか。以下では、サファヴィー朝末期に著された巻物状の『イスファハーンの隊商宿（キャラバンサライ）案内』（以下『隊商宿案内』と略す）から、王の広場とバーザール街と古広場にあった隊商宿を中心に見ていこう。[9] 大きな隊商宿は、基本、卸売り商人しか泊まらず、商業空間としては独特のものであった。シャルダンは隊商宿やバーザールについて、次のようにいう。

> ペルシアの大きな町の隊商宿やバーザールは、それぞれ特定の職業の人々か同じ場所出身の人々のために充てられている。遠い地方の人を探そうとする場合は、その人の町か地方の名のついた隊商宿に行きさえすればよい。そこで確実にその人を見つけることができる。…日常生活に必要なもので売買されているものについても同様である。あらゆる職種、あらゆる商品のバーザールがあり、あらゆる品の、そして、ペルシアにやってくる世界中のあらゆる国の商人たちのための隊商宿がある。[10]

さて、『隊商宿案内』には、イスファハーンの中心部に位置する四二軒の隊商宿が紹介されている（**表1**および**図5・図6**参照）。

商人たちの出身地を見てみると、国内では、イラン北西部のタブリーズ、アルダビール、カラダーグ、イラン北東のホラーサーン、マシュハド、ジャーム、カスピ海南岸のマーザンダラーンやギーラーン、旧都カズヴィーン、イラン中央部のコム、カーシャーン、ナタンズ、マハッラート、地元イスファハーン、そしてイスファハーンより南方では、ヤズド、アバルクーフ、ケルマーンのほか、イランの外港であるバンダレ・アッバースへの途上に位置するシーラーズやラール、ネイリーズといった地名が挙がる。面白いのは、イラク国境に近いフーゼスターン地方のホヴェイザやドウラク（現在のシャーデガーン）の商人たちが、ファールス地方の商人と「油搾りのマクスードの隊商宿」（**表1**⑳）で同宿している点であろう。イラン最南端の道を通って積み荷が運ばれるのか、もしくはバンダレ・アッバース経由でペルシア湾から船で運ばれるのか、あるいは地域が異なろうともアラビア語話者が多いペルシア湾岸地域という共通意識があるからか、複数の地域出身者によってそれらの地の商品がひとつの隊商宿という共通の場で取り引きされている。いずれにしても、国内の遠く離れた地方やイスファハーン近郊からの商人が数日からときには一ヶ月以上をかけてイスファハーンに集結する。

さらに国外では、インド（ムルターンなどインダス川流域の

表1 『イスファハーンの隊商宿案内』

	隊商宿の名称	商人の出身地	商品	職人
①	王	タブリーズ、アルダビール、イスファハーン、「商人王」、インド	タブリーズの商品・製品・絣、カズヴィーン産の織物、アルダビール産のキリム絨毯・敷物・ショール	金細工師 七宝細工（琺瑯）職人 彫金職人
②	厩舎	インド	インドの布地	
③	ララ・ベク	インド	金細工・宝石・真珠・インド産の織物・布地（かつてはインド産のターバン用布地や商品）	金細工師 宝石・真珠加工職人
④	ザクロ売りたち	アルデスターン	ザクロとザクロシロップのみ	
⑤	アラブ人たち	（バグダード）	バグダードの商品・真珠・亜麻布・靴・外衣・馬の背に敷く馬布・礼拝用敷物、イエメン産メノウ・琥珀、バフライン産サンゴ	
⑥	マフムード・ベク	サマルカンド	カズヴィーン産の米、マーザンダラーン産の米、ケルマーンの商品・碗・皿・受け皿・大皿・ティーポット・壺、アバルクーフの商品、マシュハド産の碗・杯・受け皿、ウズベキスタンの商品・敷き布団（もしくは麝香）・サマルカンド産の紙	
⑦	羊頭料理人たち	（ギーラーン）	ギーラーンの商品・魚の燻製、マス、オレンジ、外套用の薄手の布	（かつては羊頭料理人がいた）
⑧	カズヴィーン人たち	カズヴィーン	カズヴィーン産の織物・女性用柄物下着	
⑨	伝令長官	シーラーズのユダヤ教徒と他地方のユダヤ教徒	シーラーズの商品・紅木・乾燥生姜・胡椒・シナモン・石竹・アカネ・カルダモン・コーヒー	
⑩	アルデスターン人たち	アルデスターン	リネン布・麻布（もしくは粗綿布）・裏地布・女性用ベール	
⑪	ニームアーヴァルド	コム、カーシャーン、ビードゴル、ナタンズ、ミーラーゲルド	石鹸・麻布（もしくは粗綿布）・レーズン・スモモ・ドライフルーツ、マハッラート産の絨毯	
⑫	マハーバード人たち	マハーバード	マハーバード産の麻布・裏地布・ドライフルーツ（アンズ・スモモ）	
⑬	死骸殺し人たち		死んだ馬・ラクダ・ロバなどの皮	皮はぎ職人
⑭	ナタンズ人たち	ナタンズ	ドライフルーツ（レーズン・グミ）・ナッツ類・麻布（もしくは粗綿布）・リネン布	
⑮	皮なめし人たち		馬やラバの染色した皮	皮なめし職人・皮革染色職人
⑯	アッバース		麻布（もしくは粗綿布）	織物職人
⑰	バーヴァーナート人たち（ミールザー・ヘダーヤト）	シーラーズ、バーヴァーナート	シーラーズの商品・水タバコの瓶・ガラス瓶・ナツメヤシ・オレンジやレモンの果汁や蒸留水、バーヴァーナート産の商品・レーズン・ナツメヤシ・油・ブドウシロップ	
⑱	アラブ人たちのバーザール	マハッラート	マハッラート産の木皿・絵柄入りの盆・絨毯	絨毯織り職人
⑲	ゴザ織り職人たち		葦製のゴザ	ゴザ織り職人

⑳	油搾りのマクスード	ラール、ホルムズ、ホヴェイザ、ドウラク、ベフベハーン、ネイリーズ	ラールの商品・コーヒー・タバコ・生薬・ナツメグ・クローヴ・生姜・ウコン・ユカン・ミロバラン	
㉑	祖母	アルメニア教徒、「スィッディーク」、アレッポ、インド、ムルターン、スィンド	ロンドン織り（ラシャ）、アレッポ産の製品・でんでん太鼓・眼鏡・ガラスや真珠の装身具、水タバコの瓶、バンダレ・アッバース経由の商品、インドやスィンドの商品・ターバン用布地・インド産の多色織布・混紡絹布・藍・氷砂糖・ユカン・ミロバラン・生姜・上質の布地・捺染更紗、シーラーズ産のタバコ	ロンドン織り縫製職人
㉒	合法	イスタンブル	イスタンブルの紙・クルシュ貨・銀	
㉓	シャー・アッバースの娘	カラダーグ	ジョージアやロシアの男奴隷・女奴隷	
㉔	ホラーサーン人たち	ホラーサーン	ブハラ産の皮革・スモモ、ジャーム産やマシュハド産のフェルト、薬草、ホラーサーン産の敷物や絨毯・サンザシ・粗フェルト	
㉕	ハーンサール人たち	ハーンサール	ドライフルーツ（レーズン・アンズ）・ブドウシロップ・リンゴ・梨・ワイン蒸しのナッツ入り菓子・コンポート	
㉖	パラーンチーリー	（かつてルームから）		
㉗	アリークリー・ハーン	ムルターン、インド	上質の布地	
㉘	ホージャ・マフラム	ヤズド	ヤズドの産品・ザクロ・イチジク・バラ水・混紡絹布・薄手の布地	
㉙	ヤール・バーバー	インド		
㉚	前財務長官	インド	（インドの産品）	
㉛	サールー・タキー		（更紗）	更紗職人
㉜	ダルガズィーン人たち	ダルガズィーン	ダルガズィーン産のヨーグルト	
㉝	ラール人たち		薬種・香辛料	薬種の卸売り
㉞	ヤズド人たち	（ヤズド）	金襴・金糸入りターバン用布地	
㉟	カーシャーン人たち	（カーシャーン）	金襴・混紡綿布・混紡絹布・薄手の布地	
㊱	銅細工師たち		（銅細工製品）	銅細工職人
㊲	王の屠殺場と王の家禽小屋		王宮用の羊や鶏	
㊳	―	ヤズド	ヤズド産の裏地布・イチジク	
㊴	ザマーン・ベグ・ナーズィル	境域	国境からのあらゆる商品	
㊵	アバルクーフ人たち	（アバルクーフ）	アバルクーフ産の壺・碗・杯	
㊶	ベグデリー	ムルターン		
㊷	象	（インド？）		

スィンド地方を含む）、ルーム、イスタンブル、バグダード、アレッポ、バフライン、ロシア、ジョージア、ウズベキスタン、サマルカンド、ブハラ、そしてヨークシャー産の毛織物を指す「ロンドン織り（ロンドラ）」の産地であるイギリスからの商品や商人がイスファハーンに集まってくる。シャー・アッバースの企図したとおり、東西南北の四方八方から新都イスファハーンに商人が集まってきている状況が一目瞭然である。

　ところで、一七世紀初頭にイランを訪れ、シャー・アッバースと行動をともにしたP・デッラ・ヴァッレ（一六五二年没）は、「インドやタタール、ほかの遠方の地域から商人集団が絶えず訪れ、あらゆる種類の商品を大量に運んでくる。これらの商品の数は非常に多いため、ここですべての商品を持っている商人を見つけるのは非常に困難である。たとえば、三〇〇頭のラクダが胡椒を積んでやってくることもあれば、一〇〇頭がターバンを積んでやってくることもある。エキゾチックな品々も同様で、毎年何千頭ものラクダが膨大な量のあらゆる商品を積んでやってくる」という。興味深いことに、イランではこれらの商品を国王が一括して購入し、各地に送り出すと述べられている。これは、外国人商人にとっても利便性が高く、また地方の人びとにとっても外国人と個別に交渉する必要がなく、金額も押さえられる。(11) すなわち、卸売り商人がイスファハーンに商品を大量に運び込み、そこからイラン国内の各地に品物が再度、運び出されていたのである。そして、このような卸売り商人が宿泊するのが、イランの中心に位置する新都イスファハーンの隊商宿であった。こうしてイスファハーンでは、国内外を問わず、各地からつどう商人たちによって大量の商品がもたらされ売買された。

布地のまち

　商品について見ると、一七世紀のイスファハーンにもたらされる商品のうち、最も目を引く品物は布地である。『隊商宿案内』では、タブリーズやアルダビールの絣、キリム絨毯、敷物、ショール、インド産の布地、更紗、「ロンドン織り」、ターバン用布地、柄ものの下着、外套、薄手の布、上着、リネン布、麻布など、実に多種多様な布地への言及がある。これらの綿織物、絹織物、毛織物の布地は、イランで織られるものもあれば、インド産やヨーロッパ産のものなどさまざまであった。イスファハーンそのものも以前から絹織物で名高く、住民は裕福であったという。(12)

　なかでも「ロンドン織り（ロンドラ）（ラシャ）」は「ペルシア人が、イギリス人からはじめてラシャを手に入れ、ずっと彼らを通じてそれを取り寄せ続けている」ためにこの名がつけられた。この布地はアルメニア人が独占的に扱っており、イラン人は

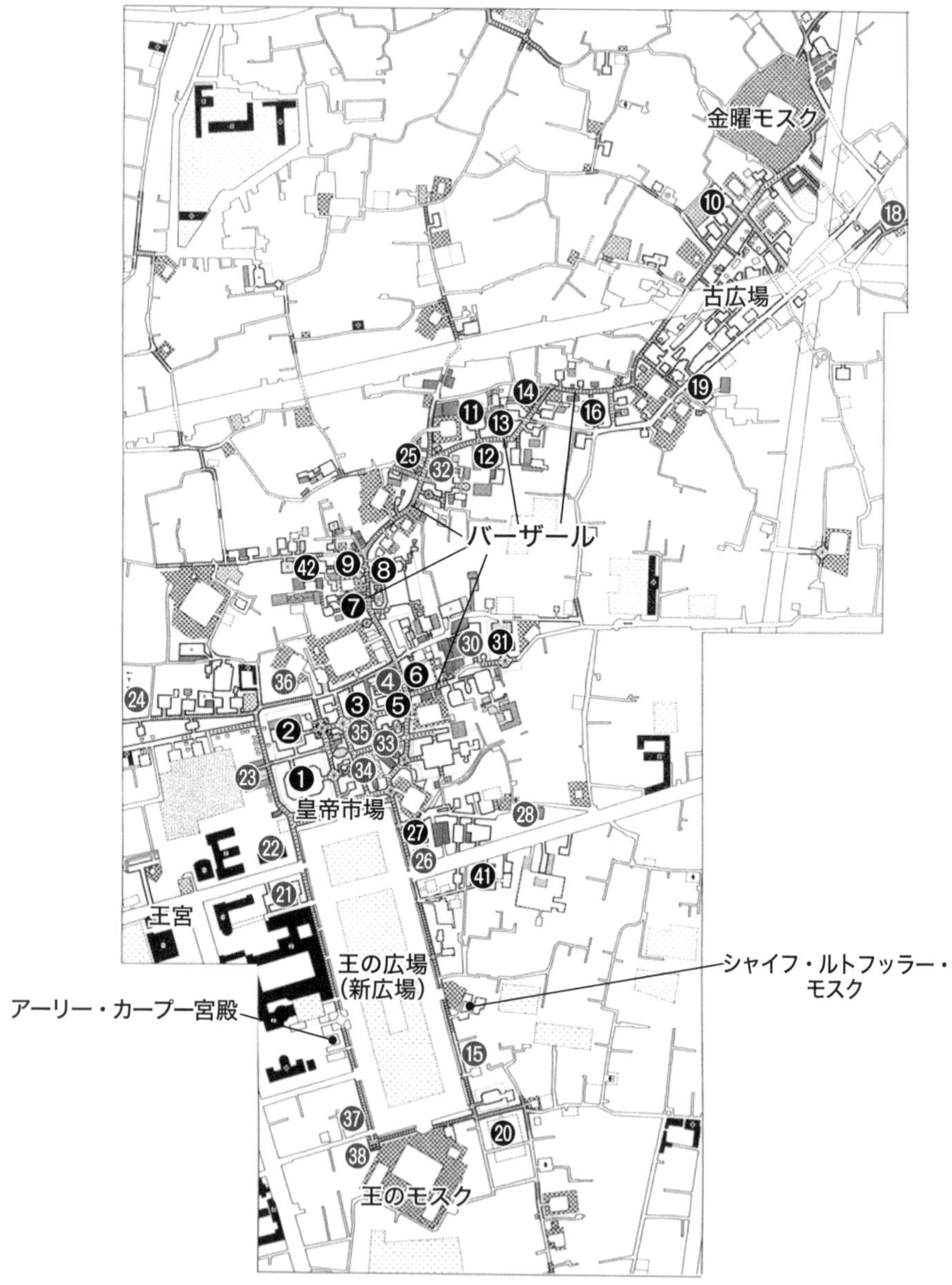

図5　イスファハーン中心部と『イスファハーンの隊商宿案内』中の隊商宿の立地

Gaube, Heinz and Eugen Wirth, *Der Bazar von Isfahan*（Wiesbaden: Dr. Ludwig Reichert, 1978）所収の図をもとに筆者作成。

丸数字（**表1**に対応）の濃色は位置が特定できるもの。淡色は推定位置。位置が不明なものは、⑰㉙㊴㊵の4つであり、これらは図に載せていない。

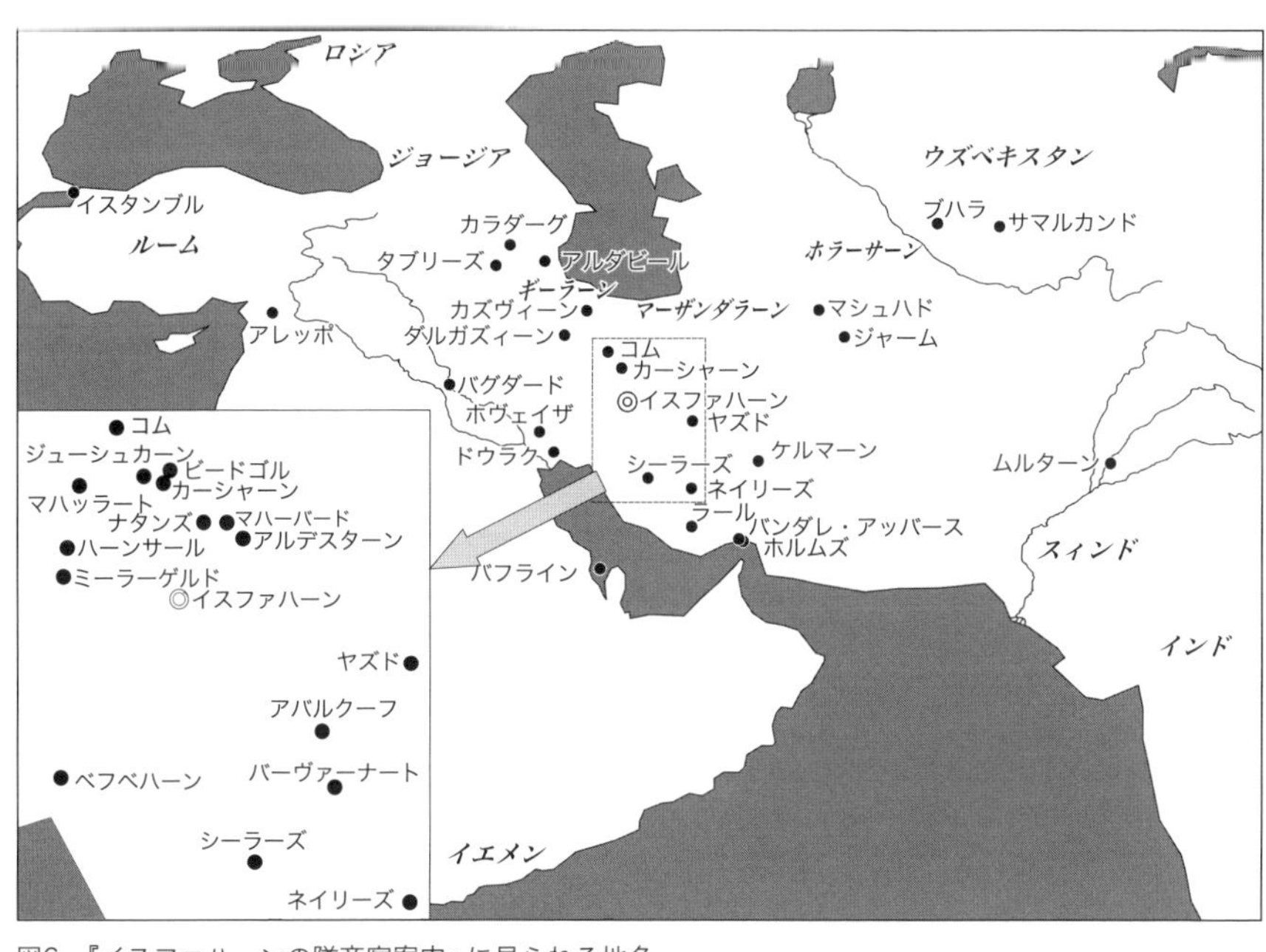

図6 『イスファハーンの隊商宿案内』に見られる地名

ラシャを手に入れて初めて靴下を履くようになったため、靴下は必ずやラシャ製だという。アルメニア人やムスリムのロンドン織り商人やロンドン織り縫製職人らは、王宮のそばに位置した「祖母の隊商宿」（表1㉑）とその裏手にあるバーザールや四つ辻で店舗をもっていた。これらについてはタヴェルニエも同様のことを伝えている。(13)

> このバーザールでは、ジュルファーに暮らすすべてのアルメニア人たちが店を構えており、イギリスやオランダのラシャ織りやヴェネツィアの緋色のラシャ織りなど、彼らがヨーロッパから運んでくるありとあらゆる種類のラシャ織りや、ペルシアにとっては珍しいさまざまな商品が売られている。

また、「ララ・ベクの隊商宿」（表1③）はインド人専用の隊商宿であるが、同名のバーザールとともに、インド産の贅沢な商品、すなわち錦織りや刺繍の入った衣類だけが扱われていた。この隊商宿やバーザールでは、

> 絹織物や平織りに金、銀、それにさまざまな色をプリントしている。この作業は、ペルシアでは、きわめて的確かつ緻密になされるので、織や刺繍と間違えるほどである。

とシャルダンは伝えるが、粘性ゴムを使って文字や花などを

布地にプリントするイスファハーンの特産であるプリント更紗（ガラムカーリー）の捺染が、一七世紀後半にはすでに始まっていたことがうかがわれる。(14)

絹織物であれ毛織物であれ綿織物であれ、このような布地は、布靴、靴下、ズボン、ベスト、外套、ターバン、下着、夜着などに仕立てられ、あるいは金糸や銀糸で繊細な刺繍をほどこされ、まずは宮廷や上流階級の人びとに、そしてイスファハーンやイラン各地の人びとに供された。『隊商宿案内』では四二軒のうちの一九軒もの隊商宿が何らかの布地を扱っていることから、イスファハーンの主要な隊商宿の多くは、国内外で織られた布地であふれかえっていたのであろう。

国内の特産品

次に、布地以外の農産物などの特産品を見てみよう。

果物はイラン全土で豊富である。**表1**をみると、ザクロ、オレンジ、ブドウ、スモモ、アンズ、グミ、ナツメヤシ、レモン、リンゴ、梨、イチジクなどが挙がる。なかでも興味深いことに、ザクロ専門の隊商宿があり、その名も「ザクロ売りたちの隊商宿」（**表1**④）という。このザクロの産地は、イスファハーンより一〇〇キロほど北東にあるアルデスターンという名の小さな町である。一年のうちの九ヶ月間にわたって、この村をはじめ各地から驚くほどの量のザクロやザクロシロップがイスファハーンに持ち込まれるが、それらはすべてザクロ専用のこの隊商宿で取り扱われる（なお、アルデスターンのもうひとつの特産品である織物は、彼らの名を冠した別の隊商宿（**表1**⑩）で売り買いされる）。

また、マーザンダラーンやカズヴィーンからは米が届く（**表1**⑥）。サファヴィー朝期の宮廷料理人が著した料理書を見ると、一六世紀初頭で四二種類、一六世紀末ではドライ・プレーン・酸っぱい・甘いの四種類の調理・味付け法による七九種類もの米料理（ポロウ）のレシピが載っている。(15) カズヴィーンはサファヴィー朝のかつての首都であり、また、マーザンダラーンのファラフアーバードにはシャー・アッバースの離宮があったことから、どちらも米と関係の深い地域と推察される（もっとも、カズヴィーンは米の産地としては知られておらず、おそらくはギーラーン地方のラシュトなどからカズヴィーンに運ばれていたのだろう）。サファヴィー朝に入ってから、とくに宮廷や上流階級では米を食すことが日常的になったと推察されるとともに、遠方から運ばれ、同業者の並ぶバーザールではなく単独の隊商宿で扱われる米が〝高級品〟であったこともうかがわれる。

『隊商宿案内』によると、春には近郊の村から新鮮なヨーグルトがもたらされ、遠くカスピ海からは干し魚が運ばれてくる。ジャム、コンポート、ドライフルーツ、アーモンドやクルミなどのナッツ類のほか、梨とナッツと小麦粉からつくる菓子など、山や海からの恵みや果樹や木の実が豊富なイランの人びとの食生活が垣間見える。そのほか、タバコ、コーヒー、ナツメグ、クローヴ、生姜、ウコン、ユカン、ミロバランといったペルシア湾経由で入ってくるこの時代の代表的な交易品も忘れてはならないだろう。首都イスファハーンの食卓は、国内外の各地から運ばれてくる特産品で彩られていた。

「すみわけ」される隊商宿――職種・出身地・宗教

『隊商宿案内』に載る四二軒の隊商宿のうち、「カズヴィーン人の隊商宿」(**表1⑧**)や、バグダードやバフラインからの「アラブ人の隊商宿」(**表1⑤**)など、出身地の名が冠されている隊商宿は一三軒ある。バーザールが商品や品物ごとにまとまっているのに対し、隊商宿は人ごとにすみわけがされている。イスファハーンよりも北方の地域から来る商人たちが定宿とする隊商宿は、バーザール街区のなかでも北のほうにあり、他方、南方の地域から来る商人たちは、王の広場周辺の隊商宿に拠点を構えていた。もちろん、シーラーズなど南方の商人たちは、新市街ができる前は古広場周辺のバーザールや隊商宿を利用していたと思われるが、一七世紀に入って王の広場一帯が完成すると、そちらに移動してきたのであろう(**表1⑳など**)。

扱う商品を見ると、新設の王の広場周辺には、スパイスや奴隷やインド産の布地など舶来の高価な商品が並んでいる。王の隊商宿(**表1①**)と厩舎の隊商宿(**表1②**)がある皇帝市場(カイサリーエ)から始まるバーザールは、「イスファハーンで最も大きくかつ豪華なバーザールであ」り、「贅沢な織物が売られてい」た。[16] 一方の北の旧市街に位置する古広場は「柱廊の下には果物やほかの食料品を売っている人しかいない」と言われるように、地元のドライフルーツやレモンやザクロのジュースなどの毎日の生鮮食品が主流であった。[17] この古広場界隈には、より庶民的な市場と隊商宿が並ぶ。その名も「ゴザ織り職人たちの隊商宿」(**表1⑲**)は、イスファハーンで唯一、葦製のゴザをつくる職人たちがいる隊商宿で、モスクや公衆浴場用のゴザはここでしか手に入らないという。シャルダンが言うように、単一の商品専用の隊商宿の事例であり、手作りの商品をつくる職人が建物内で作業している隊商宿の一例でもある。[18]

そして、宗教や宗派別では、インドのスンナ派の商人である「スィッディーク」、ヒンドゥー教徒、シーア派のムスリム商人らのほか、アルメニア教徒やユダヤ教徒らが遠隔地交易に従事していた。とくに、アルメニア人が王の広場の西廻廊の「祖母の隊商宿」（**表1㉑**）につどっていたことは先述のとおりである。

「アリークリー・ハーンの隊商宿」（**表1㉗**）はムルターンからのインド人らが良質な布地を販売していたが、彼らは「たいへん裕福なインド人たち」であり、「ペルシアの銀行家、両替商とな」るほどに財力があった。ムルターン人たちは、一六六〇―七〇年代には彼らの名を冠した隊商宿とバーザールを皇帝市場のすぐそばの〝一等地〟に構えており、彼らが大資本家であり、布地販売で財をなしていたことがうかがわれる。[19]『隊商宿案内』では、この一帯のバーザールや隊商宿には「ムスリムたちはいない」と明記されている。

ほかにも、アッバースの命により、ユダヤ教徒のみが宿泊し、荷ほどきする「伝令長官の隊商宿」（**表1⑨**）がある。この隊商宿はシーラーズのユダヤ教徒商人専用であり、彼らが扱う商品は染料の紅木、生姜、胡椒、シナモン、コーヒーなどであった。彼らがペルシア湾経由でもたらされるインドや東南アジアからの交易品を扱っていることがわかる。

ところで、オランダやイギリスの東インド会社もまたイスファハーンに商館を構え、交易に携わっていたとはいえ、『隊商宿案内』から見えてくるのは、ムルターン人をはじめとするインド人やアルメニア人らの実に活動的な動きである。アルメニア教徒やヒンドゥー教徒である彼らを中心に、スンナ派ムスリム、ヨーロッパのカトリックやプロテスタントのキリスト教徒らの商人によって、王の広場とその周辺のバーザールでは、各種の織物を中心に、高価な舶来品が取り引きされていた。

さて、『隊商宿案内』からも明らかなように、大きな隊商宿ではそのなかで働く職人たちがいる。たとえば「王の隊商宿」（**表1①**）の上階では金細工職人や七宝細工職人、宝石を研磨する彫金職人らが働いていた。その関連から、次に、イスファハーンの王室工房について見ていこう。

三　サファヴィー朝の王室工房と職人

イスファハーンの王室工房

サファヴィー朝期のイスファハーンには、宮廷内に「王室工房」があった。それぞれが一五〇人ほどの職人を抱えていた王室工房は主に王の広場に隣接する王宮の東側や、バーザール街区に近い北東部分に配されており、広場の北西にある王宮門が職人や原材料の持ち運びに使われた。この王室工房の職人たちは、宮廷が都を離れて巡行する際には付き従うことが義務づけられていたようであるが、その分、身分は保証され、解雇されることもなく、給金や食料品が生涯与えられた。[20] 一六八〇年代にイスファハーンに滞在したE・ケンペル(一七一六年没)によると、王室工房には王の衣食住に関連した穀物貯蔵庫や物品の倉庫などを含めて五〇以上の部署があったとされ、そのなかでも王室御用達の製品をつくる職人らの一二の主な工房が簡単な説明とともに紹介されている。[21]

①絹布機織り工房――絹や金銀糸織りなどのあらゆる布製品を織る
②綿打ち工房――綿を打って整える
③縫製工房――腰や踵までのベストや賜衣を縫う
④毛織物ズボン縫製工房――ヨーロッパからの輸入毛織物から長靴下を縫う
⑤靴縫製工房――王や使用人たちの靴を縫う
⑥金糸刺繍工房――非常に緻密で上品な刺繍をほどこす
⑦皮革縫製工房――皮革製品を扱う
⑧金細工工房――金細工・銀細工・七宝細工・時計・宝石をつくる
⑨銅細工工房――あらゆる種類の銅製品を鑿や槌でつくる
⑩造幣工房――コインを鍛造する
⑪画工工房――絵を描く
⑫指物大工工房――木工品・建具をつくる

図7　ロバート・シャーリー
兄アンソニーとともにイランを訪れたイギリス人(1628年没)。イランでつくられた豪華な衣服を身にまとっている。(アンソニー・ヴァン・ダイク画、1622年)(Wikimedia commonsより)

一二の主要な工房のうち、七つの工房が織布や縫製に関連することから、先の『隊商宿案内』とは別に、ここからも衣服の仕立てが最重要な職種であったことがうかがわれる。とくに、縫製工房の仕立て職人は一八〇名もの人員を擁しており、同工房を中心とした七つの工房では、先に見たように、国内外からイスファハーンに集積する絹布や綿布や毛織物や錦織りや皮革といったあらゆる布地から王室用にさまざまな衣類が仕立てられていた。ここで一つ指摘すべきは、工房の数が減少し、染物職人や絹職人の工房は一六七〇年代後半には廃止されていたことである。廃止の理由はこれらの業種が廃れてしまったためではなく、「染物用や絵付け用の布地を町の職人に出し、手間賃を払う。同様に、あらゆる種類の織物、錦、絨毯を織るために絹糸や金糸銀糸を渡し、それに対しても常に一定の歩合で手間賃を支払うのである」とあることから、むしろ、町の業者に〝外注〟されるようになったためである。[22] すなわち、このころにはインド産の綿布へのプリント染めや機織りや高価な絨毯織りといった布地づくりは、王宮の外の町中で十分に対応できる技能も設備もあったということになろう。

一方、王室工房では、これらの布地に金糸や銀糸を用いて刺繍がほどこされ、さらに付加価値が加えられた。シャルダンは、「刺繍は彼らの優れた手工芸のうちの一つで、あらゆる種類の刺繍を巧みにほどこすが、とくに毛織物・絹地・革に金糸・銀糸の刺繍をする」と述べ、革細工への金糸や銀糸の刺繍では評判の高いオスマン朝下のトルコ人をも凌駕するという。[23] ちなみに、王室工房でつくられる布製品のデザインの考案や原材料の調達、製品の最終チェックはすべて「商人王」が監督した。先の『隊商宿案内』によると、彼は、「王の隊商宿」（**表1**①）に常駐していたとされ、絹・綿・羊毛など、あらゆる種類の布地の監督にあたっていたことから、「商人王」の主な仕事は、何よりも布地の調達や販売にあったことがわかる。

布地の縫製や仕立て以外では、王室工房では、細かな細工の施された金・銀・真鍮・錫・ブリキなどの金属製品や宮廷で使用する銅食器や金や銀の大皿や道具が鍛造され、指物大工のもとでは鏡細工やガラスづくりも行われた。画工のアトリエでは、おそらくはサマルカンドやイスタンブルからの紙（**表1**⑥㉒）を用いて絵師や能書家らの手による稀覯本が制作され、王宮の外の王の広場では製本屋が紙や文房具を販売した。王室用の絨毯工房では絨毯の保管だけではなく、アウトドア関連のテント職人や灯火づくり職人、ロンドン織り縫製職人や箱づくり職人が働いていた。王室の工房は王宮の外にもあり、広場とのあいだには、ヨーロッパから取り寄せたダイヤモンドをカットする挽砕機の置かれた宝石細工師の工房があった。また、外国人の職人を中心とする時計づくり工房もあったとされる。[24]

一九世紀後半のイスファハーンの職人たちと伝統工芸

最後に簡単に一九世紀後半のイスファハーンの職人について見てみたい。[25] イスファハーンの新ジュルファー街区で二〇年以上暮らしたE・ホルツァー（一九一一年没）は、一八八〇年ごろのイスファハーン市内の人びとの職業とその従事者数として、総勢四〇九五人が従事する六九の職種を挙げている。[26] これらの市中の職人のうち、綿織物に捺染プリントをほどこす染物職人が一四五六人と全体の三六パーセントを占める。この捺染プリントは、現在のイスファハーンで最も有名な土産物である「ガラムカーリー」のことである。

一方、サファヴィー朝期の王室工房にゆかりの職種も、この六九ある「市中の手工業者」のなかに多数確認される。画工、彫石工、金細工職人、彫金職人、弓旋盤職人、鉄砲鍛冶、時計職人、銅細工職人、金箔象嵌職人、ガラス職人、鏡職人、真鍮製の盆職人、真鍮細工職人、寄木細工職人、ブリキ職人、製本職人、火薬づくり、箱職人、宝石箱職人である。ただし、これらの職種に従事する職人は数名しかいないことも多く、一九世紀後半の職人全体での割合はわずか一四パーセント（五八〇人）である。王室工房に由来することが明らかなこれらに加えて、室内装飾画工、建築職人、石工、家具職人の指物大工など、建築関係の職人たちの存在も確認できる。このうち、指物大工職人は一二二人を数え、染物職人（一四五六人）、靴職人（二五〇人）、ブーツ職人（二八〇人）に次ぐ人数を擁する。ケンペルの伝えるサファヴィー朝期の王室工房のなかに、木材での建具などをつくる指物工房があることから、建築物の内装を手掛ける特別な画工や設計に携わる建築職人、装飾用の石を削る石工、そして色鮮やかなガラスの入った木枠の窓や

図8　イマーム広場のそばにあるアンティーク・ショップ。木製の飾り窓や彫金細工、七宝細工などを扱っている。（筆者撮影）

図9　イマーム広場のそばにあるコーヒーハウス。アンティークの銅細工品がインテリアとして使われている。（筆者撮影）

図10　イスファハーンのバーザール（筆者撮影）

図11　「ガラムカーリー」と呼ばれるプリント更紗の職人（イマーム広場近くの店舗にて）（筆者撮影）

テーブルや椅子をつくる指物師らというのは、サファヴィー朝の王室工房の伝統を受け継いだ特殊な技巧を有した職人であったと考えることができよう。(27)

同様のことは、帆布織り（一二〇人）、ショール織り（一一〇人）、綿布織り（二五人）、外套織り（二〇人）、ビロード織り（一四人）、絹布織り（七人）、綿打ち職人（一一〇人）、刺繍職人（一一二人）、金糸つむぎ（三〇人）、絹糸つむぎ（三人）、飾り紐編み（五六人）など、細分化された布地製造・加工の職人らについても言うことが可能である。六九職種・四〇九五人と、他都市と比べて職種のうえでも人数のうえでも格段に多い一九世紀のイスファハーン市内の手工業者や職人たちは、明らかにサファヴィー朝の王室工房の伝統を受け継いでいる。一五〇年を経てもなお、サファヴィー朝期の王室工房は、圧倒的な存在感でもってその後のイスファハーンの「伝統工芸」を下支えしたのである。

おわりに——「イスファハーンは世界の半分」であったのか？

イスファハーンは一七二二年にアフガン人の侵攻を受け、数ヶ月の包囲の末、サファヴィー朝はあえなく崩壊する。最盛期の状態ですら、タヴェルニエに言わせると、「もう町の端から端まで通り過ぎたのか」という程度のものであり、ペルシア式の広大な庭を併設した邸宅が建ち並ぶ首都の景観は「大きな村」でしかない。一方、ケンペルは一六八〇年代に入ってもイスファハーンは流入者たちによって拡大をつづけているという。

首都には信じられないほど多くの現地の人びとがいるだけでなく、タタール人、インド人、ロシア人、アラブ人、トルコ人といった外国人たちが流入してくる。彼らは自分たち独自の習慣、服装、言語、宗教を保ちながら町に暮らしている。聞くところによると、この都市には交易で生活しているムルターン出身のインド人だけでも一万人以上が住んでおり、二万人ほどのジョージア人やチェルケス人、ダゲスターン人も暮らしており、さまざまな方法で生計を立てている。ヨーロッパ人もいないわけではない。…カプチン会、跣足カルメル会、アウグスチノ会、イエズス会、ドミニコ会の聖職者たちの修道院もある。(28)

図12　イマーム広場のそばの店舗兼工房で作業する彫金細工師（筆者撮影）

「イスファハーンは世界の半分」というのは、「エスファハーン・ネスフェ・ジャハーン」というペルシア語の語呂合わせにすぎない面もあろう。サファヴィー朝の新都イスファハーンは、タヴェルニエが伝えるように、パリのように建物が密集することもない「大きな村」にすぎなかったかもしれない。

しかし、一七世紀のイスファハーンの中心部には、国内外からさまざまな商品が集まり、それらの商品を用いて、さまざまな職人技が生み出された。現在のイスファハーンで見られる銅細工、彫金細工、七宝（琺瑯）細工、そして何よりもガラムカーリーと呼ばれるプリント更紗は、サファヴィー朝の伝統を受け継いだイスファハーンならではの伝統工芸品である。西アジアのほかの都市では見られない産業革命前の一七世紀という時代を映しだすイスファハーンは、サファヴィー朝の栄華を今に伝える稀有な都市なのである。

注

（1）原語は、*Esfahān, nesf-e jahān*となり、アラビック表記・押韻の両面で優れている。イスカンダル・ベグが伝える韻文は*Esfahān nīme-ye jahān goftand, nīmī az vasf-e Esfahān goftand*(イスファハーンは世界の半分と言われるが、それでもイスファハーンのわずか半分しか言っていない）であり、やや異なる［Iskandar Beg Turkmān, *Tārīkh-i ʿĀlam-ārā-yi ʿAbbāsī*, ed. Īraj Afshār, Tehran: Amīr Kabīr, 1956, Vol. 1, p. 544; Stephan P. Blake, *Half the World: The Social Architecture of Safavid Isfahan, 1590-1722*, Costa Mesa: Mazda Publishers, 1990, pp. 20-21］。

（2）後藤裕加子「サファヴィー朝の「統治の都」における王宮地区建設事業――カズウィーンのサアーダトアーバードを事例として」（『関西学院史学』四五、二〇一八年）一―三二頁。

（3）もっとも、実際の設計にあたったのは、レバノン出身の大学者で、アッバースの法学顧問ともいえる立場にあったシャイフ・バハーイーである。

（4）シャルダン（羽田正編）『シャルダン『イスファハーン誌』研究――一七世紀イスラム圏都市の肖像』（東京大学出版会、一九九六年）一三頁。

（5）Jean Baptiste Tavernier, *Les six Voyages de Jean Baptiste Tavernier*, Paris: Gervais Clouzier et Claude Barbin, 1676, Vol. I, pp. 387, 389, 394.

（6）サファヴィー朝期とほぼ変わらない一九世紀のイスファハーンの商業空間については、坂本勉「イスラーム都市の市場空間とイスファハーン」（佐藤次高・岸本美緒編『市場の地域史』山川出版社、一九九九年）一六―五二頁参照。

（7）シャルダン『イスファハーン誌』、三一―四八頁、Tavernier, *Les six Voyages*, pp. 395-403. 一九二四年のイスファハーン市街図でも、王の広場周辺の専門店街の配置はほぼ同じまま残っている［Sulṭān Sayyid Riżā Khān, *Naqsha-yi Shahr-i Iṣfahān*, 1924, Facsimile edition, Tehran: Sahāb］。

（8）シャルダン『イスファハーン誌』、三六―三七頁、Tavernier, *Les six Voyages*, pp. 395-397.

（9）*Dar Dānistan-i Kārvānsarāy-i Iṣfahān*（British Library, MS. Sloane 4094）の全訳は、守川知子「近世イランの王都の中のキャラバンサライ――『イスファハーンのキャラバンサライ案内』を中心に」（新学術領域研究『都市文明の本質――古代西アジアにおける都市の発生と変容の学際研究2』研究成果報告二〇一九年度、二〇二〇年）二〇七―二二一頁参照。

（10）シャルダン『イスファハーン誌』、二七、六一頁。

（11）Joannes de Laet, *Persia: An Area Study, 1633*, trans. Willem Floor and Colette Ouahes, Mage Publishers, 2021, pp. 146-147.

（12）De Laet, *Persia: An Area Study, 1633*, p. 15.

（13）Tavernier, *Les six Voyages*, p. 398、シャルダン『イスファハーン誌』、四七―四八頁。

（14）シャルダン『イスファハーン誌』、六六頁、シャルダン『ペルシア見聞記』（岡田直次訳注、平凡社東洋文庫、一九九七年）二八八頁。

（15）サファヴィー朝期の料理書は、一五二一年執筆の宮廷料理人Ḥājī Muḥammad ʿAlī Bāvarchī Baghdādīによる*Kārnāma dar bāb-i Ṭabbākhī va Ṣanʿat-i ān*、および宮廷料理長Nūr Allāhが一五九四／九五年に著した*Māddat al-Ḥayāt*の二冊がある。

（16）シャルダン『イスファハーン誌』、四四頁。

（17）Tavernier, *Les six Voyages*, p. 395、シャルダン『イスファハーン誌』、一〇九頁。

（18）ゴザ職人は、後述する一九世紀後半のホルツァーの職人リストにも登場する。数はわずか六人である［拙稿「職人のまちイスファハーン――一九世紀の手工業者一覧にみる伝統産業」（新学術領域研究『都市文明の本質――古代西アジアにおける都市の発生と変容の学際研究3』研究成果報告二〇二〇年度、二〇二一年）二五六頁］。

(19) シャルダン『イスファハーン誌』、四四―四六頁。

(20) シャルダン『イスファハーン誌』、二九―三一頁、Blake, *Half the World*, pp. 69-70, Map 5 (p. 59).

(21) Engelbert Kaempfer, *Exotic Attractions in Persia, 1684-88: Travels and Observations*, trans. Willem Floor & Colette Ouahes, Mage Publishers, 2018, pp. 106-108. 各部署の名称はケンペルの記すペルシア語音写に従った。ここでは説明書き部分を要約して掲出しているため、部署の名称とは若干の齟齬がある。また、別の史料によると、王室工房の数は三二や三三ともされる。

(22) シャルダン『イスファハーン誌』、二九―三〇頁、シャルダン『ペルシア見聞記』、二八八頁。

(23) シャルダン『ペルシア見聞記』、二六六頁。そのつづきには、「さらに、琺瑯（ほうろう）をかけた器や陶磁器においては、中国製と見間違うほどで、ときには中国製を上回るほど質のよい琺瑯の陶磁器ができる」と述べている。

(24) シャルダン『イスファハーン誌』、六四―六五頁。サファヴィー朝期の王室工房については、Mohammad Rafi' al-Din Ansari, *Dastur al-Moluk: A Safavid State Manual*, trans. Willem Floor & Mohammad H. Faghfoory, Costa Mesa: Mazda Publishers, 2007, pp. 230-240, 275-307参照。

(25) 守川（二〇二一）「職人のまちイスファハーン」、二五五―二六五頁参照。

(26) 「専門用品を扱う商人」「専門職の学者・医者」「市中の手工業者」「女性が携わる職業」「男性が携わるその他の職業」「農民」に大別される［Ernst Höltzer, *Persien vor 113 Jahren*, Tehran: Kultur-und Kunstministeriums Zentrum fur die Persische Ethnologie, 1975, pp. 21-23 (Persian ver., pp. 12-14)］。詳細については、前掲拙稿（二〇二一）も参照されたい。

(27) イランの指物については、Willem Floor, "The Woodworking Craft and Its Products in Iran," *Muqarnas*, 23, 2006, pp. 159-189を、また革製のブーツなど一九世紀に入って輸入が増え、活性化した業種については、Thomas Philipp, "Isfahan 1881-1891: A Closeup View of Guilds and Production," *Iranian Studies*, 17(4), 1984, pp. 391-411参照。

(28) Kaempfer, *Exotic Attractions in Persia*, pp. 135, 144.

ナポレオン地図から読み解くカイロ

——マイノリティに注目して

深見奈緒子

ふかみ・なおこ——国士舘大学イラク古代文化研究所共同研究員、日本学術振興会カイロ研究連絡センターセンター長。専門はイスラームの建築史・都市史。主な著書に『イスラーム建築の世界史』（岩波書店）、『イスラーム建築の見かた』（東京堂出版）などがある。

一八世紀末、ナポレオンのエジプト遠征によって、数多くの地図が製作され、『エジプト誌』に収録された。本稿ではその中からカイロ市街を詳細に描いた一葉を取り上げ、位置関係や名称分析から当時（一八世紀末から一九世紀初頭）、宗教あるいは出身地の異なるマイノリティがどのような場所に暮らしていたのかについて、街路網や都市の位置の分析からの知見を加えたい。

一　一八世紀末から一九世紀初頭のカイロ

都市域の変遷——北の町と南の町

その名の起源は、ファーティマ朝（九〇九―一一七一年）が九六九年に首都として建設した宮殿都市「カーヒラ（勝利の町）」にあるが、その市域は時代によって変容する。古くヘリオポリス（太陽都市）はファラオ時代までさかのぼり、古代ローマ時代のバビロン城塞（東西約二〇〇メートル、南北約四〇〇メートル）へ六四〇年にアラブ軍が侵攻、その北側に軍営都市「フスタート（天幕の町）」を築く。次第に市街が北へのび、九世紀にはイブン・トゥールーン・モスク周辺まで達した。九六九年には、紅海へ通じる運河（ハリージュ）沿いに「カーヒラ」（東西一・二キロ、南北一・五キロの市壁に囲まれ、市内中央東にアズハル・モスク）が営まれ、順次北へと広がった南の町（フスタート、アスカル（軍人の町）、カターイ（街区の町））と北の矩形都市カーヒラという状況が出現した。一二世紀末にサラーフ・アッディーン（在位一一六九―九三年）が両者を包含し、ナイル川の東に、東の城塞を要とする東西三キロ、南北六キロを囲む長大な市壁を建設する（**図1**）。

一四世紀前半、この都市はマムルーク朝（一二五〇―一五一七年）のもとで、宋の開封と並んで世界二大都市の一つとして繁栄を極めた。この時期、都市の中心はカーヒラにあり、その内外では壮麗な公共建築が造営された。ナイル岸の堆積上の港市ブーラークの開発、ナーシル運河の掘削が行われ、市域はカーヒラから西へと広がる。またカーヒラの南外側も以前は墓域だったがイブン・トゥールーン・モスク周辺（カターイ）と連担する住宅地へ開発が進む。すべてが建て詰まったわけではないが、上記一帯がマムルーク朝の北の町と

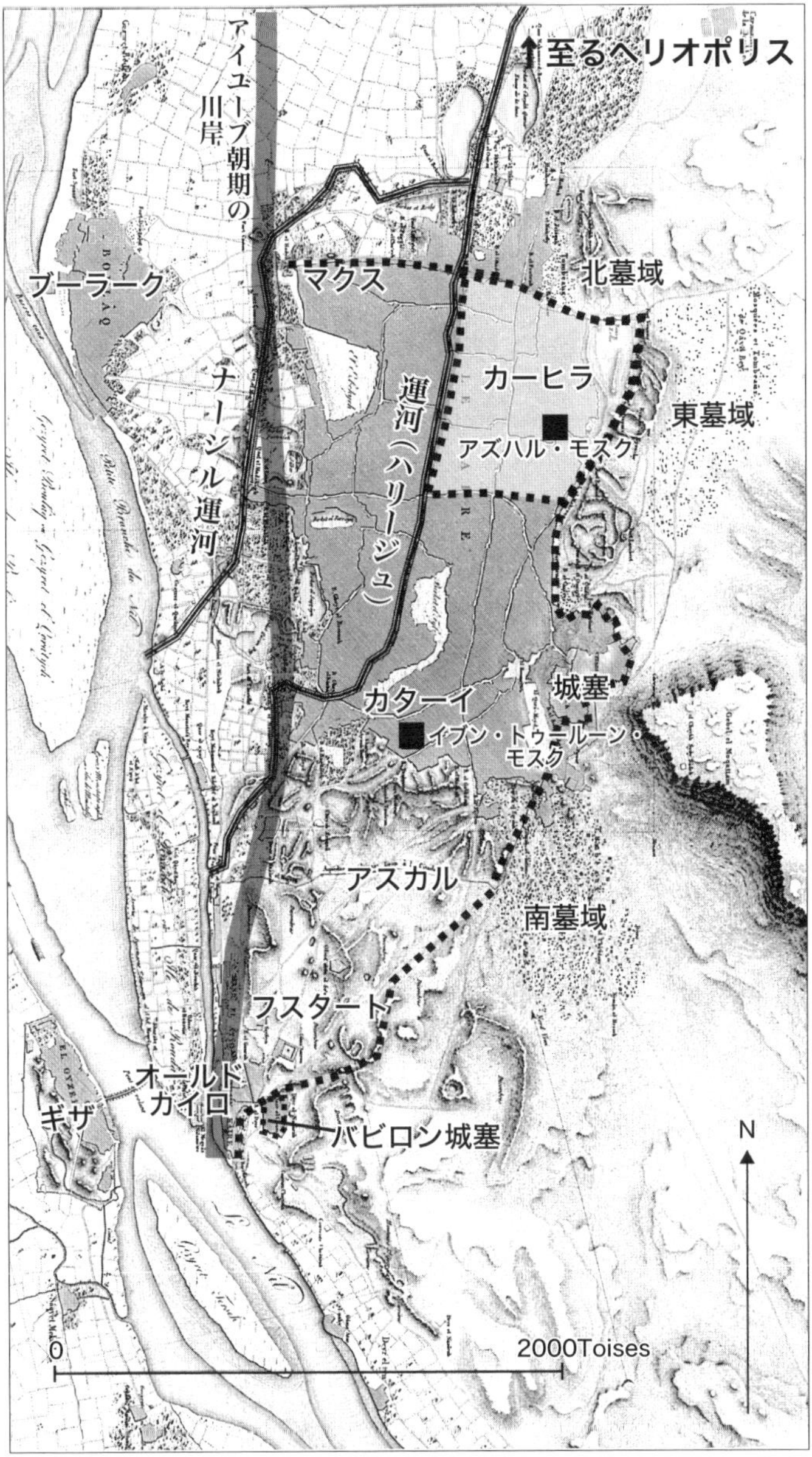

図1　都市域の変遷（『エジプト誌』のカイロ全体地図を使用）
地図に書き込まれた方位には、多少のズレがあり、実際の北は左に13度ずれる。縮尺は、いくつかの地点で計測すると、1000トワーズは1.9キロあまりの距離となる。ナイル川は、地図の下方（南）から上方（北）に向かって流れる。川には中洲があり、川沿いに農地が続き、東側は小高い岩砂漠となる。点線は市壁を、グレーで塗りつぶされた部分は市街地をあらわす。

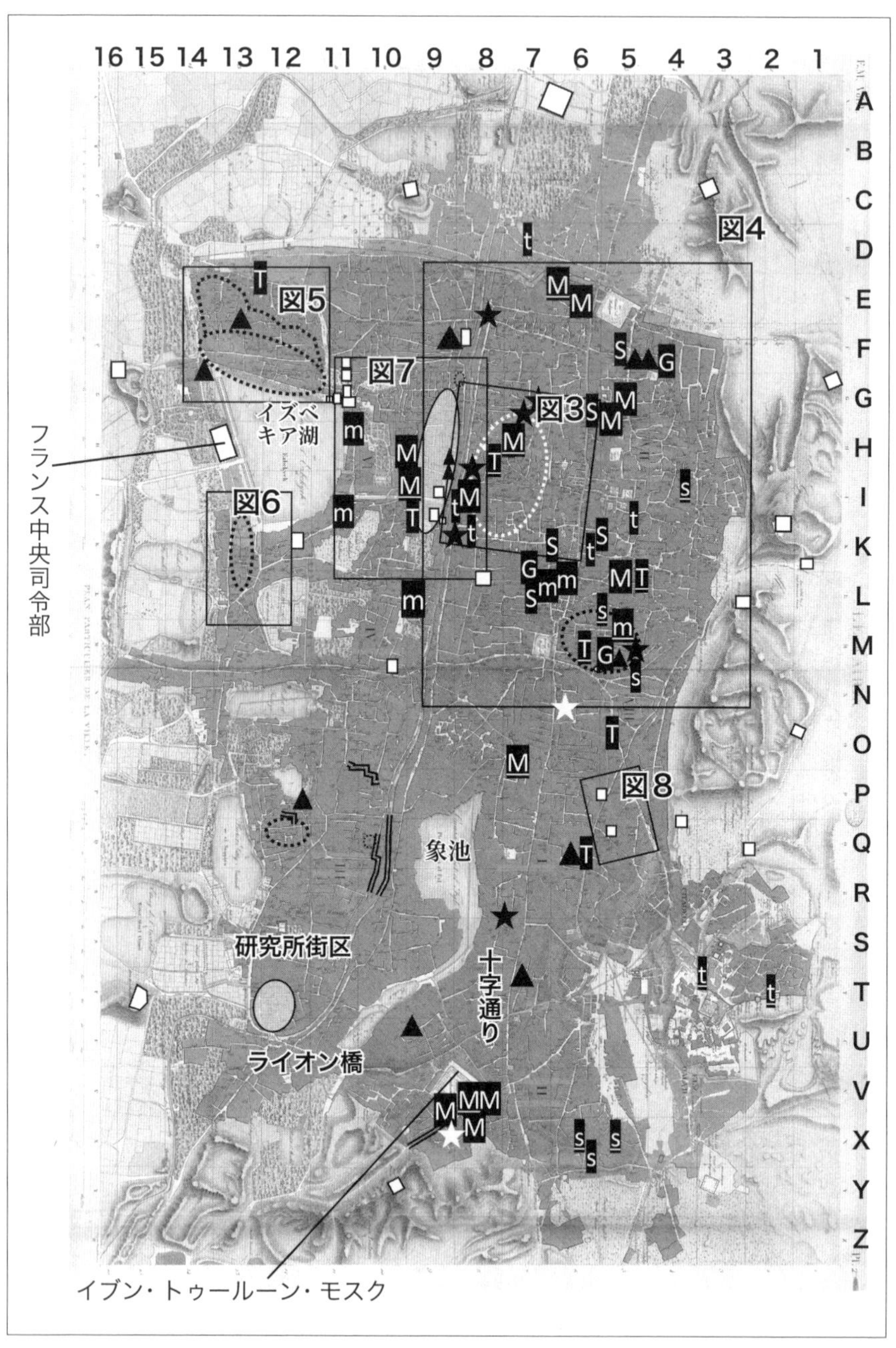

図2　ナポレオンの詳細地図（マイノリティの名称を抽出）

方位に関しては図1と同様、縮尺に関してはトワーズ尺とメートル尺が記入され、200m（100トワーズ）の間隔で緯線経線が引かれている。方位と縮尺に関しては図4から図7についても同様。

なった。市壁の南東外側および北外側は古くからの墓域で、同朝下に東郊外にスルターンの墓域が営まれ、そこに暮らす人々もいた。一方、南の拠点フスタートからアスカルにかけては凋落の道をたどる。一二世紀後半からカーヒラの人口が増加し墓域にまで人々が住まう一方、一四世紀半ばのペストの流行により南の町はさびれ、一六世紀後半にはバビロン周辺（現在のオールド・カイロ）だけが孤立する。

　このような経過をたどって、一八世紀の北の町はナポレオン（在位一八〇四―一四、一八一五年）の地図（**図2**）(1)に描かれた形となる。全体地図(2)（**図1**）に見るように、ナイル流域のブーラークや対岸のギザ、南の町（オールド・カイロ）と分離し、北の町が拡張したこととなる。

『エジプト誌』掲載のカイロ詳細地図

　一七九八年のナポレオンの軍事遠征には一六〇〇人を超える学者が同行し、様々な調査を行った。その成果の出版は一八〇九年に始まる。『エジプト誌』「現代の状況第二巻」は一八二二年に出版され、(3)カイロ関連の地図は「図版第一巻」に収録された。

　『エジプト誌』によれば、地理技術者が三角測量で二〇〇〇分の一の地図を作成した。二一歳で遠征隊に参加したE・ジョマール（一八六二年没）は一八〇七年から『エジプト誌』の責任者となり、同著に「カイロの都市と城塞の記述」(4)を執筆している。彼はカイロ詳細地図作成に大きく関与したと思われ、一八二一年にはフランス地理学会を創設している。

　詳細地図（**図2**）は南北四・八キロ、東西三キロの範囲にわたり（緯線経線は一〇〇トワーズ、二〇〇メートル間隔でひかれる）、西の耕地と東の岩山の間の市街地が描かれる。市街地には、複雑な街路網、大小の広場、モスクや商館等の大きな中庭も白抜きで表される。所々にアルファベットで名称が書き込まれる。加えて二六〇〇を超える番号が記入され、それぞれについてアラビア語やフランス語の名称表が掲載される。(5)名称には固有名詞に加え機能を伴うものもある。(6)

　このカイロ詳細地図は八地区に分けられる。それぞれの地

記号	凡例
▪▪▪▪	キリスト教徒街区
═	キリスト教徒名称の通り（図３～８の範囲内は記載無）
▲	キリスト教徒関連の名称
★	蒸留酒工房
☆	豚商館と居酒屋
▫▫▫▫	ユダヤ人街区
□	フランス人関連建物
⬭	フランス人街区
G	ギリシア人
S S	シリア人、下線付きは通り、なしは建物（以下同）
s s	シリアに関連する名称
T T	トルコ人
t t	トルコに関連する名称
M M	マグレブ人
m m	モロッコ出身シャライビーに関連する名称

図2の凡例

表1　『エジプト誌』による18世紀末のカイロの人口

ユダヤ教徒		3,000	26,000	263,000
キリスト教徒	エジプト人コプト	10,000		
	ギリシア	5,000		
	シリア	5,000		
	アルメニア	2,000		
	フランスあるいはヨーロッパ	1,000		
外国人ムスリム	トルコ	10,000	27,000	
	ヌビアおよびベルベル等	12,000		
	シリア等アラブ＊	5,000		
エジプト人ムスリム＊		200,000		
支配者層＊（『エジプト誌』では10,400）		10,000		

注：『エジプト誌』には、総人口の他に、宗教別と国別の人口等を記し、両者の数値に多少の矛盾がある。宗教別では、ギリシア分離派5,000、ヤコブ派10,000、シリア東方カトリックおよびマロン派5,000、アルメニア教会2,000、フランス人キリスト教徒（カトリックとプロテスタント）400、それ以外はムスリムと記載。国別では、上述のレイモンによる＊印を除く８項目の以外に、マムルークとオジャクリ10,400、エジプト・ムスリムおよびアラブ210,000と記載。本表では、レイモンによる推定（＊で表記André Raymond, Cairo City of History, p. 210）を加味し、国別分類を優先した。

区にフランス人地区長をおき、既存の五六の街区（ハーラ）の長（シェイフ）を組織的に使うのだが、これはナポレオンのカイロ統治の施策であった。(7)地図作成の目的には、異文化を把握するという建前の背後に、統治の道具という意図がうかがえる。

後述するように、ナポレオンは地図西端に拠点（フランス中央司令部）を置いたため、同地図ではすでに西側のイズベキア湖岸の整備や直線道路の敷設という変化があらわれる。とはいえ、市域の大部分は一八六〇年代から順次遂行されるいわゆる近代的な改変が起こる前の状況を描く。本稿では複雑で無秩序に見える道路網(8)がどのように使われていたのか、マイノリティの存在を地名とともにひも解きたい。

同地図は、一八七四年発行のグランベイ地図(9)、一九一三年測量の一〇〇〇分の一地図(10)、一九三八年測量の五〇〇〇分の一地図(11)、二〇〇五年出版のニコラス地図(12)（運河より東側のみ）の諸地図と比較すると、ほとんどの細街路網は忠実に表記される。驚くことに、既存建物の角でできる街路幅の変化まで写し取られる。現存遺構と照合すると、名称や位置に関してはいくつかの間違いを指摘できるが、この地図を網羅的に調べることは、当時の様相をより深く考察できる可能性を含んでいる。

マイノリティ

ジョマールは、家屋の数と死者の数から、当時カイロには約二六万三〇〇〇の人口がいたと想定する。宗教別および外国人マイノリティの人口も記されており（**表1**）、それによると、異教徒および外国人ムスリムの割合はそれぞれ一割程度であった。

地図の描かれた時代からさかのぼること千有余年、アラブ人侵入以前の「バビロン」では、コプト教徒がマジョリティで、ユダヤ教徒とギリシア正教徒がマイノリティであった。その後ムスリム治世者のもとでカイロの拡張と変遷とともに、コプト教徒は次第にマイノリティとなっていく。運河沿いにはカーヒラ建設以前からキリスト教徒たちの集住地も存在した一方、カーヒラが築かれたファーティマ朝期の一一世紀にすでに彼らはバビロンから宮殿都市カーヒラへ移動を始めた。(13) ただし、バビロンにそのまま住み続けたキリスト教徒もおり、現在も教会堂とシナゴーグが残る。本稿では、ナポレオンのカイロ詳細地図の区域（以下でカイロという場合は、一八世紀末の北の町の広がり部分を指す）を対象とし、ユダヤ人街区、キリスト教徒居住区、外国人居住区について個別に検討したい。(14)

二 ユダヤ人街区

位置と街路形状

ユダヤ人街区は、カーヒラ内に位置し、東にカーヒラを貫く南北道路、西に運河、北はアーティチョーク通り、南はフェルト商通りに囲まれた地域である（**図3**）。街区の南東外側は、金銀細工師通りや宝石商市場通りがあるカイロ全体の経済的な中心地で、ユダヤ人街区はそこに隣接した。ユダヤ教徒は古来、貴金属貿易や両替に従事し、関税の任務を請負い、銀行家として富を築いた。(15) この区域にユダヤ教徒が住むようになったのはファーティマ朝期で、ここから五〇〇メートルほど南のゴウダリア（**図4参照**）から当地（当時既存のコプト教会近傍）への強制移住にさかのぼる。一五世紀初頭にはほとんどのユダヤ教徒はこの近傍に住まい、四つのシナゴーグがあった。(16)

ユダヤ人街区は南北で都市組成がことなる。北区域はいくつかの門によって閉じることができ、しかもシナゴーグがその地域に集中し、中枢に当たる。北西から南東へ斜行するユダヤ人通り、そこから分岐し南端を東西に結ぶスラブ人通り、同じくユダヤ人通りから分岐し南北に伸びる「カライ派」（ユダヤ教の一派）通りが中枢部の骨格となる。ナポレオン地図にはカライ派通り北端に「ユダヤ人街区の境界」とあり、また、ユダヤ人通りの北西端で双壁通り（運河と並行する大通りの部分名称）に通じる二本の通りは「何度も曲折しかつ非常に狭い通り」と記され、名称も「ループ通り」と「さよなら通り」と名づけられていることにも、この部分の独立性があらわされる。カイロ都市史の泰斗A・レイモンは、北

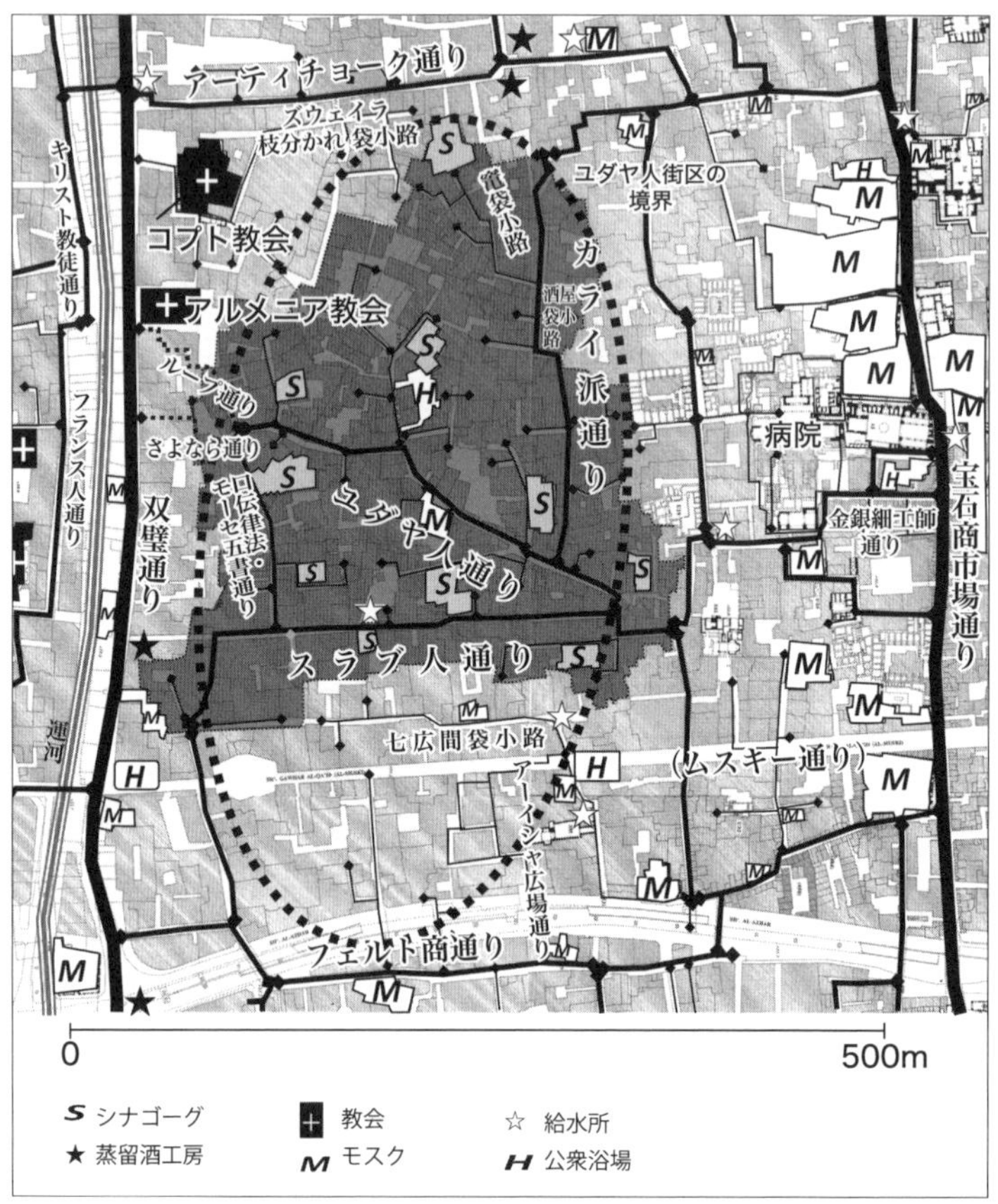

図3　ユダヤ人街区
2005年出版のニコラス地図上に、ナポレオン地図の情報を投影した。点線で示した楕円形は地図に記載されたユダヤ人街区の範囲。北部のグレーの範囲は、現存する敷地境界から閉じた街区として独立する部分。黒線はナポレオン地図に描かれた街路網で、東西の主要通りを太線、通り抜け道路を中線、袋小路を細線で表現した。◆は道路名称の変わり目。

区域は本来、南東部の結節点から三叉の通りが伸びる閉じた街区で、他の通り抜け道路は後補と推察する。[17] 反対に、南区域は、街路網を数ヶ所で閉じることが難しい構造で、しかもシナゴーグがない一方でモスク等のイスラーム建造物が点在するので、本来はユダヤ人街区ではなかったかもしれない。一八世紀末までに、北区域は次第に相互に通り抜け可能となり、街区が北区域から南区域にまで膨らんだとも考えられる。地区全体の面積は約一二ヘクタールに及ぶ。

シナゴーグと敷地割り

ナポレオン地図にシナゴーグは示されない。しかしジョマールは一〇のシナゴーグとその街路名を記し、「シナゴーグは暗く狭い道にあり、外見は住宅と変わらないが内装は美しい」とする。[18] 現存シナゴーグは三つだが、グランベイおよび一九三八年地図に一〇のシナゴーグが示され、位置と規模を特定できる（図3参照）。三〇〇〇名のユダヤ教徒に一〇のシナゴーグであるから、平均すると三〇〇人に一つである。ムスリムの場合二三万七〇〇〇人に大小モスクを合わせ四五〇で、約五二七人に一つとなる。ただし、モスクはかなり大規模なものがあるのに対し、シナゴーグはいずれも中規模である。

ジョマールはループ通りにラビ（ユダヤ教宗教指導者）の家があり、スラブ人通りに店はなく、そこに面する家は、狭い三階建で粗末な建物だとする。[19]とはいえ街区内にはユダヤ人公衆浴場も記される。また、敷地割のわかる一九三八年の地図を見ると、カライ派通りから分岐する竈（かまど）袋小路奥に、カライ派ラビの大規模な中庭つき邸宅が確認される。ほかにも同地図のユダヤ人地区の敷地割は中庭を備えた大規模敷地から小規模なものまで様々である。外見からはわからないが、多様な規模の住宅から構成され、公共建築を完備した街区だったと推察される。一九三八年地図では、いくつかの道路はナポレオン地図よりさらに通り抜けができるようになり、南部分には直線のムスキー通りが敷かれ、逆にループ通りとさよなら通りは建物敷地となり消えてしまった。

街路名とモスク

ユダヤ人街区内の街路名称を検討すると、ホムス（ひよこ豆）売り、油売り、毛皮など職種や品物、あるいは竈、台所、脱穀場など場所を冠した名称が多い。ユダヤ人街区として特徴的なのは、ユダヤ教にちなむカライ派通りと並び「口伝律法・モーセ五書通り」である。またマグレブ（北アフリカあるいはモロッコ）人、トルコ人、エジプト人の名称をもつ袋小路がある。いずれもシナゴーグに続くので、それぞれの地域出身のユダヤ人にちなむ名称なのかもしれない。「酒屋」という短い袋小路はその名称からして興味深い。

ジョマールは同街区内のモスクについても触れている。[20]ナポレオン地図には閉じた街区のほぼ中央に一四九九年創建のバラカートの大モスク（現存）、スラブ人通り沿いに給水所（サビールと呼ばれ、本来はムスリムが寄進する公共施設）、南区域には袋小路奥部にも複数の給水所やモスクが記入される。これらは街区内で働くムスリムの礼拝所やムスリムの寄進財と考えられる一方、ユダヤ人街区にムスリムが混住していた可能性も大きい。特に南の七広間袋小路とアーイシャ広場通りに顕著で、ムスリムとの混住を物語る。

三　キリスト教徒居住区

街区、通り、建物名称

ナポレオン地図には、キリスト教徒に関連する面的広がりを記載した街区に加え、道路や建物にも関連する名称を見出せる（図2）。記載名称には、全般的なキリスト教徒を示す「ナッサーラ」、エジプトの東方教会を示す「コプト」、ギリシア正教徒を示す「ルーム」、あるいは「ギリシア人」、「フランク人（外国人キリスト教徒）」などがある。ギリシア正教徒は土着の信徒のほか、オスマン領のギリシアやアナトリアから移住した人々も多い。各地からのキリスト教徒は、後述の外国人居住区とも重なるが、居住地域および教会堂の所在については本節で扱う。

ここでは、カーヒラの内と外に分けて、街区や通りの名称や面的広がりを確認できる事例を紹介する。(21)

カーヒラ内のキリスト教徒居住区（図4）

先述したユダヤ人街区の北西にコプト教会があり、そこから複雑に枝分かれするズウェイラ袋小路がのびる。一四世紀から一六六〇年までコプト大司教座が置かれたこの教会は現存し、建物は一〇世紀の基礎をもち、その創建はアラブ人侵入以前にさかのぼる。(22) ズウェイラというリビアの地名はファーティマ朝軍隊の名称にちなみ、カーヒラ創設に関わる歴史をもつ。(23) これらは古くから教会とキリスト教徒の居住区がここに存在したことを物語る。こうして一八世紀末には、教会を核とする一ヘクタール弱の閉じた居住区が存在した。

ところでファーティマ朝期に、カーヒラ内部にルーム（ローマ）という名の二つの街区（下と内）がギリシア人傭兵居住区として設置され、後にキリスト教徒が住むようになった。(24) ズウェイラ門（カーヒラ南門のこと）の北東に、「ルーム街区」と「ギリシア人」と表記され、これが先の下ルーム街区にあたる。その街路の奥には閉じた街路が続き、エミール・タドルス袋小路、バルバラ袋小路、司教の家、コプト名の市場通りと商館、街区への門、コプト等が表記される。地図に表記されないが一四世紀にさかのぼるコプト教会が現存し、一六六〇年から一七九九年まで大司教座がおかれた。司教の家は一八七四年地図には教会と表記され、一九世紀建立の聖マルコ教会の遺構が残り、周辺一帯には、現在もコプト教徒が住む。一八世紀末には、ギリシア正教徒コミュニティの奥にコプト教徒が居住していたとされる。(25)

一方、内ルーム街区の方では、ナスル門（カーヒラ北門）南東の枝分かれする袋小路に、ルームの名が落ちた内袋小路があり、その奥に「ギリシア人」と表記される。近傍に二軒の修道院商館と解釈できるものがあり、『エジプト誌』ではギリシア人宿泊施設であったと述べられる。(26) この居住区には一八七四年地図では教会、一九三八年地図では修道院通りがあり、当時ギリシア正教徒が居住していたと推察される。

さらに、ユダヤ教徒が移動するまで住んでいたゴウダリア袋小路の北に、ギリシア正教会、教会袋小路、「ギリシア人」と記入されており、ギリシア正教徒と関連が深いことがわか

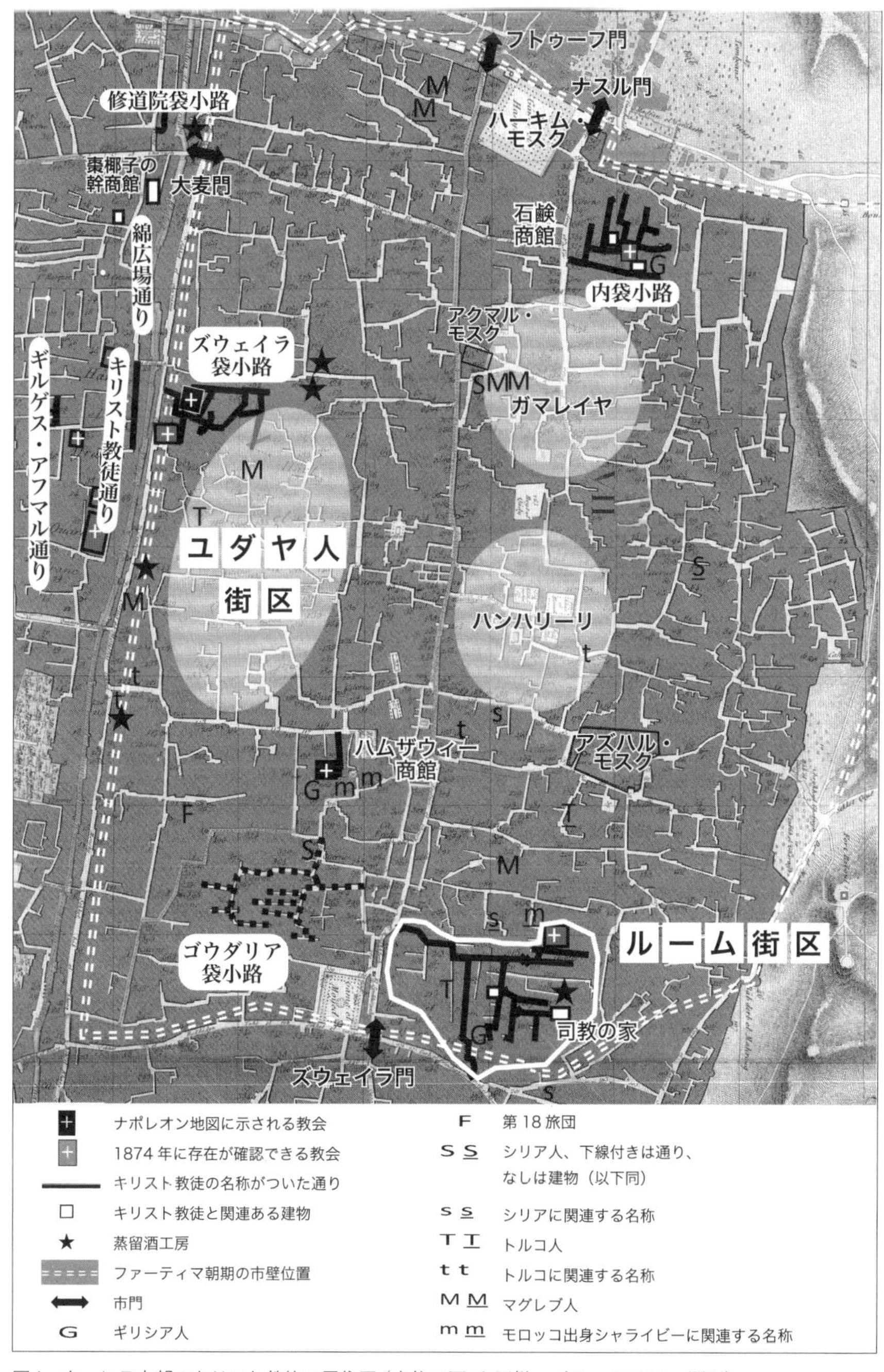

図4　カーヒラ内部のキリスト教徒の居住区（方位は図2と同様、グリッドは200m間隔）

る。なお、この正教会は一八八八年に再建され、現存する。

以上のようにカーヒラ内部では、ファーティマ朝以来のキリスト教徒関連地区が、キリスト教徒の居住地であった。ムスリム統治者や富裕層による開発に巻き込まれ都市化する際に、ズウェイラ枝分かれ袋小路やルーム街区奥にみる閉じた複雑な袋小路がマイノリティの居住地となる点は、ユダヤ教徒の元居住地ゴウダリアやユダヤ人街区の原形と共通する。

図5　イズベキア湖北西のキリスト教徒の居住区
（方位は図2と同様、グリッドは200m間隔）

カーヒラ外部のキリスト教徒居住区

カーヒラの外では、イズベキア湖の北西と南西に広めなキリスト教徒街区があり、そのほか運河の東側と西側にキリスト教徒と関連する名称を用いた複数の通りや建造物がある。

イズベキア湖北西はファーティマ朝の港マクスの地で、アラブ化以前からの教会があり、ジョマールもここが重要なキリスト教徒街区であるとする（図5）。[27] 高台橋から湖の北岸沿いに東西に並行するキリスト教徒通りとキリスト教徒湖畔通りから複数の袋小路がのび、うち東部の二つの袋小路は街区内へ深く複雑に分岐する。高台橋の反対側には、コプトの経理総監ギルギス・ゴハリ大邸宅が庭付きで描かれる。鉄門（ブーラーク港へ続く道の門）近くの町外れにもキリスト教徒街区と記入され、途中にコプト名のネイルーズ給水所もあるので、広域にキリスト教徒が分布したと推察され、内部に小モスクやムスリムの廟があるものの、その区域の全体は一〇ヘクタールを超える。

一方、イズベキア湖南には、二本の大通り間の約二ヘクタールの区域を曲折して通り抜ける細いキリスト教徒通りがある（図6）。数本の短い袋小路が接続し、内部に二つの小モスクがある。西の町外れ近くに位置し、煉瓦広場袋小路や石灰窯やガラス工房もあり、工人の住まう工房区域であったと同時に、モスクの存在からムスリムも混住していたことが推察される。

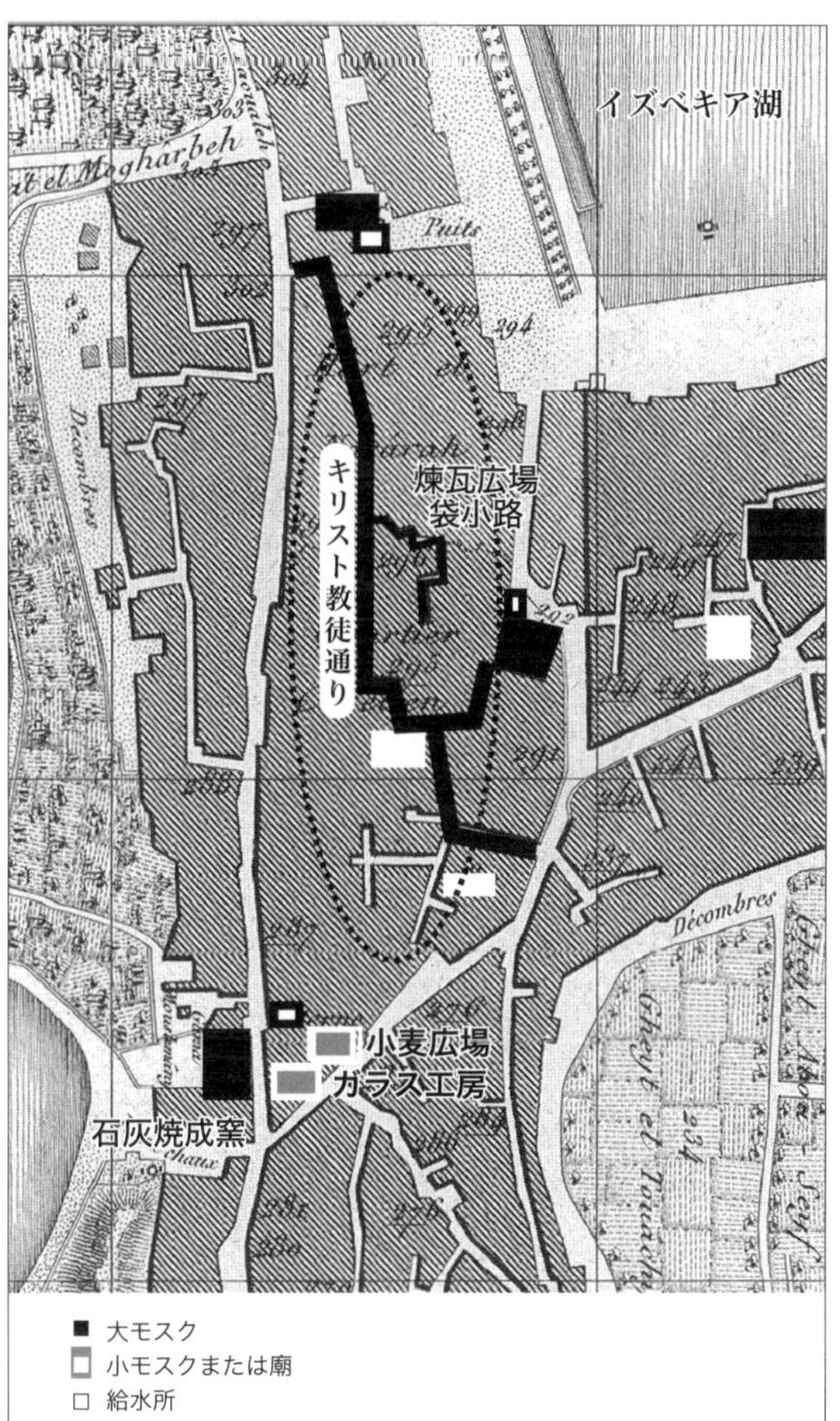

図6　イズベキア湖南西のキリスト教徒街区
（方位は図2と同様、グリッドは200m間隔）

ユダヤ人街区北に位置するコプト教会から大通りに出て運河にかかる新橋を渡った通りもキリスト教徒通りと名づけられている（図4、7）。近傍にはコプト名の通りと邸宅が表記される。運河沿いに北上し大麦門に至る区域には、後述の蒸留酒工房や、修道院と解釈できる袋小路もあり、広域に点在する状況ながら、後述するフランス人の居住地と接すると同時にカーヒラ内の教会とも近く、キリスト教徒との関係が考えられる。

最後に前二者ほどの広がりはないが、象池の西側に、三ヶ所のキリスト教徒関連地区を指摘できる（図2）。第一に運河名をキリスト教徒とし、それと平行する通り抜け街路と地区、第二にそこから三〇〇メートル西の魚市場通り周辺の街区と袋小路で近傍にコプトの邸宅が示され、第三にその中間北側の通り抜け道路である。

以上のように、カーヒラ外部では、アラブ人侵入以前にさかのぼる地に加え、運河沿いあるいは都市域周縁部にキリスト教徒が暮らしていた痕跡が顕著である。いずれのキリスト教徒街区も歴史は古く、本来は荒野や運河沿い耕地の集住地であり、都市の中心部から離れた場所や農村部にキリスト教徒が分布していた様子がうかがえる。すなわちユダヤ教徒に比べて数や宗派の多いキリスト教徒は、一八世紀後半から一九世紀初頭には市内各所に小規模な集住地をもち、開いた通り沿いに点在し、ムスリムとの混住も見られるようになったといえよう。

なお、「ギリシア人」や「ルーム」という言葉は、商業的中心地であったカーヒラの内部のみに表されている。ここでは一括して「ギリシア正教徒」と解釈した。ただし、宗派ごとの明確な区分はなされていないので、この語には、シリア正教徒やアルメニア教徒など、ヨーロッパ以外の出身かつコプトではないキリスト教徒たちが含まれているかもしれない。アルメニア教徒については地図上に言及はないが、レイモンはカイロに住むキリスト教徒の中でもギリシア人やアルメニア人は傍流で、仕立屋、宝石商、時計屋など伝統的な商品を取り扱うと述べる。[28]

教会堂、公共建築そして邸宅

ナポレオン地図にはカーヒラ内に二つの教会堂（ズウェイラ枝分かれ袋小路のコプト教会とゴウダリア北のギリシア正教会、図4）が記載されるのみである。文中でもカイロ（当時の北の町全体、本稿で取り上げた地図の範囲を示す）市街に教会堂は少なく、南のバビロンに集中するとし、上記に加えルーム街区のコプト司教の家、およびフランス人居住区の邸宅転用の大小二教会に言及する。この二教会は外国人カトリック教会で、聖職者はヨーロッパ人だけでなくシリア人もおり、コプト教会に比べると装飾は控えめとある（南の教会は一六三三年に建てられたフランシスコ修道院教会で、一八五四年に再建され現存する）。[29]

グランベイ地図および一九三八年地図を検討すると、ジョマールが不明と述べているアルメニア教会は双壁通りに面し、ユダヤ人街区の北西に存在したことがわかる（図3）。またグランベイの地図には一九の教会堂が記入され、西新市街のドイツ・カトリックとイギリス教会を除くと、いずれもナポレオン地図でキリスト教徒の存在が指摘された位置にある。

一方、マムルーク朝時代の一五世紀初頭にはナポレオン地図と同一のわずか二教会の存在が確認されているにすぎない。(30)オスマン朝(エジプト支配は一五一七—一八〇五年)より前にはイスラームを奉じる為政者のもとで、教会堂が取り壊されることも多く、イスラーム法上では新たな教会堂を建設することは難しく、教会数が限られていたためである。その後、オスマン朝に入ると人口流入や方針転換もあり、一九世紀初頭にはカイロに現存を確認できる教会は七(コプト三、ギリシア正教一、シリア・カトリックおよびフランス二、アルメニア一)であり、宗派を考慮すると、一教会あたり二〇〇〇人から五〇〇〇人と、ユダヤ教徒やムスリムに比して、オールド・カイロのバビロンに集中する教会を考慮に入れても、一教会あたりの人口はかなり多い。

ところで、コプト教徒のオスマン朝期の平均的な収入はそれほど高くなかったが、金銀細工職人、木工職人、大工などのほかに書記としても活躍し、(31)ジョマールは、絹紐、蝋燭の製造販売を特筆する。(32)イズベキア湖北西の書記ギルギス・ゴハリ邸、書記ネイルーズ給水所など、いくつかの建造物はコプト教徒の書記や司教の名前を冠する。ネイルーズは一八世紀前半にラドワーン・ベイの書記であった人物で、(33)サビール と呼ばれる給水所をコプト教徒が寄進していたとすると興味深い。十字通りに面するコプト鍛冶屋、象池南の袋小路奥にある大司教公衆浴場などは、一九三八年の地図にも残っておらずその実態は不明ながら、コプト教徒と何らかの関係をもつ地であったと推察される。

四　外国人居住区

フランス人の居住地

フランス人の居住地は、ユダヤ人街区と運河を挟んで反対側、新橋からムスキー橋の南にまで広がり、帯状の約八ヘクタールを占める(**図7**)。他の地区と比べると、東西および南北に走る道が多く直角の曲がり角が目立ち、比較的長くて単純な袋小路が多い。袋小路が多いとはいえフランス人の居住地を通り抜けることは可能である。

ムスキー橋通りより北のフランス人街区では、東端の南北にキリスト教徒通り、フランス人通り、床屋通りが続く。一方、キリスト教徒通りから西へ分岐する庭園通りは、コプト名のギルゲス・アフマル通りを経てイズベキア湖北東へと抜けることができる。逆に言えば、この三つの端点を閉じれば、北のフランス人街区は独立する。

ムスキー橋通りより南側は、フランス人枝分かれ袋小路と記され、分岐する二本の袋小路の先にそれぞれ織物工場があり、ダヌシャリー給水所とバクリー給水所(ともに一八二九年

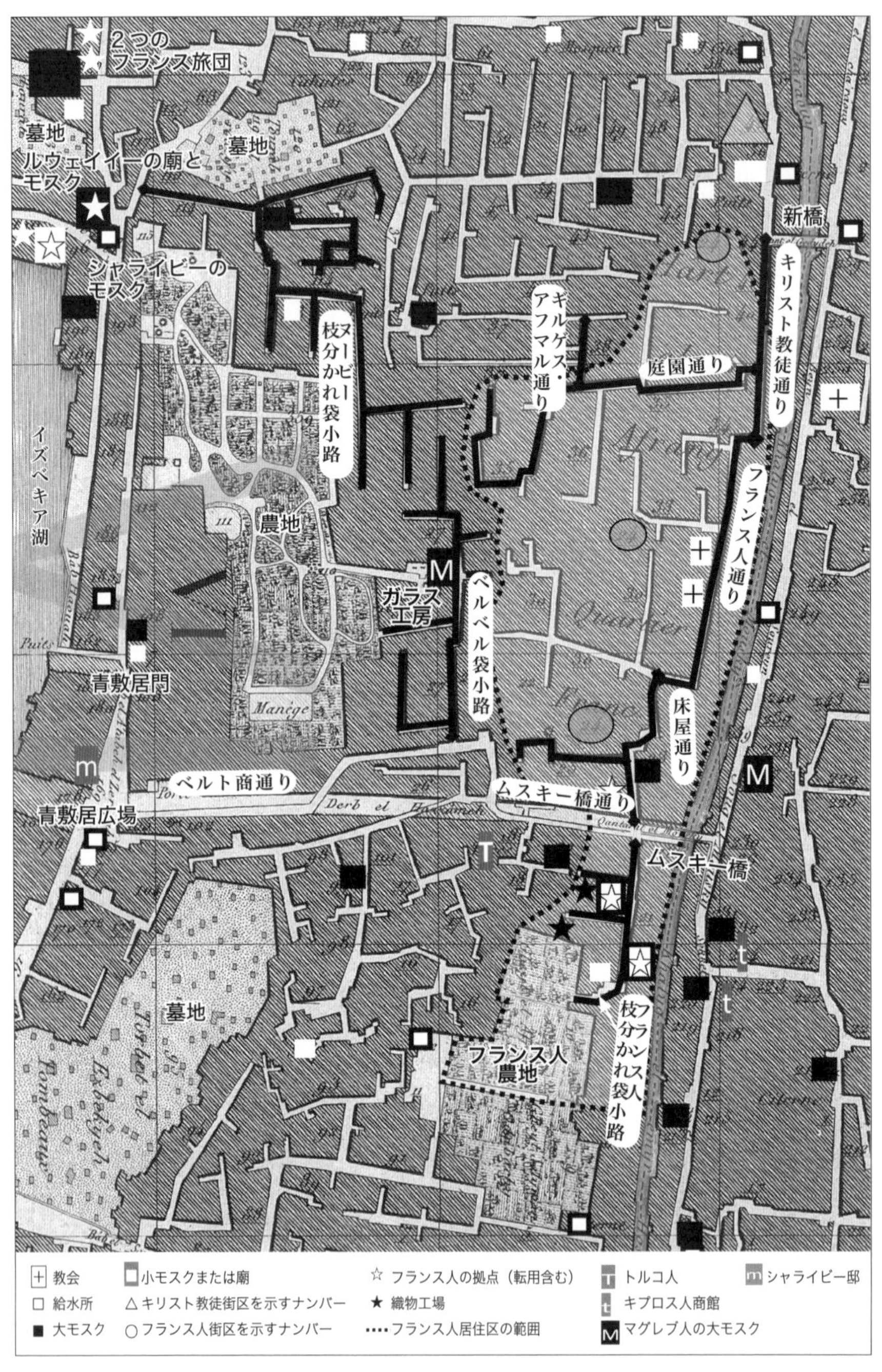

図7　フランス人の居住区（方位は図2と同様、グリッドは200m間隔）

版にはフランス人住宅と記入。ちなみに給水所は邸宅や商館に附設されることも多い)、シュシュタリーの小モスクを経てフランス人農地へ繋がる。

三つの点によって閉じられる北地区にはモスク等のイスラーム教の公共施設はない。外国の領事館や、ヨーロッパ人商人を中心に、様々なキリスト教徒が集住していたと推察される。この南端に財務長官の大モスクがあり、さらに進むと大通り(ムスキー橋通り)と交差し、少し性格の異なる南のフランス人枝分かれ袋小路へ繋がる。北と南の地区は元来それぞれ別の地区で、外国人の増加で南地区にもフランス人の名がつくようになったのかもしれない。

通りの名称は、庭園、粉挽場、駱駝遣い、その時、隊商、床屋など、決して外国人キリスト教徒とのみ関係するわけではない。床屋通り近傍にはバクリー邸(一八二九年版にはオーストリア領事邸、バクリー邸は近くにもう二軒)がある。このバクリーはオスマン朝期の著名スーフィー教団の一つであったバクリー教団のことであり、[34]その立地と使用形態からして教団長(シェイフ)とヨーロッパ人との深い関係を物語る。

D・アブーセイフによると、マムルーク朝時代にヨーロッパ人はアレキサンドリアに住む決まりで、カイロに滞在する場合、ムスキー橋近辺を利用した。オスマン朝になると、フランスとヴェニスの領事館がこの付近におかれ、一六世紀後半以後に宅地化が進み、そのころに「フランス人街区」という名が生じたものの、それまでは運河沿いを除くと荒地や耕地であったという。[35]ナポレオン地図のイズベキア湖の東岸に点在する墓地や農地庭園(**図7**)は、都市化以前の残り香といえる。一八世紀にはヨーロッパ人商人のもとで働くアルメニア人やシリア・カトリックも住まい、特に一七二四年のシリア教会の分裂以後、フランス人の保護を得てシリア・カトリックが増加した。[36]庭園通りにヴェネツィア領事が居住し、スーフィー教団長シャアラアニー家が土地をもち、コプト教徒とアルメニア教徒もこの通りに住んでいた。[37]

なお、シャアラアニー(一五九七年没)の廟とモスクは大麦門近傍に現存し、ナポレオンの地図でシャアラアニーに関する場所は、通り、運河、小モスク、給水所、公衆浴場、邸宅など多岐にわたり各地に点在する。先のバクリー教団も合わせ教団勢力は町を形づくる有力なグループであったことがうかがわれる。

外国人イスラーム教徒

外国人ムスリムは二万七〇〇〇人で、ヌビアおよびベルベル、トルコ、シリア等アラブの順となる(**表1**)。外国人ムスリムは貿易に従事し、取り扱う商品は一七世紀には香辛料からコーヒーへ変わり、北アフリカや東アフリカからのメッカ巡礼の中継点としても大きな取り引き市場があった。[38]

レイモンによると、トルコ人商人はカーヒラ内の大市場ハンハリーリ周辺に住んだ。[39] ナポレオン地図のトルコ人に関する場所は、北西の鉄門近く、ユダヤ人街区内、アズハル・モスク南の袋小路内、ズウェイラ門北側のキリスト教徒居住地、フランス人街区の西側、マリダーニー通りのトルコ人司令官邸、イッズィー市場通りの小さなキリスト教徒袋小路内の七ヶ所である（図2）。いずれも小規模で分散点在し、その多くがユダヤ教徒かキリスト教徒の居住地と緊密な関係をもつ。オスマン朝統治下において、為政者やイェニチェリに所属する軍人もトルコ人であったため、城塞にはコンスタンティノープル通り、イェニチェリ通りなどの名称がある。トルコ人の定義は難しいが、広くアナトリアを中心とする地名を拾うと、北郊外のチャナッカレ池、カーヒラ内のイズミール人商館と三つのキプロス人商館の名にも関係が示される。

一方、布、石鹸、コーヒーなどを扱ったシリア人ムスリムは、ギリシア正教会近傍のハムザウィー商館とガマレイヤ、ナスル門南の石鹸商館に集中し（図4）、フランス人がカーヒラ内に拠点を築く際に、彼らが積極的に受け入れたシリア人キリスト教徒が、宗教の異なる同郷者の協力を仲介した経緯を物語る。[40] ナポレオン地図上で「シリア」の名がつくのは、ガマレイヤ近くのシリア人商館、ハムザウィー商館から二〇〇メートルほど南西のモスクの二つと数の上では少ないが、ハムザウィー商館と石鹸商館は中庭つきの大商館として記載される。シリア関連の名称にはほかに、カーヒラ内にカーブーン（ダマスクス近傍の町）袋小路、ハマー人袋小路、モスル人牛馬給水所がある。またカーヒラ外では、イズベキア湖西南のアレッポ人大モスク、南町外れのガザ人通りなどの名称がある。

北アフリカあるいはモロッコを示す「マグレブ」や「ベルベル」という名称は、ナポレオン地図ではトルコ人やシリア人に比べて多い。ジョマールはベルベル人やヌビア人は門番が多いとする。[41] フトゥーフ門近くの通りとモスク、アクマル・モスク近傍の商館と給水所、ユダヤ人街区内の袋小路、双壁通り沿いのモスク、フランス人街区西のベルベル袋小路と同モスク（図7）、アズハル・モスク南西の商館、象池の北部の通り、イブン・トゥールーン・モスク南の大通りとその近傍の三つの商館に使われる。ただしマグレブは方角の「西」も意味し、西部の広場、橋、運河にも使われるため注意が必要である。北アフリカ出身者という意味では、通り、商館、モスクの名称に使われることが顕著で、彼らが宗教や商業に深く関わっていたことを物語る。また、最古のイブン・トゥールーン・モスクおよび北アフリカ出自のファーティマ朝創建の三つのモスク（アズハル、ハキーム、アクマル）の近傍に位置する点は興味深い。

アブーセイフは、ベルベル袋小路（図7）はヌビア人居住区で、一八世紀初頭に没したヌビア出身の裁判官アフマド・ヌービーの開発により、石膏と石灰の工房が集中していたと述べる。(42) ナポレオン地図上には確かにガラス工房が表示される。一方ヌービー枝分かれ袋小路はベルベル袋小路北の約三ヘクタールの広い閉じた地域を占め、大モスクもある。氏はベルベル袋小路とヌービーの農地との関連を述べるが、むしろ地図の分析からは北のヌービー枝分かれ袋小路にヌビア人が集住したようにも考えられる。いずれにせよ、異郷出身者コミュニティが複雑かつ広域の袋小路に展開したこととなる。また、モロッコ出身のコーヒー商人で一七世紀にエジプトにやってきたシャライビーとその一族によるイズベキア湖周辺の建設活動についても言及されているが、(43) シャライビーの名を冠する物件は、イズベキア湖東岸だけでなく、運河西側の邸宅、カーヒラ内のギリシア正教会近傍の商館と公衆浴場、およびルーム街区北の袋小路と広く確認され、各地に同郷者の拠点が築かれていった様子が推察される。

出身地や属性からわかることとその限界

ナポレオン地図には、クルド人、インド人をはじめエジプト以外の地域から、あるいはラシード人、トエジプト人などエジプトの各地からの出身者の名前を冠した名称も見られる。ただし、これらは、必ずしもこの地図が書かれた当時にその地域出身者がその地に住んだことを表すわけではない。先にあげたヌビア出身の裁判官のように、個人名に出身地名や部族名をつけることも多く、これを「ニスバ」と呼ぶ。集団としての名称とは限らず、個人の名前がそこに残ることもある。また、その集団や個人との関連はかなり前のことであるにもかかわらず、名前だけが残る場合もある。

加えて、先のシャライビーのように出身地のわかる有名な一家が、その名を使い続ける場合もある。ホルバトリーもその一つで、トルコ東南部の村の名で、アルメニア、トルコ、シリアと関係する家名であり、いろいろな場所にその名が掲載される。これらを正しく解明するためには、他の史料と照合しながら、一つずつ確かめていかねばならない。

酒と豚

ムスリムの大きな禁忌に、飲酒と豚がある。ユダヤ人街区の酒屋袋小路で紹介したように、地図上には酒と豚に冠する名称が現れる。たとえば現地産の蒸留酒アラクの工房は、北から順に、大麦門内奥の運河沿い、ユダヤ人街区北側のアーティチョーク大通りに二つ、同街区の西側を走る大通りに二つ、ズウェイラ門北東にあるルーム街区コプト司教の家近傍、象池東側公衆浴場通りの計七つの位置が示される。五軒は大通り沿い、二軒は袋小路と差異はあるが、いずれも運河沿いあるいは東岸で、象池東側の工房だけは異教徒居住区と離れているが、それ以外の工房は異教徒居住区内および近傍にある（**図2、4**）。

ジョマールは、蒸留酒はナツメヤシから作られ、ムスリムはブーザ（大麦を発酵させた飲料）やハシシ（麻薬）で補うとする。また、アブーセイフは運河沿いには居酒屋が複数あったとし、マムルーク朝期のルーム街区とズウェイラ街区での酒類没収や、コプト教徒のワイン製造に関する高額な税収の例を紹介している。[44] 実際、ナポレオン地図では、イブン・トゥールーン・モスク近くのキリスト教徒通りに居酒屋が記載される。居酒屋の位置は町外れのキリスト教徒大通り沿いだが、由緒あるモスク近くなので、ブーザなどの飲み物を扱っていたのかもしれない。

加えて、カイロ第一のメイン・ストリートであるズウェイラ門から南に下る道沿いに豚商館の名称がある。『エジプト誌』に収録された表には蝿給水所という名称もあるので蔑称とも解釈できるが、フランス人が作ったリストなので、本当に豚、あるいは豚肉を扱っていたのかもしれない。ちなみにコプト教徒が多く住まう地域では、現在も屋上で豚を飼育している。

五　フランス軍と都市開発

フランスの機関

最後に、ナポレオンのエジプト侵攻に伴うフランスの動きについてナポレオン地図から検討したい。都市形態について言うと比較的持続的な一八世紀末までから、強引な近代的変革が生じる一八六〇年代の間に、フランスは歴史都市カイロに対して、どのような働きかけをしたのだろうか。ナポレオンは一七九八年にカイロに到着すると、イズベキア湖西岸のアルフィー・ベイ邸宅に居を構え、その北に中央指令部（ナポレオン地図には、巨大な中庭建築と西側に回遊式の庭園が描かれる）を設置した。[45]

その後、フランス軍はカイロ市内で二九八の住宅を接収しており、そのいくつかは地図に示される（**図7**）。イズベキア北東部でレモン商館を印刷所に、ルウェイイー廟を医薬局に、同モスクを行政局へと改修・転用し、イズベキア湖南岸に財務管理局等の事務所を設置する。[46] 北のフランス人街区では邸宅を二つの教会とオーストリア領事館に、あるいは南のフランス人枝分かれ袋小路の二つの給水所を邸宅に転用した例は、すでに述べたとおりである。ほかにもイズベキア湖北岸の会計局長邸、同南岸のフランス人代理カルビ邸が転用例として地図に示される。イズベキア湖周辺には一八世紀には水面に臨む大邸宅が立ち並んでいたが、それらをそのまま行政施設や外国人邸宅へと転用したのである。

さらに、南のライオン橋近くに研究所を設け、地図には研究所街区という名称が書き込まれる（図2）。この地区には大邸宅が多く、矩形に巡る街路があり、新通りという名がつく。その西五〇〇メートルほどの郊外には研究所の要塞が築かれた。

邸宅転用の事例

フランス軍の都市包囲作戦は、カイロ支配にむけて徹底していた。サラーフ・アッディーンが築いた北と北東の市壁、および北西の要塞を利用し、有事の際には周囲からカイロを攻撃できるように小砦を建設し、カイロ市街を取り巻くようにした。地図からはフランス人の名のついた一三の城塞が確認される（図2）。先の研究所要塞もその一つで、バイバルスの大モスクをはじめ、郊外の廟の転用例もある。

また、市内には司令部と半旅団の駐屯場所が示される。司令部は大麦門近くのフランス人居住区へと通じる綿広場通りにあった棗椰子の幹商館を転用した（図4）。五つの旅団は、イズベキア湖北東部に二ヶ所（図7）、カーヒラ内の袋小路（図4）、イッズィー市場通り沿いおよびその近傍にそれぞれ置かれた。後二者は城塞を射程に、そのほかはフランス人街区をはじめとする異教徒居住区の防御を考慮した配置と考えられる。

これらの位置を一九三八年の地図と照合すると、二つの半旅団については当時の姿がある程度推察できる（図8）。一九一三年地図の一部と一九三八年地図には、建物の敷地割りが示される。二〇世紀の地図から一八世紀末の敷地を復元することは無謀ながら、多くの宗教建造物あるいは大邸宅の一部は名称が一致するだけでなく、古建築や大敷地が存在する。それゆえ、そのままの形で残される傾向を指摘でき、一〇〇年間敷地形状が保たれたと仮定すると、ある程度の復元は可能である。残る司令部および三つの旅団はいずれも小間割り敷地や矩形敷地に再分割され、復元は難しい。

さて、第八三旅団の区域には、一九三八年地図では巨大な二邸宅と二〇〇〇平米あまりの粉挽場が表記される。邸宅の大きな方はムハンマド・アリー朝（一八〇五―一九五三年）の将軍邸（ナポレオン地図では二つの邸宅を記すので、将軍邸建設

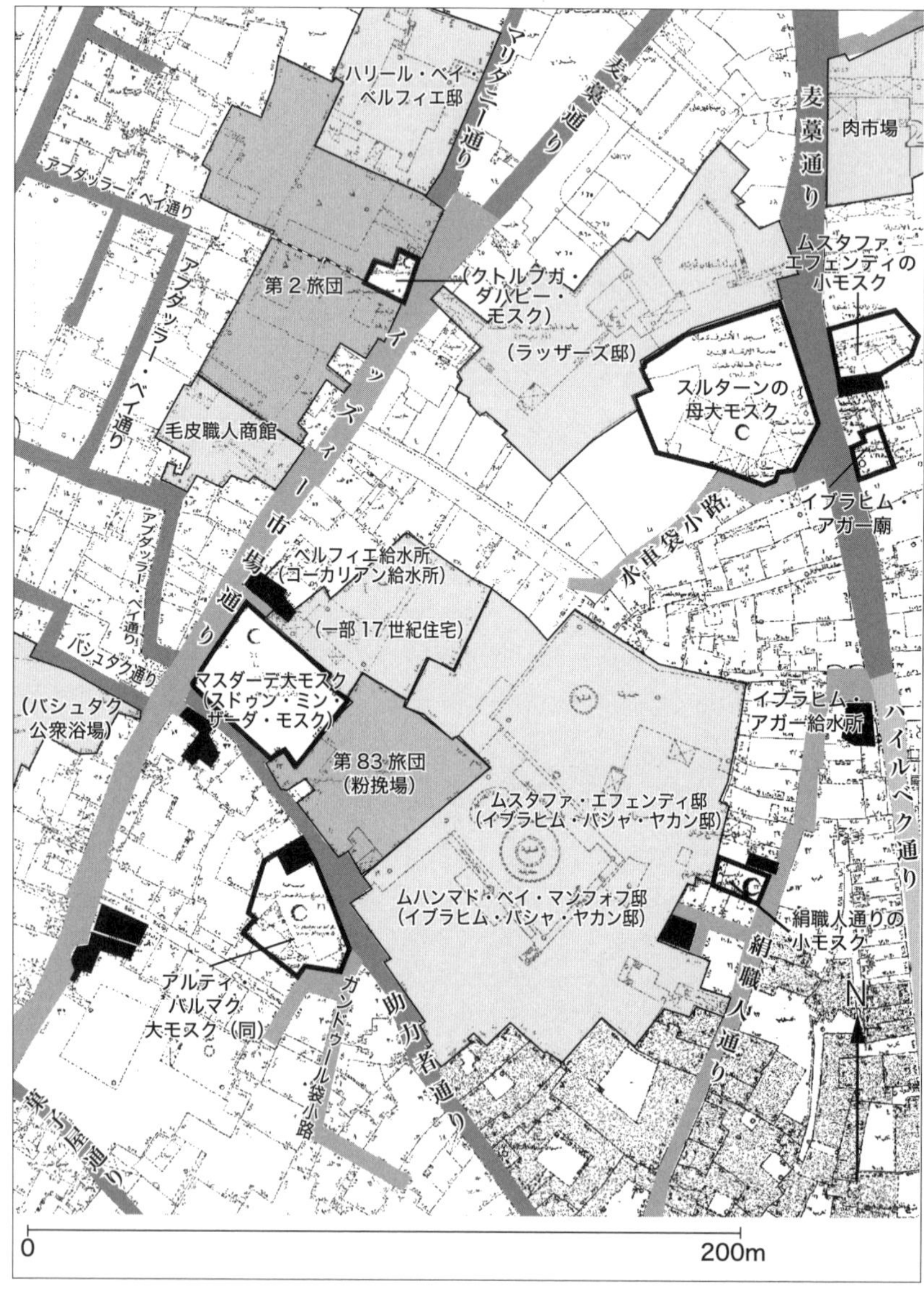

図8　フランス人旅団の敷地復元

敷地境界が示された1938年の地図に、ナポレオン地図に掲載された情報を書き込んだ。番号に対応する記述を道路と建物に分けて記載。道路に関しては、名称の異なるものを色分けした。建物に関しては、名称のわかるものを示した。宗教建築では、モスクを黒線で囲い、給水所を黒塗りとした。世俗建築（邸宅、商館、公衆浴場等）にトーンをかけ、旅団の位置を示すものを濃いトーンとした。なお、括弧内の文字は、1938年当時の遺構の名称。

に伴い合筆されたと考えられる）であり、小さな方はコーカリアン給水所（一六九四年建設）と繋がる一七世紀創建の邸宅である。これらから、この敷地区分は一九世紀初頭までさかのぼることが可能で、地図上の番号位置の粉挽場に旅団が駐屯していたと推察される。一方、第二旅団の区域は一九三八年地図では巨大な四敷地に分かれ、一九一三年地図では中央の二つは一敷地に描かれる。ナポレオン地図では、北から邸宅、旅団、商館が並ぶ。ナポレオン地図の情報が正しく、敷地形状が一八世紀末から二〇世紀初頭まで変わらなかったと仮定すると、この中央の敷地が旅団のために使われたことになる。すなわち、フランス軍の旅団は、接収した邸宅や商館など二〇〇〇から五〇〇〇平米ほどの敷地に駐屯していたことは確かであろう。

都市開発の発端

一八二二年に出版された『エジプト誌』「現代の状況第二巻」は、一八二九年に改訂版が出版されていることから、フランス人居住区や軍事機関で述べたような、フランスによる邸宅や給水所等の転用の変化を知ることができる。

地図が出版された一八二〇年代までは、市内では破却や刷新ではなく転用という方針が採られていた。しかし、地図の一部には市街地を切り開く計画道路が含まれる。フランス人の居住区の北と南を分ける東西通りに関して、ムスキー橋からイズベキア湖の青敷居広場までの道路拡張計画（幅二〇メートルを超える直線道路）が示され、もとは細い通りだったベルト商通りの名が記される（図7）。ところが、グランベイ地図には、西側三分の二は広いムスキー通りに更新されるが、東側はまだ仕上がっていない。もう一つ、イズベキア湖北側キリスト教徒の居住区には、水面門からイズベキア湖に通じる羽毛通りの道路拡張計画（図5）が示されるものの、グランベイ地図には古い街路網のままで、近傍にまったく異なる街区を分断する直線道路が表記される。結局ナポレオン地図に描かれた拡張計画は実施されず、今日まで一部の細街路網はそのままの形で残り、グランベイ地図の新道路が敷設された。

これら二つの計画は君主イスマーイール（在位一八六三―七九年）のもとで遂行された縦横無尽の道路建設に比べると控えめで、机上の計画に終始した側面も否めない。その後、城塞とイズベキア湖を結ぶムハンマド・アリー大通りが敷設された一八六〇年代からは、近代的都市計画としての異なるフェイズへと突入することとなる。このようにカイロ詳細地図は、近代国家に支えられたフランス人というマイノリティによって、伝統的な街路網からなるカイロが変化を起こそうとした当初の様相をも伝えるのである。

図9　ズウェイラ門（カーヒラの南門）から北方向をみたところ（筆者撮影）
右手側はルーム街区にあたる。中央にミナレット（塔）が並んでいる部分がカーヒラを貫く南北通り。左手はムアイヤドのモスクと廟（15世紀初頭）。

まとめ

ファーティマ朝にさかのぼる歴史をもつカーヒラにおいて、ナポレオン地図の詳細な検討からは、ユダヤ人街区、ズウェイラ袋小路、ルーム街区奥、内袋小路などの街路形態は、閉じた街区がマイノリティの集住の基本となったことを知らしめてくれる。また、何点かを閉鎖することによって閉じた街区になるという状況はその後も引き継がれ、フランス人街区等にも採用された。

図10　カーヒラ中央部のガウリー複合体（16世紀初頭）からカーヒラを貫く南北通りの南方向を見たところ（筆者撮影）
中央奥に見えるのはズウェイラ門（カーヒラの南門）のミナレット（塔）。右手側奥にはギリシア正教会がある。

一方、多様な変化形が生じ、マイノリティが開かれた街路に住み、異教徒との共存の状況も地図から確認することできた。ユダヤ教徒やキリスト教徒街区の中のモスクや給水所は、それぞれの浸透を物語る。また、酒や豚の例から、マジョリティの禁忌でさえマイノリティによる運営や加担とともに存在可能であることは、都市の有する寛容性とも解釈できる。

さらに、フランス人と少数派キリスト教徒が共住する点は、新規の利害関係を形成しようとするマイノリティ同士の引き合う磁力ともいえ、それとは別に宗教を超えた同郷という意識も機能していた。また、スーフィー教団や著名な商人家族などがヨーロッパ人と深く関係を結び、彼らはそれぞれを利用し合う関係を築いていった。マイノリティと密接な関係を結ぶ点など、スーフィー教団や著名な一族自体もマイノリティの一つと考えることができる。マイノリティという存在は、都市に住むために必要とされるアイデンティティのひとつだったのかもしれない。マジョリティとしての土着のムスリムも、部族、教団、家系、職業などそれぞれの小さな集団から成り立っている。

キリスト教徒街区、ユダヤ人街区など、イスラーム以前のコプト時代から、ファーティマ朝、マムルーク朝という時間を経ても変わらなかったものを支えたのは、この多様なアイデンティティで、こうした細分化できる構造こそが大都市カイロの多様性を担保してきたといえるのではないだろうか。今後は、さらにこの詳細地図から、職業、家名、細かな出身地などの分析を進め、その様相を確かめていきたい。

注

（1） *Description de l'Égypte*. Seconde édition. État moderne, Volume I (plaques), Paris 1822, Pl.26 Le Kaire.

（2） *Description de l'Égypte*, Pl.15 (Environs du Kaire).『エジプト誌』にはカイロの全体地図（**図1**）に加え、詳細地図としてブーラークと南部（ギザとオールド・カイロを含む）がある。

（3） Edme-François Jomard, "Description abrégée de la ville et de la citadelle du Kaire," *États moderne, Vol.2.2, Description de L'Égypte*. Paris, 1822, pp. 579-783. 注に記載したページ数は本版を指す。なお、再版は以下。Edme-François Jomard, "Description de la ville et de la citadelle du Kaire," *États moderne, vol.2.2, Description de l'Égypte*, Paris, 1829, pp. 113-459.

（4） Jomard, "Description abrégée de la ville," pp. 579-590, 658-783.

（5） Jomard, "Description abrégée de la ville," pp. 591-657.

（6） Naoko Fukami, "Public space in premodern Cairo from analyzing map, using the historical maps in Napoleon's Description de l'Egypte", *SIAS WP, Public Space, Public Sphere, and Publicness in the Middle East*, No.32, 2021, pp. 76-88. 対象物については、現存建築や歴史地図から検討し、空間（広場、建物、道路等）との対応関係を比定した。特に街路や広場の機能名は必ずしも形態と対応していないので、訳に際して、街区、通り、袋小路など当該物件が地図で指し示す形状を用いた。ちなみに、ハーラは多くの場合通りをさすが、街区、あるいはその双方を表す場合もある。

（7） André Raymond, *Cairo City of History*, Cairo: The American University in Cairo Press, 2000, pp. 294-295.

（8） このような道路網は、これまで「イスラーム都市」の最大の特徴とされ、「イスラーム都市」の定義ともなっていた。

（9） Piere-Lous Grand, Plan Général de la Ville du Caire, 1874.

（10） Survey of Egypt, surveyed in 1912, printed in 1933. 地図については、カイロのCentre d'études et de documentation économiques, juridiques et sociales(CE DEJ) から提供を受けた。

（11） Survey of Egypt, Cadastral Plan, surveyed in 1937, printed in 1951.

（12） Nicholas Warner, *The Monuments of Historic Cairo*, Cairo: The American University in Cairo Press, 2005, Maps. Sheet 1 to 31.

（13） Doris Behrens-Abouseif, "Locations of Non-Muslim Quarters in Medieval Cairo," *Annales Islamologiques* 22, Cairo: IFAO. 1986, p. 122.

（14）　本稿では「街区」は『エジプト誌』においてハーラという言葉が使われているものに、「居住区」は一般名詞として用いた。レイモンはハーラの所在や面積について、ユダヤ人街区六ヘクタール、キリスト教街区についてはイズベキア北五ヘクタール、イズベキア南一・九ヘクタール、ユダヤ人街区西二ヘクタール、南西周縁部三・二ヘクタール、イッズィー市場通り〇・五ヘクタール、象池西側一・六ヘクタール、イブン・トゥールーン・モスク近傍二・五ヘクタールとしている。André Raymond, "La géographie des Hara du Caire au XVIIIe siècle," *Livre du centenaire de l'Institut Français d'Archéologie Orientale*. Cairo: IFAO, 1980. pp. 415-431. 本稿では前述の各ハーラに関して、ナポレオン地図の広がりに即してその面積を再検討した。

（15）　Jomard, "Description abrégée de la ville," p. 677. Raymond, *Cairo City of History*, p. 210.

（16）　Behrens-Abouseif, "Locations of Non-Muslim Quarters in Medieval Cairo," p. 122. Raymond, *Cairo City of History*, p. 162.

（17）　Raymond, *Cairo City of History*, p. 280.

（18）　Jomard, "Description abrégée de la ville," p. 677.

（19）　同上。

（20）　同上、モスクについて「このようにユダヤ人が集まっている中心部にモスクがあるのは、非常に興味深いことである。」と述べる。

（21）　記述した事例のほかに、運河東岸では、小さな袋小路、トゥールーン・モスク南の直線通り、コプト鍛冶屋と大司教の公衆浴場がある。

（22）　Behrens-Abouseif, "Locations of Non-Muslim Quarters in Medieval Cairo," p. 122.

（23）　Raymond, *Cairo City of History*, p. 38.

（24）　Behrens-Abouseif, "Locations of Non-Muslim Quarters in Medieval Cairo," p. 122.

（25）　Jomard, "Description abrégée de la ville," p. 677.

（26）　Jomard, "Description abrégée de la ville," p. 725.

（27）　Doris Behrens-Abouseif, *Azbakiyya and Its Environs from Azbak to Isma'il, 1476-1879*, Cairo: IFAO, 1985. p. 4. Jomard, "Description abrégée de la ville," p. 67.

（28）　Raymond, *Cairo City of History*, pp. 211-212.

（29）　Jomard, "Description abrégée de la ville," p. 678.

（30）　Raymond, *Cairo City of History*, p. 162.

（31）　Raymond, *Cairo City of History*, p. 210.

（32）　Jomard, "Description abrégée de la ville," pp. 714, 718, 723.

（33）　Behrens-Abouseif, *Azbakiyya*, p. 69.

（34）　Behrens-Abouseif, *Azbakiyya*, pp. 49-50.

（35）　Behrens-Abouseif, *Azbakiyya*, pp. 41-42.

（36）　Raymond, *Cairo City of History*, p. 280.

（37）　Behrens-Abouseif, *Azbakiyya*, pp. 42, 46.

（38）　Raymond, *Cairo City of History*, pp. 210-211.

（39）　Raymond, *Cairo City of History*, p. 211.

（40）　Raymond, *Cairo City of History*, p. 212.

（41）　Jomard, "Description abrégée de la ville," p. 694.

（42）　Behrens-Abouseif, *Azbakiyya*, p. 44.

（43）　Behrens-Abouseif, *Azbakiyya*, p. 58.

（44）　Jomard, "Description abrégée de la ville," p. 702. Behrens-Abouseif, "Locations of Non-Muslim Quarters in Medieval Cairo," pp. 125-126.

（45）　Behrens-Abouseif, *Azbakiyya*, p. 71.

（46）　Behrens-Abouseif, *Azbakiyya*, pp. 71-75.

ノスタルジックな近代――一九世紀イスタンブルの都市空間と都市行政

川本智史

長い歴史を誇るイスタンブルもまた、一九世紀オスマン帝国の西洋近代化の過程で大きな変貌を遂げた。本稿は、第一に制度面からみた都市行政の近代化の試みを、オスマン・ヌーリー・エルギンの著作の分析を通して紹介する。第二に、二〇世紀初頭の火災保険地図のなかに、古い都市空間と新街区が共存する様子が見て取れることを示す。

かわもと・さとし――東京外国語大学世界言語社会教育センター専任講師。専門はオスマン建築・都市史。主な著書に『オスマン朝宮殿の建築史』（東京大学出版会、二〇一六年）、論文に「他王朝による征服――オスマン朝とイスタンブルの復興」（「都市の危機と再生」研究会編『危機の都市史　災害・人口減少と都市・建築』吉川弘文館、二〇一九年）、「国父のページェント」（小笠原弘幸編『トルコ共和国　国民の創成とその変容　アタテュルクとエルドアンのはざまで』九州大学出版会、二〇一九年）などがある。

はじめに

世界屈指の歴史都市であるイスタンブルについては、ここで改めて紹介する必要はないだろう。一四五三年にボスポラス海峡を望むコンスタンティノープルを征服したオスマン朝／帝国（一三〇〇頃―一九二二年）は、着々とまちの復興を推し進めて、首都イスタンブルが誕生した。一六世紀末までには宮廷建築家ミーマール・スィナーン（一五八八年没）の手になるスレイマニイェ・モスクをはじめとする大小のモニュメントや、マドラサ（イスラーム法学を教授する宗教学校）・バーザール・水道・泉などの多様な都市インフラが整備されて、押しも押されもせぬ帝都へと変貌したのである。

このような経緯があるため、イスタンブルのまちは古代から連綿と続く歴史性に着目されることが多く、その近代については一般になじみが薄いかもしれない。だが、最後のスルタン、メフメト六世（在位一九一八―二二年）が帝都を離れて亡命する一九二二年まで、オスマン帝国は懸命の近代化と改革を試みた。帝国の諸組織や諸制度の近代化に並行して、帝都イスタンブルでは西欧諸国に範をとるソフト・ハード両面からの施策があらわれていた。とりわけイスタンブルの街並みは、日本の都市と同じように地震や火災に再三見舞われたため、復興と（部分的な）都市改造の結果、近代都市の性格も色濃く示すようになったのである。

そこで本稿も一九世紀以降加速する都市イスタンブルの近代化を、二つの観点から論考の対象とする。第一に、一九世紀における都市行政の近代化の試みを紹介してみたい。その際大きな手がかりを与えてくれるのが、帝国末期から共和国初期にかけて長くイスタンブル市役所に勤務したオスマン・ヌーリー・エルギン（一八八三―一九六一年）である（**図1**）。エルギンは、自らの実務経験をもとに、近代都市行政に関する多くの著作を残すとともに、関連する法令に解説を付して大部な資料集成『市政大全』を完成させた。[1] 今日でも研究者たちが参照する『市政大全』は、前近代オスマン社会における都市統治のあり方が大きな転換を迫られる中でさまざまな試みが新たな行政組織とともに立ち現れた過程を、テーマ別に分類された資料群によって克明に伝えている。彼の著述をもとに、まずは制度面からの近代化を俯瞰してみたい。

図1　オスマン・ヌーリー・エルギン

第二に、二〇世紀初頭から作成された火災保険地図を例にとり、近代化が都市空間のなかにどのようにあらわれたかを示す。建物評価と火災保険加入者の保険料査定のために作成された火災保険地図は、悉皆的に都市の建物を調査して階数・構造材の種類・屋根の形状、さらにはそこでの業態までを記録しているため、都市空間を読み解く際の大きな手掛かりとなりうる。イスタンブルの火災保険地図には新旧の街並みが多色彩で描かれ、一目でその特色を伝える。とくに地図中で目につくのが大火後に市内各所に出現した矩形街区で、このグリッド街区はそれまであった複雑な街路構造を既存の木造家屋もろとも一掃し、現在に至る都市構造と街並みを創出した点で重要である。だがこのような都市整備事業の常として、資金難をはじめとするさまざまな制約は、古い都市空間の中に新街区がパッチワーク状に点在する混沌とした状況な生み出した。視覚的に近代化の実態を伝える火災保険地図は、イスタンブルの新旧都市空間が併存する様子を鮮やかに描き出している点で、大変興味深い資料である。

一　前近代イスタンブルの都市空間と都市行政

前近代イスタンブルの街区(マハッレ)と都市行政

近代イスタンブルの考察に入るまえに、近代化以前のイスタンブルの姿を簡単にまとめておきたい。そうすることで一九世紀からはじまる都市行政の近代化が何を改革の対象としたのかがより明らかになるだろう。

まず伝統的な「イスラーム都市」の構成の基本単位となるのは、街区＝マハッレである。街区は通常核となるモスクとそれをとりまく住居地区から成り立っており、都市行政の末端を担っていた。街区のモスクにはイマームと呼ばれる宗教指導者と数人の補佐役がおり、日々の礼拝を執りおこなうとともに、法令の伝達、街区住民の管理、街路の補修などさまざまな任務をおこなっていた。一八二九年にイスタンブルでおこなわれた人口調査によると、イスタンブルには合計二八八の街区が存在し、ムスリム人口のほとんどは各街区によって把握されており、強い人的なつながりによって形成されていたコミュニティーであった。一方でムスリム以外のキリスト教徒なども街区の住民として裁判文書などに登場することから、街区はムスリムのみ居住する宗教的に単一なコミュニティーではなく、地理的な境界をもった空間把握の単位でもあった。この街区の上には広域地区、さらにその上には裁判区が設定されていた。

イスタンブル全体を統括する役所や長官は存在しなかったが、例えば人びとが宗教義務を果たし、適切に商業活動をおこなっているかを監督する市場監督官や、モスクなどの大規模建造物の設計に携わるとともに、建物や街路に関する法令が守られているか監視する建築局、治安を担当する警察長官などがあった。また、都市行政の基本単位となる街区以外にも、さまざまな行政・運営主体があったことにも留意する必要がある。たとえばワクフ（宗教的寄進）制度は都市内外にある店舗や借家、租税収入などからの運用益をモスクや学校などの運営に充てて、都市インフラ整備の一端を担った。また各種の商工業ギルド組織や非ムスリムの教会組織なども、さまざまな規制を都市や住民に及ぼし、共同体内での裁判をおこなうなどしていたため都市行政にたずさわる組織だったといえる。無数のアクターが複雑に絡み合う多層的空間が広がっていたのが、帝都イスタンブルであった。

そのため、イスタンブル市全体に敷衍する空間の階層性や分節化を見出すことはいっそう難しい。たとえば近世日本の城下町にみられるような、身分階級を反映したゾーニングは、オスマン朝支配下の都市には存在しなかった。たしかにあとで述べるような宗教や出身地ごとのゆるやかなすみわけや、特定の職種に従事する住民が集住する地域、あるいは商店の集中するバーザール地区などはあったが、明確な構造はなかなか見えてこないのが特徴である。

その一方で一九世紀当時のイスタンブルを読み解く上で重要なのは、都市のもっていた多民族性・多文化性である。もともとビザンツ帝国の首都コンスタンティノープルとしてギリシア人をはじめとするキリスト教徒の都市であったイスタンブルは、一四五三年のオスマン朝による征服以降も多数の非ムスリムが居住するコスモポリタンであった。一八八五年の調査によれば、人口の四〇パーセント以上をギリシア人・アルメニア人・ユダヤ人などが占め、政府の庇護のもと、特に金融・商業の部門で活躍していた。ムスリム・非ムスリムによる完全な居住区の分離は見られなかったものの、とりわけ金角湾北側のペラ地区やガラタ地区には非ムスリムと外国人が集中し、ヨーロッパ風の装飾に彩られた建物の立ち並ぶ華やかな街区が形成されていた。三〇〇〇軒もの家屋が焼失した一八三一年ガラタ大火を契機に、ガラタ地区にあった外国公館は丘を登って北にあるペラ地区へと移転し、彼らとのつながりが深い非ムスリムたちも集住するようになっていたのである。その一方で、金角湾南側の旧市街には曲がりくねった街路の両脇に木造建築が密集して立ち並んでおり、まったく異なった街並みが見られた。次節以降検討するイスタンブルの近代化を通して、同じ帝都の中で異質な都市空間が併存する状況はさらに鮮明になっていった。

二　帝国の近代化と近代都市行政の導入
――オスマン・ヌーリー・エルギンの分析

帝国行政の近代化

一八〇八年に即位したマフムート二世（在位一八〇八―三九年）はオスマン帝国の中央集権化を企図し、のちのタンズィマート改革へと続く諸改革を実行した。その最大の障壁となる旧弊なイェニチェリ軍団を一八二六年に廃絶すると、軍事・行政・外交・教育面での改革は一気に進展した。改革はマフムート二世の強い意志のもと遂行される「上からの改革」であり、イェニチェリや彼らが深く結びついていたワクフなど、複雑に絡み合う社会階層や権利関係を整理して中央集権的に管理することを狙う一面ももっていた。中央行政の再編としては、大宰相の権限分散のためもあって、新たに外務省・財務省・内務省などが整備された。軍隊の西洋近代化はタンズィマート以前より進められ、西洋式技術を教える軍事学校や技術学校はすでにあったが、これに加えて近代国家に必要な人材を供給する新式学校も続々と設立されていった。その反面、以前からあるシャリーア（イスラーム法）法廷やマドラサでの教育制度は維持されていたため、新旧二制度が共存していたのが近代オスマン帝国の実態である。

中央行政の整備にやや遅れて、一八三九年のマフムート二世の死後進んだのが地方での行政・税制改革だった。徴税請負制度を廃して直接税金を徴収することを狙った地方行政改革は、地方有力者らの抵抗もあってスムーズには進まなかったが、一八六四年にはフランスの制度を模した地方州法が制定され、州議会も定められて地方行政の概容が整えられていった。また一八三一年には徴税と徴兵のために人口調査がおこなわれ、都市の街区や農村ごとにムフタールと呼ばれる長が任命されて、従来から地域のリーダー的存在だった宗教指導者とともに、行政の末端を担うようになっている。

オスマン・ヌーリー・エルギンと都市行政再編のはじまり

一九世紀のイスタンブルでも、この流れの中で新たな行政制度や都市改造が実施されていく。イスタンブルの近代化を語るうえで欠くことのできない人物に、ここでご登場ねがおう。本稿冒頭でも触れた行政官オスマン・ヌーリー・エルギンである。一八八三年にアナトリア東部のマラティヤで生まれたエルギンは、農民だった父が上京したのにあわせてイスタンブルへと移って高等小学校に入学した。経済的事情により途中で孤児らを受け入れる寄宿学校に移ってここを一九〇一年に卒業したのち、イスタンブル市役所に奉職した。地方出身者が上京して新式学校に学び、新設の政府機関に勤めるという点で、エルギンは典型的な近代オスマン人であるといえる。もっとも彼はガラタサライ高校や行政学院のような高等官吏養成学校で学ぶ機会を得ることはできず、中級の官吏としてキャリアをスタートさせている。それでも向学心旺盛なエルギンは、奉職後もマドラサでの古典的な教育を四年間受けた後に、新設の帝国大学文学部に移って主席で卒業している。実は旧来のマドラサと新式学校の間での行き来は容易で、エルギンもまた新旧両制度のバックグラウンドをもつ人物であった(2)。

さてエルギンは、市役所では書記や監査官、支部局長などを勤めたのち、衛生公益局書記長を経て市役所本部で働くうちにここで保管されていた文書を閲覧する機会を得た。その経験が、市政に関する基礎資料集となる『市政大全』編纂にも活かされている。トルコ共和国建国後の一九二七年には六〇〇〇以上あるイスタンブルの通りに名前を付けるという大役を果たし、定年後はイスタンブル県庁に四六年まで勤めた。勤務のかたわら、先述の『市政大全』以外にもエルギンは『イスタンブル案内』『トルコ教育史』『トルコにおける都市行政の歴史的発展』などを著すとともに、母校をはじめとする学校での教育にも携わった。(3)

『市政大全』は西洋による市役所組織とイスラーム諸国の市政機関の概要説明からはじまり、カーディー（イスラーム法官）や市場監督官、法定価格やギルドなど伝統的な市政の分析をまずおこなう。続いて新式の市役所設立の経緯とその沿革が、エルギンが職務上知りえた通達や法令、文書の紹介とともに述べられている。後半では、近代化に伴い現れた交通や衛生政策に関するありとあらゆる法令が集成された資料集の趣が強くなる。『市政大全』はきわめて便利な資料であるため、近代イスタンブル市政と都市改造についての考察はいまだにこれに拠るところが大きい。その反面、資料の選択や市政の分析に関しては、エルギンによる一定のバイアスがかかっていることには十分注意する必要がある。

さてエルギンによれば、制度=ソフト面からのイスタンブル近代化は一八五三年から始まったクリミア戦争を契機としている。戦争の過程で、帝都には同盟国であるイギリスやフランス、サルデーニャの兵隊が押し寄せ、滞留人口の増加にともなう環境衛生や、都市交通の不全などさまざまな問題が生じたと『市政大全』は説く。これに対応するために創設されたのがフランスの市役所制度を模した市役所である。新式の市役所の陣容は、諮問機関である高等司法審議会が一八五五年六月に発布した、一四条の条文を含む法令で定められた。これによると市役所の業務は、重要物資の流通の保障、価格設定とコントロール、衛生管理、市場の監査、税の徴収であり、スルタンの任命する市長と二名の副市長、一二名からなる審議会が組織の主体となった。実は市役所の母体となっていたのは、風紀や商業活動の取り締まりをおこなっていた市場監督官職を前身とし、イェニチェリ廃絶後に再編された公益監督局であった。そのため市役所設立の法令の条文中には、商業関係の記述が多くなっている。ここからもわかるように、設立当初のイスタンブル市役所は、商業活動のコントロールを主眼に据えた従来のオスマン都市行政機能を統括したものであり、都市改造などハード面を含む、現代に見るような広範な市役所業務全般を担当する行政機関ではなかった。

一方、ハード面からイスタンブルの都市空間を政府がコントロールしようとする試みは古くは一六世紀から見られ、木造家屋を禁じて建物を不燃化するよう命じる勅令が大宰相の主催する閣議によって再三発せられていた。市役所設置に先立つ一八三九年にも、建物の不燃化をはじめとする従来からの都市改良政策を推進する目的で、大宰相府から近代軍を統括する陸軍省に宛てて通達が発出された。この通達もエルギンが業務の中で知りえたものであり、彼が『市政大全』で紹介することで広く知られたものである。[4] 通達が発出された時期には、かつてプロイセン参謀本部において地図作成に携わっていたヘルムート・フォン・モルトケ（通称大モルトケ、一八九一年没）がオスマン帝国の軍事顧問としてイスタンブルで地図を作成しており、この通達についても大モルトケの関与が取りざたされている。通達では、木造ではなくレンガや石造の不燃材で三階建て以下の家屋を造ることが一定程度の経済的余裕がある市民に命じられた。木造家屋が認められる場合も、隣家との間には組積造の不燃壁が造られなければならなかった。またこれと並行して、ディーヴァーン通りなど主要道路の拡幅が命じられた点には、西洋における都市整備の影響を見ることができる。主要道路以外の通りも等級に従ってそれぞれ道幅を二〇、一五、一二、一〇ズィラァ（一ズィラァはおよそ七五センチメートル）とすること、また歩道を付すことが命じられている。通りには街路樹を植え、モスクや大きな建物のそばには広場を造ることも規定された。街路再編に当たってはモスクや墓地は接収から免れるが、ワクフ財である不動産を含むその他のものは移転ないし買収されると定められていた。具体的な方策がまったく示されない理念的なこの指針の内容は、帝室建築局が管轄するとされたが、図面などの具体的な実施案が作成された形跡はない。[5]

都市行政の紆余曲折と実態

一八三九年の通達で示された路線を引き継いで、ハード面からの都市改造の役割を担ったのは、市役所と同時期の一八五五年五月に設立された都市整理委員会だった。委員会の目的はイスタンブルの美化、道路拡張、街路照明、建築改良であり、他国の首都並みの都市環境創出を目指すものだった。市長を兼務するハジュ・ヒュッサーム・エフェンディ（一八七二年没）を委員長とする委員会メンバーにはフランス人資産家やユダヤ教徒銀行家などが含まれていた。

ところがその直後、市役所では管轄する地域が広すぎると見たのか、一八五七年にはイスタンブルを一四区に分割し、特にモデルケースとして新市街のガラタ、ペラ、トプハーネ地区が先行的に運営される第六区ベイオールに設定された（**図2**）。第六区では区長は大宰相によって任命されるとともに、外国人のアドバイザーなども組織に含んでおり、当初よ

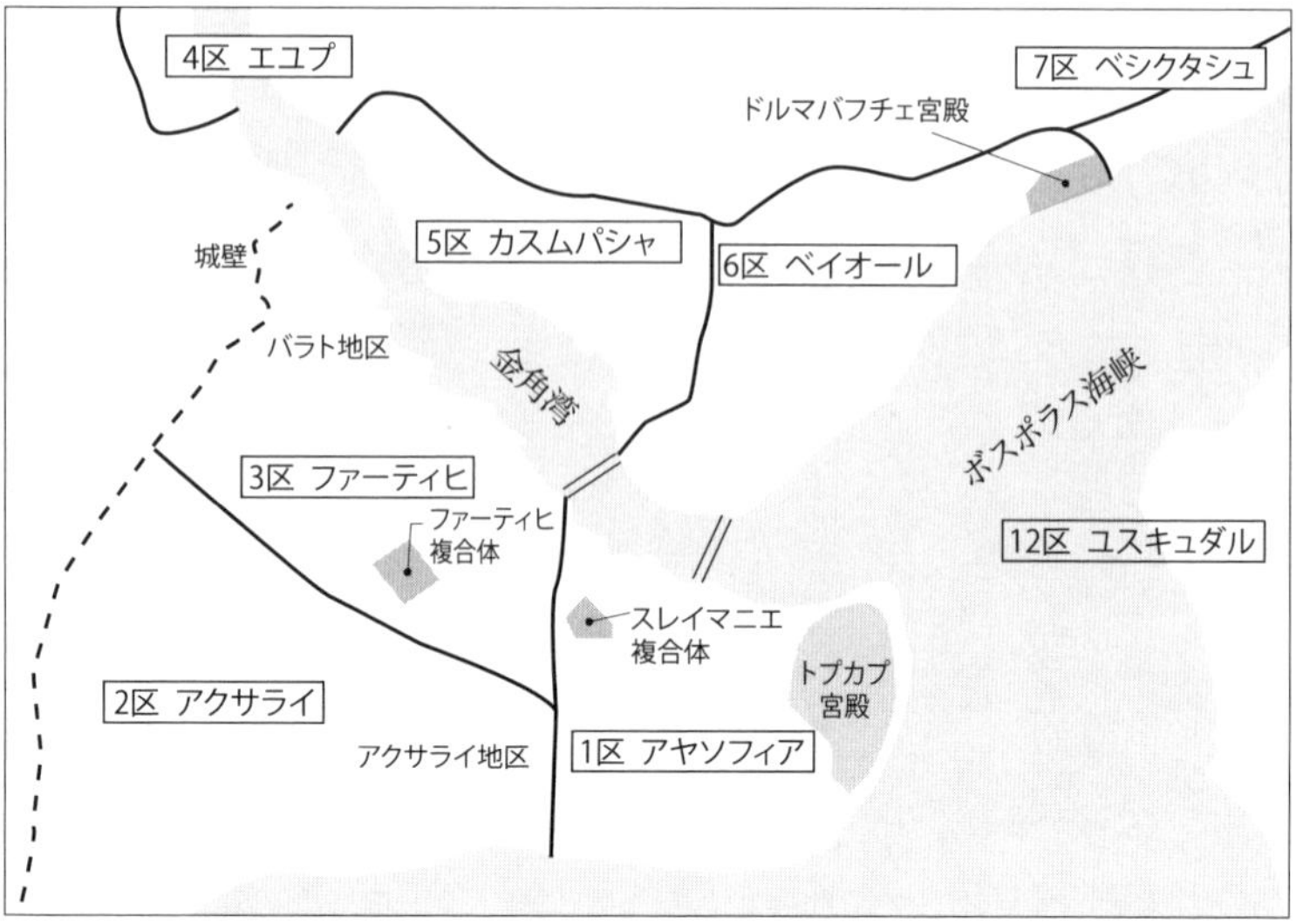

図2　1857年のイスタンブル行政区割

り外国人の資本を都市改造に用いる目論見だったと推察される。ここで主導的役割を担ったのは大使としてパリやロンドンにも滞在したレシト・パシャ（一八五八年没）や他の改革派官僚で、とりわけパリをイスタンブル改革のモデルとしていた。第六区区役所は市役所の業務とされた市場の監査に加えて道路の修理建設、街灯、上下水道の敷設もおこなうとされており、都市整理委員会の業務もこちらに移管された[6]。すなわちソフトとハードの両面から新市政を担う機関が誕生したわけだが、その管轄範囲はごくごく限定されていたのである。

　ところがこの体制にすらたちまち変更が加えられた。このあたりの状況は誠にややこしい。一八七七年には、おそらくパリを模倣して一四の区が二〇へと再編されたが、翌年には一〇に統合された。この際、第六区に与えられていた特権は奪われて、市役所が都市行政全般の主導権を握るようになった。ここから第二立憲制が始まる一九〇八年までの間、私企業によって運営されていた水道やガス事業は市当局に移管された[7]。エルギンが市役所に奉職するようになったのもちょうどこの時期からである。

　このような紆余曲折はあったものの、表向きは西洋式都市行政の体制は整った。では、その内実はどのようなものだったのだろうか。エルギンは、『市政大全』の中で、当初の市役所組織が前身の公益監督局に比べても知識や経験に欠けており、その業務を担いえなかったと非難している[8]。また一八五五年から七六年の間だけで一九人の市長が任命されており、[9]混乱する市役所は都市政策においてイニシアティヴをとることはできなかった。そのため大規模な都市改造や諸政策はモデルケースとして定められた、富裕な外国人や非ムスリムが住民の大半を占める第六区に集中していく。

次にエルギンが紹介する一八六七年の第六区の収支一覧を見てみると、その総収入三〇〇万クルシュの半分は不動産税が占めており、現地の土地家屋からの税収が直接主要財源として区役所に入るようになったことがわかる。一方の支出は職員の給与がおよそ半分、街灯照明費が四分の一を占め、街路舗装並びに下水道整備費が一五パーセントほどとなっている。[10]つまり支出内訳から判断すると、税収の多くは富裕な住民の不動産税によって賄われ、これを財源とする区役所の主たる業務は暗い街路の照明と街路の舗装、さらに新しく導入された下水道の整備だった。さらに大規模な街区の建設などの事業は大宰相府など上部組織の管理下にあった。

一八七六年の二月にイスタンブルを訪問した後の京都府知事・中井弘（一八九四年没）によると、当時のイスタンブルは船上から眺めれば美しかったが、一歩中に足を踏み入れるとがたがたに舗装された細く曲がりくねった道に人犬ひしめく「穢悪」な光景が広がっていた。[11]当然のことながらオスマン朝の施政者たちもこのような状況の改善、とりわけ外国人の目にさらされる新市街の美化を目指していたことは明白である。一八七三年一月の現地発行英仏字紙でも「一五年前に比べると街路は紫のベルベットのよう」に良くなったが、依然としてメインストリートをはずれると「瓦礫が山積する」ありさまで、さらなる改善が期待されると指摘している。イスタンブルに在住するヨーロッパ人の間でも、遅々として進まない都市環境整備へのいら立ちが高まっていたことがうかがえる。一九世紀に誕生した新しい行政組織は混沌とした都市環境整備の救世主にもみえるが、その内実は杜撰なものだったようである。

エルギンは講演録『トルコにおける都市行政の歴史的発展』において、一九世紀の都市行政改革の過程を「個（ferdiyet）から公共（cemiyet）への変容」であると述べている。すなわち、伝統的な街区と、ワクフ運営によるイスラーム的な都市運営のあり方が西洋化され、イスタンブルが新行政組織によって統治されていく過程を、エルギンは「個から公共へ」という概念で捉えているのである。ここでは各種の都市行政機能が旧来の街区組織やワクフ、教会組織などから奪われ、イスタンブル市役所並びに各区役所に移管・集約されていったという図式が提示されている。[12]だが、制度上は集権的な制度が整えられたようにみえても、その実態を見れば、行政区分は頻繁に変更されたため継続的な市政運営には程遠かった。また第六区のような特殊な場合を除けば、エルギン本人も指摘するように、巨大なイスタンブル全市において近代的な行政がどれほどの実現性をもっていたかについては、少なくとも当初段階では疑問符がつく。大宰相府によって任命された区長も名誉職の意味合いが強く、また実務に当たる近代的行政官僚層も未発達だった。

三　二〇世紀初頭の火災保険地図から見た矩形街区の創出

市街地図および火災保険制度の歴史と火災保険地図

ここでいったん近代都市行政から話題を変えて、イスタンブルにおける市街地図作成の歴史に目を向けてみたい。鳥瞰図のような都市図や、精確な測量の結果を踏まえた地図は、一目で都市の様子を伝える資料である。コンスタンティノープル＝イスタンブルの都市図で現存する最古のものは、一四二二年のビザンツ期末期にここを訪れたフィレンツェのブォンデルモンティ（一四三〇年頃没）によるもので、以降一五世紀末のヴァヴァッソーレや、一六世紀前半のマトラクチュ・ナスーフ（一五六四年頃没）の鳥瞰図などが続く。鳥観図は主要モニュメントを視覚的に楽しむものとしては優れているが、都市の街路網などを詳細に分析するには測量によって作成された地図を用いる必要がある。

近代的な地図をイスタンブルにもたらしたのは、F・コーファー（一八〇一年没）とI・B・ル・シュヴァリエ（没年不詳）であり、彼らによって一七八六年に出版されたイスタンブルの広域地図には主要な施設と道路が地形とともに描かれている。一八世紀末には軍事工学学校が設立されるとオスマン帝国内でも地図作成技術が教えられるようになった。[13] イスタンブルの地図として有名なのが先述の大モルトケの手になる一八三九年の地図で、こちらはさらに詳細に街路網を記録しているため、近代化以前の都市構造をよく伝えている。さらに精密な地図の例としては第六区において作成された二〇〇分の一の地籍図があり、これは、第六区区役所が活動していた一八五七年から一八七六年の時点で作成されたと考えられる。[14] このほかには一八七五年頃に軍によって作成されたと推測されるイスタンブルの半島部分を描いた二〇〇〇分の一の地図も存在する。[15]

また、イスタンブルの近代化と外国人や非ムスリムによる経済活動の活発化は、火災保険という新たな制度の導入とこれに付随する火災保険地図作成の要因になった。一六六六年のロンドン大火を契機としてイギリスで生まれた火災保険は、災害時に建物や家財の損害を補填するものである。火災保険地図は保険料査定のため、火災の危険度算出の資料として作成され、ロンドンで一八世紀末に生まれた。一九世紀後半にはイギリスのチャールズ・ゴード社とアメリカのサンボーン社などが専門的に火災保険地図を作成するようになった。[16]オスマン帝国でも一八六五年のホジャパシャ火災と七〇年のペラ大火後に火災保険の必要性が痛感され、その後ほどなくイスタンブルで最初の火災保険会社が設立された。[17]イスタンブルの火災保険地図として現存する最古のものはチャールズ・ゴード社によって一九〇四年に作成された六〇〇分の一地図であり、イスタンブルの半島部分、およびアジア側のカドゥキョイとペラなどの新市街側を含んでいる。これに続いてJ・ペルヴィティッチ（一九四五年没）が一九二二年から市内のさまざまな地区の火災保険地図を作成している。[18]本稿で用いるのは、このペルヴィティッチ火災保険地図である。

火災と街区の再編

一九世紀初頭のイスタンブルにある建物の大半は木造建築であり、今日私たちが目にする大モスクのような石造・レンガ造建築はごく例外だった。日本同様に地震が頻発するイスタンブルでは、石やレンガの組積造の建造物はたびたび大きな被害を受けたため、建材としても手軽な木造家屋の普及を後押ししていた。ところがそれが一因となって、イスタンブルでは火災が頻発した。オスマン政府が火災を大きな都市問題として捉えていたことは、先述したような不燃材による建設を命じる再三の勅令の存在からも明らかだが、それらはほとんど実効性を持たなかった。

タンズィマート改革がはじまると、長年の都市不燃化という目標達成のため、一八三九年に出された通達で建築不燃化が謳われた。続いて一八四八年に発布された建物条令では火災延焼の防止のための方策として、大まかに二つの規制・法令が打ち出されている。第一に、以前同様建造物を新築する際には不燃材を用いる点が強調されている。ただし、ここでも地権者の経済的状況が考慮され、一定以上の資力を持たない場合は、家の両側にレンガの壁を建設することを条件に木造建築を許可し、これですら適わない場合は、五軒おきにレンガ壁あるいは空き地があればよいとされていた。二つめは街路の拡張である。状況に応じて一二、一〇、八、六アルシュン（一アルシュンは約七五センチメートル）とし、これ以下の幅の街路を認めないこと、さらにイスタンブル市内に広く見られた袋小路を一掃することを定めている。[19]

このような火災防止のための対処療法的な建材規定と街路

拡張に加えて、火災跡地では大規模な街区再編も試みられた。近代イスタンブルの都市計画に関して先駆的な研究をおこなったZ・チェリッキは、火災後の新街区建設の例として、一八五六年のアクサライ火災、一八六五年のホジャパシャ大火、一八七〇年のペラ大火の三つを挙げている。たとえばアクサライ地区では、火災後の一八七五年頃の地図にグリッド形の街区が登場する。チェリッキによると、火災後の再開発ではその都度設立された委員会が主導的立場となり、特に具体的な街区・街路の配置計画にはイタリア人などの外国人技師がその任に当たった。また一八六五年に、旧市街地で金角湾沿いのエミノニュからグランドバザールを経てマルマラ海に至るまでの広い地域を焼いたホジャパシャ大火災の後には、道路改善委員会が組織され、四年後の一八六九年に解散するまで市内の各地で新街区建設の任にあった。一八七〇年のペラ大火災後にも同じような矩形街区計画が立案されたが、街路拡張により敷地が収用されることに地権者が猛反発したためと、グリッド街区が急峻な地形にあまりにそぐわなかったため、この計画は中止されてしまった。[20]

断片的な都市改造の実態

ここで、火災後の街区再編の実態を知るために、ペルヴィティッチの火災保険地図を見てみることとしよう。まず火災を経て同じような矩形街区が建設された場所でも、その後の発展には大きな差があることがわかる。**図3**のバラト地区は一八六六年の火災後に街区改変がおこなわれ、主に三階建ての石造・レンガ造建造物がぎっちりと建ち並んでいる。そのすぐそばにある低層木造建造物が不規則な街路に沿って立ち並ぶ旧来の街区とは非常に対照的である。バラト地区は旧市街に位置するが、もともと比較的裕福なギリシア人やユダヤ人の多く住む地区であったため、居住者に重い経済的負担がのしかかる火災後の再建もスムーズにおこなわれたことが地図から推測される。一方、**図4**のアクサライ地区の矩形街区は、一八五六年のアクサライ大火後、一九一一年にも火災に見舞われており、ペルヴィティッチの火災保険地図が作成された一九三六年に至ってもまだ再建が進んでおらず、空き地が多い。計画上グリッド状の街路を敷設しても、地区や住民層、時期によって再建の程度が異なっていたことがここからわかる。

さらにバラト地区の空間を細かく読み込むことで、火災前の旧来の細い通りがいりくむ街区の空間構成が、どのように新しい矩形街区へと変化していったかを考えてみたい（**図5**）。火災を免れた街区のメインとなる通りは等高線に沿って走り、この両脇にさまざまな間口をもった二―三階建ての

図3　バラト地区火災保険地図（1929年）
左上部分は火災後の再建街区、中央より下の部分は旧来の街区

木造建築が並んでいた（**図5**の薄い網かけ部分）。多くの家屋の裏には裏庭が存在し、地図で確認できる限りでは隣家との境界には塀が設けられる例が多い。街区に通じる道に門が設けられる場合もあったらしく、おそらくメインの通りに面する住居・店舗が街区の中心的構成要素であったこと、また空間的範囲を考えた場合、街区は面的な領域ではなく、通りを軸とした線形集合である可能性が高い。

一方、新たに創出された矩形街区を検討してみよう。こちらは街路に面して狭い開口を持ち、裏へとのびる「町屋型」の石造・レンガ造建造物が多い（**図5**の濃い網かけ部分）。また各ブロックの中央部には「中庭」的な空間が取られているのも特徴的である。加えて、おそらく街路拡張時の用地収用を反映して、各戸の敷地面積が旧来のものに比べると狭くなっている。階数は木造

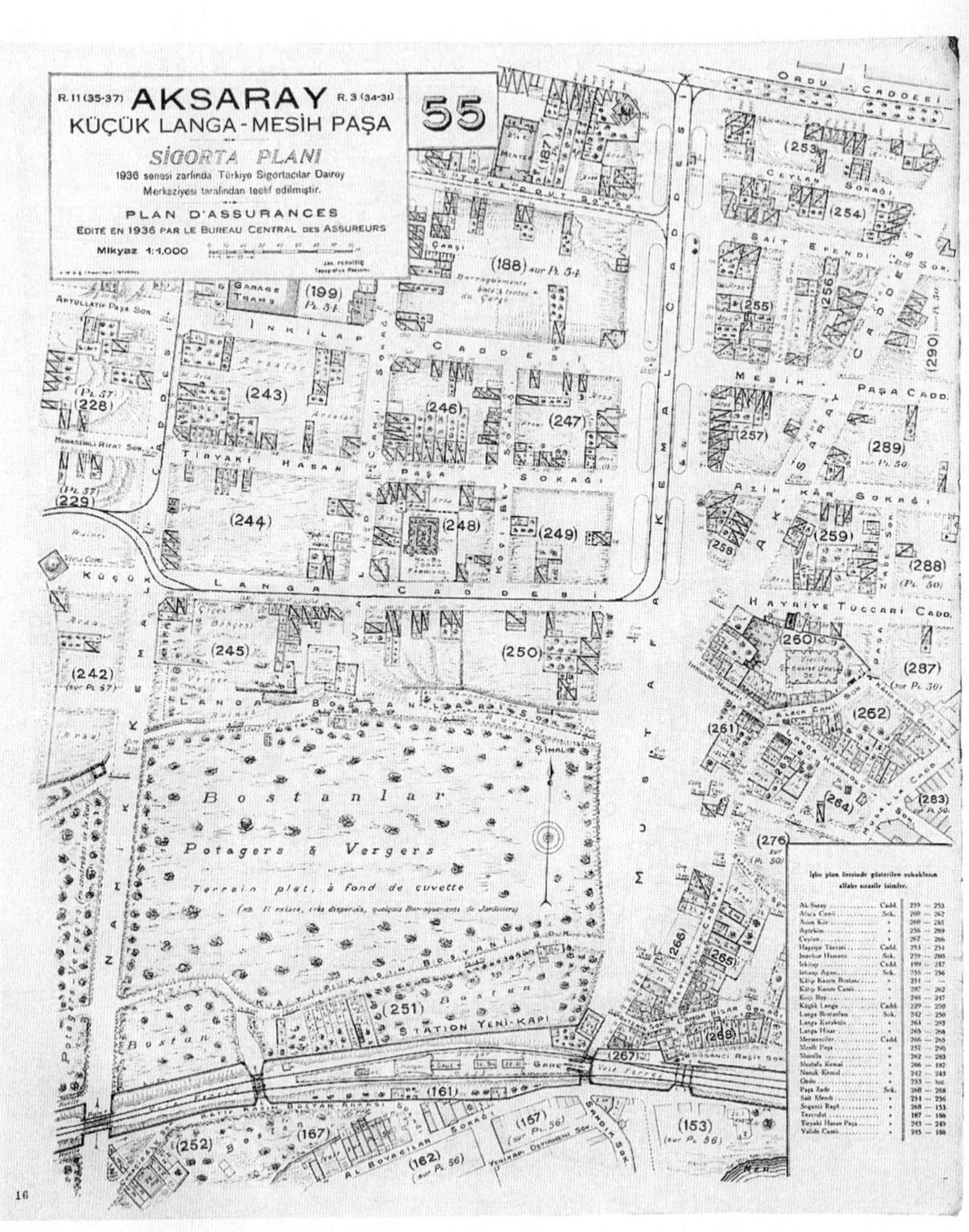

図4　アクサライ地区火災保険地図（1936年）

図5　バラト地区：濃い網かけ部分は不燃化建物。薄い網かけ部分は木造建物

建築同様に二―三階建てのものがほとんどで、わずかに四階建ても混ざる。より高層の西洋式集合住宅「アパルトマン」が初めて登場したのは新市街で一八八二年、旧市街側では一九二二年のことであるため、この時期のバラト地区にはまだ集合住宅は存在しておらず、各戸に一家族が居住していたと考えられる。その後一九三〇年代からは急速な人口増加にともなってアパルトマンが普及しはじめ、今日ではイスタンブル住民のほとんどがこの種の集合住宅に暮らしている。(21)

また興味深いのは、従来から存在するモスクや教会、マドラサなどの宗教的建造物と、グリッドとの関係である。一八四八年の建物条令によると、モスク、マドラサ、王立建造物など既存の重要施設に前庭があった場合は、これは街区整理時に政府に提供されるとしている。つまり、前庭は接収の対象となるが、建物本体は保存されたということであり、いかに政府主導の計画といえども、地域の核となる宗教施設にまでは手をつけることができなかったようである。図5のバラトの新街区拡大図を見ても、Aのブロックにあるタクスィアルヒス教会とBブロックのフズル・チャウシュ・モスクはグリッドに一致していない。とりわけAブロックは、教会がブロックの中央に位置してしまっているため、これを分断する道路を通すことはできず、周りに比べると二倍以上の広さを持つ特異なブロックになっている。一六世紀に創建され、一七三〇年の大火後、一八三三年に再建された教会にはギリシア人学校も併設されていたため、街路再編の対象外となったのだろう。

このように火災保険地図からは、イスタンブルの都市空間再編がかなり場当たり的におこなわれ、既存の建造物等の条件によって大きな制約を受けていた実態が浮かび上がる。火災による建物の焼失はオスマン政府がもっとも恐れるものであったが、反面ひとたび大火災が街区を焼いてしまうと、そこは建物の不燃化と街区再編の舞台となった。主要道路の拡幅もその都度おこなわれていったが、アクサライの例にみるように必ずしもすぐに再建が進んだわけではない。一方、被害を免れた地区には古くからの木造家屋といりくんだ通りが残り、一九世紀以前の伝統的な街区のありようをとどめたのである。

おわりに
――「ノスタルジック」イスタンブル？

ノスタルジーというフランス語から入った外来語の「ノスタルジック」は、日本語以上に現代のトルコ語で用いられる。なんとなく郷愁を感じさせる、セピア色が似合う歴史的な事物に対して、形容詞形であるノスタルジックが冠されることは多い。今日ベイオールと呼ばれるようになったかつてのペラは、まさにトルコ人たちにこの感情を抱かせる場所で、雑踏をかき分けて進む路面電車、煤煙でくすんだ石造りの建物、酒場を流し歩いては物悲しい調べを奏でるロマの楽師たち、すべてが「ノスタルジック」なのである。

だがこれらのいずれもが、一九世紀以降に生まれた近代イスタンブルの産物である。中世の教会堂も、一六世紀に建てられた大モスクも、郷愁あふれるノスタルジーを掻き立てるものではない。現代的なコンクリート造のアパルトマン、あるいは最近では郊外に林立する高層マンションに暮らすイスタンブルっ子たちがより身近な過去として懐かしさを感じるのは、歴史都市イスタンブルにとってはごくごく最近のものといってよい街並みや、そこで繰り広げられる生活なのである。たとえばアパルトマンに先立って、新市街のベシクタシュ地区で一八七五年から建設が始められた図6のアカーレトレルとよばれる西洋式の長屋は、一時期は管理も行き届かない状況にあったものの、近年高級ブティックや住宅にリノベーションされた。歴史的な文脈にもとづかない商業主義的再開発として批判することもできようが、一九世紀の街並みに人々が抱くノスタルジーという感情があってこそ、このような計画が持ち上がったのである。これほど華々しくはなくとも、バラトなど旧市街で火災後に計画された名もなき矩形街区も、今日ではそれなりの風格をたたえてまちの歴史の一部となり、「ノスタルジック」な街並みを構成している。

図6　19世紀の長屋アカーレトレル（筆者撮影）

　都市行政の実態としてみた場合、帝都イスタンブルは、エルギンが嘆くように場当たり的にさまざまな組織が設立・改組されて混迷の一途をたどり、近代都市計画の観点からは、イスタンブルの大規模な都市改造は成功しなかった。だが断片的に実現した都市空間の近代化が、住民たちの心性にとって持つ意味の大きさは、「ノスタルジック」ということば一つの使われ方からも明らかである。数多の大伽藍を傍目に見つつ、百年前の火災保険地図を片手に、かつての街並みのかけらを探して彷徨うのもまた、イスタンブルのひとつの楽しみかたなのである。

注

（1）Osman Nuri [Ergin], *Mecelle-i Umûr-i Belediye*, I-V, İstanbul: Arşak Garoyan Matbaası, 1330-1338.

（2）秋葉淳「「伝統教育」の持続と変容――一九世紀オスマン帝国におけるマクタブとマドラサ」秋葉淳・橋本伸也編『近代・イスラームの教育社会史――オスマン帝国からの展望』（昭和堂、二〇一四年）四三頁。

（3）Ahmed Güner Sayar, "Ergin, Osman Nuri" in *TDV İslâm*

Ansiklopedisi Vol. 11. İstanbul: Türkiye Diyanet Vakfı, 1995, pp. 297-298.

（4） Nuri [Ergin], *Mecelle-i Umûr-i Belediyye*, pp. 1340-43.

（5） Murat Gül, *The Emergence of Modern Istanbul*, London, New York: I.B. Tauris, 2012 (revised paperback edition), pp. 28-29.

（6） Zeynep Çelik, *The Remaking of Istanbul*, Berkeley, Los Angeles, London: University of California Press, 1986, pp. 44-45.

（7） Çelik, *The Remaking of Istanbul*, p. 47.

（8） Nuri [Ergin], *Mecelle-i Umûr-i Belediyye*, p. 1376.

（9） İlber Ortaylı, *Tanzimattan Sonra Mahalli İdareleri*, Ankara: Sevinç Matbaası, 1974, p.123.

（10） Nuri [Ergin], *Mecelle-i Umûr-i Belediyye*, p. 1445.

（11） 中井弘『露西亜土耳其漫遊記程・上巻』（築地避暑洞、一八七八年）33丁右。

（12） Osman Ergin, *Türkiyede Şehirciliğin Tarihî İnkişafı*, İstanbul: Cumhuriyet Matbaası, 1936, p. 4.

（13） Pinon, Pierre and Stephane Yerasimos, "Relevés après incendie et plans d'assurances: Les précurseurs du cadastre stambouliote," *Environmental Design: Journal of the Islamic Environmental Design Research Centre 1-2*, Attilo Petruccioli (ed.), Rome: Dell'oca Editore, 1993, p. 112.

（14） İrfan Dağdelen (ed.), *Cadastre de la Ville de Constantinople -VI. Cercle Municipal*, İstanbul: T.C. İstanbul Büyükşehir Belediye Başkanlığı Kütüphane ve Müzeler Müdürlüğü, 2005.

（15） Ekrem Hakkı Ayverdi (ed.), *Ondokuzuncu Asırda İstanbul Haritası*, İstanbul: İstanbul Fetih Cemiyeti, 1978.

（16） 伊東理「サンボーンの都市の「火災保険地図」」（『関西大学図書館フォーラム』（11）、二〇〇六年）三一頁。

（17） Dağdelen, *Charles Edouard Goad'ın İstanbul Sigorta Haritaları*, VIII.

（18） Jacques Pervititch, *Jacques Pervititch sigorta haritalarında İstanbul*, Istanbul: Tarih Vakfı, 2000. 宍戸克実はゴードとペルヴィティッチの火災保険地図を利用して、カフェの建築形態と分布に関する詳細な分析をおこなった。宍戸克実「二〇世紀初頭イスタンブルにおけるカフェの建築形態と立地環境に関する研究――一九〇四―〇六年作製の火災保険地図を用いた定量的分析」（『鹿児島県立短期大学紀要』（63）、二〇一二年）一九―三二頁。宍戸克実「Pervitich火災保険地図（1922-1945年）でみる近代期イスタンブルのカフェ分布特性」（『史潮』（76）、二〇一四年）一―一七頁。

（19） Nuri [Ergin], *Mecelle-i Umûr-i Belediyye*, pp. 1098-1104.

（20） Çelik, *The Remaking of Istanbul*, pp. 53-65.

（21） Yıldız Sey, "Apartman" in *Dünden Bugüne İstanbul Ansiklopedisi* Vol.1. İstanbul: Kültür Bakanlığı/ Tarih Vakfı, 1993, pp. 281-283.

ユーラシアの大草原を掘る
草原考古学への道標

草原考古研究会［編］

人類史の新たな側面を照射する

ユーラシア大陸を東西に結ぶ最短コースである大草原地帯、この地域は古くより遊牧民が活躍する舞台であった。特に騎馬遊牧民は、大陸の東西を結ぶ役割を果たし、西アジアや東アジア諸地域に対しても大きな影響を与えてきた。最新の知見により、馬の家畜化・騎乗の起源、青銅や鉄の冶金技術の普及、武器・馬具・装身具などの作製技術の発展、道具や装飾にみえる文化交渉の諸相を論及、さらには近年注目をあつめるスキタイ、サルマタイ、サカ、匈奴、突厥などの遺跡を紹介。国境を越えた現地調査の実現により、近年、急速に進歩をとげる「草原考古学」の全体像を知るための道標となる一冊。

【執筆者】※掲載順
林俊雄◉新井才二◉荒友里子◉高濱秀◉中村大介◉松本圭太◉千本真生
笹田朋孝◉畠山禎◉諫早直人◉大谷育恵◉鈴木宏節◉小寺智津子
石渡美江◉バルトゥオーミエイ・シモン・シモニェーフスキ◉雪嶋宏一

本体3,200円（＋税）

ISBN978-4-585-22704-5
【アジア遊学238号】

勉誠出版

千代田区神田三崎町2-18-4 電話 03(5215)9021
FAX 03(5215)9025 WebSite=http://bensei.jp

オアシス地域の歴史と環境

中尾正義［編］

黒河が語るヒトと自然の2000年

環境問題を地球の歴史からとらえる。

東西の交流路であるシルクロードと
南北異文化の交易路とが交差する
「文化の十字路」＝中国・黒河流域。
人類の歴史において極めて重要なこの地で
遺跡・文書などの史料と自然科学のデータが融合し
2000年以上にわたる
人と自然の歴史が明らかになる。

本体3,200円（＋税）

ISBN978-4-585-23006-9

勉誠出版

千代田区神田三崎町2-18-4 電話 03(5215)9021
FAX 03(5215)9025 WebSite=http://bensei.jp

259 書物のなかの近世国家―東アジア「一統志」の時代

小二田章・高井康典行・吉野正史　編

260 アヘンからよむアジア史

内田知行・権寧俊　編

景徳鎮青花瓷器の登場―その生産と流通　徳留大輔
Ⅳ　元朝をめぐる国際関係
『朴通事』から広がる世界　金文京
日元間の戦争と交易　中村翼
日元間の僧侶の往来規模　榎本渉
モンゴル帝国と北の海の世界　中村和之
元と南方世界　向正樹
Ⅴ　研究の進展の中で
書き換えられた世界史教科書―モンゴル＝元朝史研究進展の所産　村岡倫
史料の刊行から見た二十世紀末日本の元朝史研究　森田憲司
【コラム】チンギス・カンは源義経ではない―同一人物説に立ちはだかる史実の壁　村岡倫
【コラム】モンゴル時代の石碑を探して―桑原隲蔵と常盤大定の調査記録から　渡辺健哉
【コラム】『混一疆理歴代国都之図』の再発見　渡邊久

257 交錯する宗教と民族―交流と衝突の比較史
鹿毛敏夫　編
はしがき　異宗教・多民族世界の混沌―その歴史と現在　鹿毛敏夫
第1部　流動する民族社会
鎌倉北条氏と南宋禅林―渡海僧無象静照をめぐる人びと　村井章介
ドイツ語圏越境作家における言語、民族、文化をめぐって　土屋勝彦
近代名古屋にとっての中東―実業界との関係を中心に　吉田達矢
民族をめぐる対立と交流の位相―滞日ビルマ系難民の国際移動の事例から　人見泰弘
第2部　宗教の断絶と叡智
ボーダレス化する世界と日本の宗教文化　井上順孝
ラダックのアイデンティティ運動―もうひとつの「カシミール問題」　宮坂清
インドネシア・アチェ州のイスラーム刑法と人権　佐伯奈津子
宗教と平和―宗教多元社会における戦争　黒柳志仁
第3部　個の相克と相対化される「国家」
戦国大名の「国」意識と「地域国家」外交権　鹿毛敏夫
日本中世の「暴力」と現代の「教育」　メイヨー・クリストファー
一亡命作家の軌跡：西欧キリスト教世界の対岸から―フアン・ゴイティソーロのバルセロナ、サラエヴォ、マラケシュ　今福龍太
保育園で働く看護師の語りから考える多文化共生　梶原彩子

258 史料が語る東インド航路―移動がうみだす接触領域
水井万里子・大澤広晃・杉浦未樹・吉田信・伏見岳志　編
はじめに　水井万里子・伏見岳志・大澤広晃
第一部　長距離航路からみる世界
東インド航路のなかのアフリカ　伏見岳志
ケープ・ルートの多様化とオランダ東インド会社のケープ居留地建設　和田郁子
近代中国学の誕生とロバート・モリソン　橋本真吾
植民地をつなぎなおす―スペインとポルトガルの帝国再編　伏見岳志
スペインとキューバ、アフリカをつなぐ非合法奴隷貿易のネットワーク　八嶋由香利
第二部　史料が描く接触領域としての島々
文書館史料を通じて人と出会う―マダガスカル史研究史料としてのオランダ東インド会社文書
イヴェト・ランジェヴァ・ラベタフィカ、ルネ・バーシュウ、ナタリー・エファーツ（末永信義・訳）
十八世紀末から十九世紀初頭のセント・ヘレナ島における移動と接触―イギリス東インド会社関連史料から　水井万里子
第三部　史料のなかのケープ植民地
豊富なデータが開く歴史―ケープ植民地の

序
刊行によせて　ロバート キャンベル
刊行によせて　鄭炳浩
本書の企画と構成　齋藤真麻理・金秀美
Ⅰ　書物と文化
『栄花物語』と朝鮮王朝の宮廷文学—『閑中録』との比較を中心として　桜井宏徳
遺稿集の季節—二十世紀前半の日本の言説編制　谷川惠一
近代日本の元寇図と『蒙古襲来絵詞』　金容澈
【コラム】絵画と文字の表現コード—『源氏物語絵巻』を読み解く　金秀美
【コラム】奈良絵本と『徒然草』—ジャンルを往還するメディア　齋藤真麻理
【コラム】正方形の本をめぐって　入口敦志
Ⅱ　記録と記憶
日本と韓国の災難文学と記憶—セウォル号沈没事件と東日本大震災の災難詩を中心として　鄭炳浩
近代福島県富岡町小良ヶ浜の文書管理—複合災害・縁故地・区有文書　西村慎太郎
【コラム】『三国遺事』を巡るいくつかの知見について　宋浣範
言語と減刑—森鷗外『高瀬舟』において　野網摩利子
【コラム】在日朝鮮人「帰国事業」の記録と記憶の文学　金季杍
Ⅲ　都市という舞台
江戸における巨大寺院の復興と講中—築地本願寺の場合　渡辺浩一
日本の伝統詩歌に描かれた大都京城の風土　嚴仁卿
【コラム】『京城日報』と近代都市京城の表象—横光利一の満鉄招請文学講演旅行と「天使」を中心に　金孝順
パリが主人公—レティフとメルシエの作品とパリの文学的神話の誕生　ギヨーム・カレ
【コラム】日韓の西洋探偵小説における都市表象—エミール・ガボリオの『ルルージュ事件』を中心に　兪在真

256 元朝の歴史　モンゴル帝国期の東ユーラシア

櫻井智美・飯山知保・森田憲司・渡辺健哉　編

カラー口絵……『書史会要』(台湾国家図書館蔵洪武九年刊本)ほか
序言　櫻井智美
導論—クビライ登極以前のモンゴル帝国の歴史　渡辺健哉
元朝皇帝系図
本書所載論考関係年表
元朝皇帝一覧
Ⅰ　元代の政治・制度
元代「四階級制」説のその後—「モンゴル人第一主義」と色目人をめぐって　舩田善之
ジャムチを使う人たち—元朝交通制度の一断面　山本明志
元代の三都(大都・上都・中都)とその管理　渡辺健哉
江南の監察官制と元初の推挙システム　櫻井智美
【コラム】カラホト文書　赤木崇敏
【コラム】元代における宮室女性の活躍　牛瀟
元末順帝朝の政局—後至元年間バヤン執政期を中心に　山崎岳
Ⅱ　元代の社会・宗教
元代の水運と海運—華北と江南はいかにして結びつけられたか　矢澤知行
モンゴル朝における道仏論争について—『至元辯偽録』に見える禅宗の全真教理解　松下道信
元版大蔵経の刊行と東アジア　野沢佳美
【コラム】南宋最後の皇帝とチベット仏教　中村淳
【コラム】夷狄に便利な朱子学—朱子学の中華意識と治統論　垣内景子
回顧されるモンゴル時代—陝西省大荔県拝氏とその祖先顕彰　飯山知保
Ⅲ　伝統文化とその展開
「知」の混一と出版事業　宮紀子
白樸の生涯と文学　土屋育子
「元代文学」を見つめるまなざし　奥野新太郎

アジア遊学既刊紹介

251 仏教の東漸と西漸

荒見泰史　編

総論　仏教の東漸と西漸　荒見泰史

一、儀礼とそのことば

頌讃の文学　荒見泰史

志慕玄奘、独歩五天(こころざしたてて玄奘をしたい、ひとりごてんをあゆむ)—唐五代宋初の讃と玄奘、義浄の讃　楊明璋

清代前期、媽祖信仰・祭祀の日本伝播とその伝承—ヨーロッパの東アジア進出も視野に入れて　松尾恒一

二、尊像の造形と伝承

信仰における図像と継承—敦煌に見られる山と天界の図像を中心として　荒見泰史

五臺山騎獅文殊尊像群の東漸と西漸—五臺山・比叡山・敦煌の尊像群から　白須淨眞

三、経典と物語、その伝播

『賢愚経』の伝播　髙井龍

『キツツキと獅子』説話の伝播と発展　梁麗玲

『仏母経』の流行から見る疑経の受容　岸田悠里

明代、南シナ海の海盗の活動と記憶—日本・中国大陸・東南アジアの宗教史跡をめぐって　松尾恒一

252 中世日本の茶と文化—生産・流通・消費をとおして

永井晋　編

序文　鎌倉・室町前期における茶の研究　永井晋

第一部　称名寺伝来資料に残る茶の世界

国宝「称名寺聖教・金沢文庫文書」の茶関係資料　山地純

『金沢文庫古文書』が示す鎌倉・房総の茶　永井晋

「称名寺聖教」に見える「茶」と「茶」　張名揚

【コラム】中世都市鎌倉と喫茶文化　大澤泉

第二部　中世における茶の生産と道具

中世前期の茶の受容　福島金治

抹茶の変容—中世の気候変動と覆い下茶園の成立　沢村信一

中世前期の茶臼　桐山秀穂

建盞と天目—茶器の種類と名称　岩田澄子

第三部　中世仏教と茶

栂尾茶・醍醐茶の評判—十四世紀高山寺の喫茶文化　芳澤元

東アジア仏教文化と中世信濃の喫茶—王禎『農書』の茗煎・末茶・蠟茶に基づく考察　祢津宗伸

薬としての茶—栄西・性全・忍性・叡尊　岩間眞知子

【コラム】中世鎌倉の喫茶—建長寺境内の発掘調査成果から　宮田眞

【コラム】仏教美術と茶—羅漢図に見る喫茶文化　米沢玲

第四部　地方の茶

中世武蔵国の慈光茶—銘柄の形成とその風味　小田部家秀

出土遺物からみた中世寺院と茶—伊豆国円成寺跡の出土遺物から　池谷初恵

【コラム】称名寺領下総国下河辺庄赤岩郷周辺に残る在来　佐々木清匡

【コラム】史跡河越館跡から出土した喫茶関連資料　平野寛之

第五部　室町時代の茶

室町社会における巡事と茶寄合　白川宗源

【コラム】花はさかりに、月はくまなきのみ見るものかは　橋本雄

253 ポストコロナ時代の東アジア—新しい世界の国家・宗教・日常

玄武岩・藤野陽平　編

序言　境界を越えた「連帯」のコミュニケーションへ—ポストコロナ時代の東アジア　玄武岩・藤野陽平

執筆者一覧（掲載順）

守川知子	亀谷　学	柳谷あゆみ
塩野﨑信也	大矢　純	谷口淳一
杉山雅樹	中町信孝	栗山保之
櫻井康人	山口昭彦	木村　暁
田中雅人	深見奈緒子	川本智史

【アジア遊学 264】

都市からひもとく西アジア
歴史・社会・文化

2021 年 12 月 20 日　初版発行

編　者　守川知子
制　作　株式会社勉誠社
発　売　勉誠出版株式会社
〒101-0061　東京都千代田区神田三崎町 2-18-4
TEL：(03)5215-9021(代)　FAX：(03)5215-9025
〈出版詳細情報〉http://bensei.jp/

印刷・製本　㈱太平印刷社
ISBN978-4-585-32510-9　C1322